指文® 战争事典 011

战争事典

WAR STORY 1503

指文烽火工作室 编

中国长安出版社

图书在版编目（CIP）数据

战争事典. 011 / 指文烽火工作室编. -- 北京：中国长安出版社, 2015.4
ISBN 978-7-5107-0805-3

Ⅰ. ①战… Ⅱ. ①指… Ⅲ. ①战争史－史料－世界 Ⅳ. ①E19

中国版本图书馆CIP数据核字(2014)第241405号

战争事典 011

指文烽火工作室 编

出版：中国长安出版社
社址：北京市东城区北池子大街 14 号（100006）
网址：http://www.ccapress.com
邮箱：capress@163.com
发行：中国长安出版社
电话：（010）8509994/ 85099948
印刷：重庆共创印务有限公司
开本：787mm × 1092mm 16 开
印张：12.5
字数：200 千字
版本：2021 年 1 月第 3 版　2021 年 1 月第 1 次印刷

书号：ISBN 978-7-5107-0805-3
定价：79.80 元

出版寄语

《战争事典》一书挖掘真实历史，还原战争现场，宛如一部再现军事历史的优秀纪录片，弥补了军事历史图书的空白。

——郭威，纪录片导演

《战争事典》是一套充满故事性和知识性，并能给人启迪的图书。指文所打造的这个系列对军事历史有着独到的看法和眼光，细致而全面。它能让你看到更加生动的历史，是一场不可错过的历史知识盛宴。

——蔡小心，抗美援朝战史学者、党史研究者，歧路书院名誉总编辑

《战争事典》的新颖别致之处不仅仅在于它的选题和探究性，更重要的是它为军事历史的新科普模式进行了可贵的尝试。祝愿指文烽火未来的工作领域能够更加广阔！

——党人碑，央视新科动漫频道主编，新科动漫论坛总版主，宋史学人

人类历史就是一部战争史。《战争事典》在战争中讲述历史，也如同在历史中讲述战争。我相信每一个读者都会从这系列书里找到最合乎自己口味的历史。

——顾剑，军事历史作家，《最后的空战》、《黑死神传奇》作者

《战争事典》的每一个故事都是一段精彩的战争重现。指文烽火能带你穿越历史，领略军事家们的精彩博弈。

——经略幽燕我童贯，网络知名历史研究者

指文的各位作者不仅通晓战史，而且文笔流畅。他们共同打造的《战争事典》更是一套挖掘真实历史，还原战争实景的好书！

——江上苇，《南方都市报》专栏作家，天涯煮酒论史资深版主，历史作家，《大帝国的涅槃》、《迷惘的诸侯：后辛亥时代的西南军阀》作者

历史是严肃的，也是生动的；战争是残酷的，但也不排斥温情。阅读《战争事典》，将领略种种截然不同的军事历史。

——陆大鹏，西洋历史研究者，《1453：君士坦丁堡之战》、《海洋帝国》、《阿拉伯的劳伦斯》译者

《战争事典》不但重在剖析历史上战争战法与英雄传奇，更从不同的角度诠释了战争的根源和致胜的内核。可以说，这套书为读者提供了独特的思考方式与想象空间。

——毛小曼，中西书局副总编辑

《战争事典》为军事爱好者提供了一席学习之地，指文烽火工作室给大家带来了一个以笔会友的广阔平台。

——齐明，英国传统弓促进协会会员，正鹄弓箭社社长

战争历史往往被误导的迷雾和刻意的扭曲所掩盖，《战争事典》对此的解析却是理性的、深刻的。它帮我们还原了史实，引领我们穿越在那个历史的时空里。

——石炜，知名媒体人，军事史作家

历史不是演义，需要在精细考据中大胆求证，才能帮助读者树立一个崭新的历史观，启迪心智，培养阅读的快感。《战争事典》就是这样的好书！

——赵国星，笔名二手翻译小熊猫，新时代出版社编辑，《巨人的碰撞》译者之一

对于战争，人们往往倾向于讨论它的胜负，而不去探究其余。指文烽火工作室的《战争事典》却带着读者透过纸背，探寻战争历史的真实内在。

——张子平，笔名清海，日本神奈川大学历史民俗资料学博士，16—17世纪东北亚国际关系史研究者

《战争事典》汇聚古今，融萃中外，指文图书集战事战史于一处，实为战争历史之精品！

——秋李子，言情小说作家，著有《灶下婢》、《世家妇》、《恶女传说》等小说

《战争事典》，既写战争之事，又不离史实之根。客观精到的战争局势分析，更是指文烽火工作室

——穆好古，近代史研究者、民国史作者，《辛亥以来蓉属袍哥》、《天府百战》作者

《战争事典》对历史战争的重新挖掘很新颖，让我对观察历史的视角有了新的突破，我相信指文的读者们也会从中受益很多的。

——李楠，历史社科作家，著有《第三帝国》、《鸦片战争》等作品

一本好书，一杯香茗，拥此书在怀，足矣。祝福《战争事典》！

——陈肯，文史书作家、编剧，著有《挑灯看剑——混在杀戮里的浪漫情怀》、《洛克王国》等作品

《战争事典》筑基于史实之上，炼字于沙场之间。指文烽火这种写史于事，述战于武的创作模式，可谓开启了军事历史类图书的新风尚。

——周晨鸣，知远防务研究所研究员、军事评论家

《战争事典》是关于世界战争历史的优秀图书。它立足于史料而又不拘泥于史料，风格厚重雄浑而又不乏精巧，可谓写尽了人类在战争中的英勇与智慧。

——安迪斯晨风，山坡网主编、独立书评人

愿《战争事典》精雕细琢、精益求精，最终成为军事书籍中不朽之传奇。

——王晓明，资深军事历史地图研究者、编制者

《战争事典》内容全面、文采斐然、图文并茂、制作精美。指文烽火工作室的这番努力对于喜欢军事文化的读者，无疑是一个福音。

——马平安，中国社会科学院近代史研究所学者，著有《大清王朝灭亡之谜》、《鼓吹：终结帝制集结号》、《北洋集团与晚清政局》等

继往开来，希望《战争事典》能成为中国军事爱好者的宝典，祝愿指文越办越好！

——本垒打，二战研究者、战史研究者、军刊主编

这是一本跨越五千年波澜壮阔战争史的绚丽画卷，更是一本从战争历史探讨人类社会文化进步与发展规律的高水平文集，感谢《战争事典》为我们呈现了不一样的战争史。

——reichsrommel，专业勋赏文化文集《号角》主编

期望该军事文化文集能引领我们全面领略波澜壮阔的古战争历史画卷！

——刚寒锋，《较量》杂志总编，《号角》杂志联合创始人

精美的排版、详实专业的内容，连我一个对古战毫无兴趣的人都被深深迷住了，无法自拔。

——raingun，国内研究党卫军的战史专家

希望《战争事典》成为最好的历史文化系列丛书。

——宇文若尘，文史作家、编剧

《战争事典》讲述了一个个我知之甚少，甚至是闻所未闻的人物和故事，极大地丰富了我对古战争史的认知。如果说有什么遗憾的话，那就是此类图书在国内还是太少。能潜心钻研、撰写自己喜爱的那段历史，真好。

——小小冰人，著名军事图书翻译专家

《战争事典》以独到的视角与力度阐释了战争史爱好者和研究者们孜孜以求的旨趣，各系列宏文无疑昭示出，无论是爱好、还是研究战争史，其境界无涯、乐趣无边也！

——汪冰，《曼陀菲尔传》、《帝国骑士》作者

指文烽火工作室的《战争事典》让我们这些军事历史与弓术爱好者，有了自己的“核心期刊”！

——宇文拓，中国联合弓会负责人

CONTENTS
目录

前言

1815 年 6 月 18 日，决定拿破仑命运的滑铁卢战役爆发。是役，一代名将拿破仑败于英普联军的合力围攻，而带走了法军三分之一兵力的格鲁希元帅却一直没有率军出现在滑铁卢战场。此后两百年里，无数人发出过这样的责问："格鲁希，你在哪里？！"《苦战瓦夫尔——格鲁希元帅视角下的滑铁卢战役》一文将解开这个困扰了无数人的谜题。

曾几何时，唐帝国的军威雄踞整个东亚。但随着安史之乱的爆发，唐帝国首都长安沦入叛军之手。为了夺回长安，唐帝国的皇帝甚至许下了"金帛、子女皆归回纥"的承诺。到底是什么让唐帝国如此困窘？《唐代中期军事挫折专题》专门追寻导致这一切的罪魁祸首。《于盛世中见衰容——由露布浅述开元东北国防乱象》揭示了开元盛世之下，唐帝国边将"妄开边衅"所带来的种种隐患。《"三吏三别"之前的故事——灵宝惨败与潼关陷落》揭示了导致安史之乱一发而不可收拾的军事、政治、经济和地理原因。

19 世纪时，随着欧洲的化学、冶炼、机械加工等诸多领域的飞跃发展，欧洲军事力量雄霸全球。《黑火药时代的最后狂想——19 世纪过渡时期的步枪简史》将向您讲述这段时期里，欧洲军械研究者发明的各种武器以及这些致命武器在战场上的雄姿。

日本战国时代，长尾景虎与武田信玄的龙争虎斗为人熟知，其源起来自北条氏的欲望和阴谋却鲜有人知。《关东出阵——后北条氏和长尾氏的崛起与较量》将剔除日式历史演义的迷雾，向读者展示真实的长尾、北条、武田三方的恩怨与争斗。

烽火

2015 年 4 月

苦战瓦夫尔

格鲁希元帅视角下的滑铁卢战役

编译：卡佩

雄鹰重回塔尖，带着和平的诺言，却需要战争来兑现……

1815年3月，拿破仑重返法兰西权力之巅，可他早已今非昔比。一年前的拿破仑可以在蒙米赖、蒙特罗和尚波贝轻而易举击溃联军。现在，四十六岁的他在多年风霜和劳累的折磨下，已被疾病缠身，变得暴躁易怒和容易疲倦。他的将军也不复当年：奈伊，现在不过是个疲惫的老兵；贝尔蒂埃，对多年的征战已经厌倦；苏尔特也不复那个当年的"欧洲第一战术家"。于是，拿破仑不得不倚重一名之前未有过独立指挥经验的新晋元帅——曼努埃尔·格鲁希。

格鲁希，拿破仑帝国最后一位元帅。1766年10月23日，他生于巴黎。与帝国时期大多数元帅不同，他来自一个世袭贵族家庭。格鲁希家族可以追溯到"征服者威廉"时期，曼努埃尔·格鲁希是格鲁希侯爵的唯一儿子。

◎ 拿破仑逃离厄尔巴岛重返法国

1781 年 3 月 14 日，不到 15 岁的格鲁希从斯特拉斯堡的炮兵学校毕业，被分配到贝桑松的步炮连任职。3 年后，时任上尉的格鲁希第一次指挥骑兵——王家卫队（苏格兰连），但因病于 1787 年离开军队。

1791 年 12 月 18 日，格鲁希以一个革命拥护者的身份重回军队，在第 12 猎骑团任中校。几个月后他被升为旅将军，先后在孟德斯鸠（Montesquieu）将军的中央军团和克勒曼的阿尔卑斯军团任职。两年后，格鲁希又转战奥什将军麾下，在布列尼塔和旺代作战。在莱索里尼埃（Les Sorinières）战斗中，格鲁希表现出色但却挂了彩。当年 9 月 30 日，格鲁希因出身问题从军中被剔除。但一年后，29 岁的他便安然无恙回到军中，还被擢升为师将军。1796 年最后两个月，他曾担任远征爱尔兰军团第二司令，但这个远征最终没能成行。

此后，格鲁希在茹贝尔将军的意大利军团任职。在瓦伦扎（Valenza）战斗中，格鲁希作战英勇，又受了伤。1799 年 8 月 15 日，他指挥茹贝尔的左翼在诺维会战中与苏沃洛夫交手，俘获了 2000 名战俘。后撤中，他多次受伤——4 处刀伤、1 处枪伤以及若干刺伤，最后不幸在穿过帕斯图利亚（Pasturana）峡谷时被俘。多处受伤的格鲁希在医院躺了许久，伤养好后被遣送至格拉茨（Gratz），1800 年 6 月通过交换战俘得以返回法国。在这期间，格鲁希曾在信上反对执政府，这让拿破仑难以忘怀。

随后，格鲁希在德意志加入了莫罗军团。1800年12月3日，莫罗在霍恩林登取得大胜，格鲁希和指挥步兵师的奈伊被共同认为是战斗英雄。尽管格鲁希在之后的战斗中也贡献斐然，但在拿破仑的眼中，他一直是“另一个阵营”的人。而且在1804年对莫罗审判时期，他公开支持莫罗的行为让拿破仑很难产生与他深交的想法。1801年9月23日，格鲁希被任命为骑兵监察长，这一委任让他结识了与他年龄相仿的骑兵将军——缪拉。

1805年的大战役中，格鲁希是马尔蒙第二军的师长，但他因病离职。等他再返回军队时已是1806年，这次他指挥的第2龙骑兵师隶属于缪拉预备骑兵军。在埃劳会战中，格鲁希因落马脑部受到严重震荡，多亏身边勇敢的副官他才得以死里逃生。即便这样，格鲁希也没有离开战场，而是在漫天风雪中出色完成了冲锋。在弗里德兰的战斗中，格鲁希指挥全体预备骑兵军切断了俄军的退路，战后被拿破仑授予巴登大十字勋章及荣誉军团勋章。

1808年，格鲁希与缪拉共赴西班牙担任马德里总督。同年秋季，法军陆续从西部各省撤出，格鲁希此时的健康每况愈下，他被批准回国。1809年1月，格鲁希成为帝国伯爵。随着与奥地利的战争迫在眉睫，拿破仑又把他派去意大利指挥欧仁的骑兵。在瓦格拉姆战斗中，格鲁希的骑兵隶属于达武军，他们猛烈的进攻帮助法军撕开了普军的左翼。战役之后，拿破仑再次注意到了格鲁希，赐予他猎骑兵荣誉兵种上将头衔。

1812年，格鲁希指挥预备骑兵第三军。在莫斯科瓦战斗中，他率领的胸甲骑兵将俄国人逐出了多面堡，他则在战斗中身负重伤。撤退期间，格鲁希本来指挥一支拿破仑亲卫队，但因身体原因被直接送去了维尔纳。格鲁希再度上战场已是1814年初法兰西战役期间，他先后在维克托和马尔蒙麾下任职。3月7日，克拉奥讷战斗中，他再次受伤，不得不交出指挥权继续养伤。

波旁复辟期间，格鲁希一直赋闲在家。尽管出身高贵，但他与波旁的关系很微妙，而且他对失去荣誉兵种上将这一头衔一直心怀怨念。拿破仑重返法国，格鲁

◎ 滑铁卢战役法军右翼的指挥官格鲁希

希二话不说响应了号召，受命解决昂古莱姆（Angoulême）公爵的保王党军队。他出色地完成了这个任务，并俘虏了公爵本人。百日期间，拿破仑任命格鲁希为阿尔卑斯军团司令，并授予他帝国元帅头衔作为对以前所有功劳的犒赏。新头衔让49岁的格鲁希倍感欣喜，他已经做了20年的师级将军，甚至放弃了晋升的希望。

滑铁卢战役期间，格鲁希负责指挥预备骑兵军，利尼战斗后他被任命为右翼指挥，负责追击普鲁士，阻止他们与威灵顿会合。

从巴黎到利尼

拿破仑6月11日离开巴黎时，大军调动正值高峰：第一军从里尔（Lille）至阿韦讷（Avesnes），第二军从瓦朗谢内（Valenciennes）至莫伯日（Maubeuge），第三军从梅济耶尔（Mezieres）至希迈（Chimay），第四军从蒂永维尔（Thionville）至罗克鲁瓦（Rocroi），第六军从拉昂（Laon）至阿韦讷。此外，近卫军也从巴黎出发，准备去阿韦讷。

大军团里，埃尔隆率领第一军，第1、2、3、4步兵师，第1轻骑兵师，6个炮连；雷耶率领第二军，第5、6、7、8步兵师，第2轻骑兵师，6个炮连；旺达姆率领第三军，第9、10、11步兵师，第3轻骑兵师，5个炮连；热拉尔率领第四军，第12、13、14步兵师，第7轻骑兵师，5个炮连；洛博率领第六军，第19、20、21步兵师，4个炮连；格鲁希率领预备骑兵军； 骑兵军方面，帕若尔率领第一骑兵军，艾克赛尔曼斯率领第二骑兵军，克勒曼率领第三骑兵军，米约率领第四骑兵军；另外，近卫军有12个步兵团、2个重骑兵团、3个轻骑兵团、13个炮连。

14日，拿破仑的司令部设在博蒙特。第二天，大军分三路纵队向比利时境内进发。左路，埃尔隆军、雷耶军，经过蒂安（Thuin）、马尔青尼（Marchienne）；中路由拿破仑亲自率领，包含旺达姆军、洛博军、近卫军以及格鲁希的预备骑兵，经厄尔河畔海姆（Ham-Sur-Heure）、雅莫（Jamioux）、马尔西内尔（Marcinelle）行进；右路，热拉尔军，经过弗洛雷讷（Florennes）和热尔皮讷（Gerpinnes）。除了随时派上用场的军火，其他物资均在6.7法里外的后方。行军途中，各路纵队之间不断联系，这样某支军队就不会占用了其他军队的道路。为了得到敌人的动向，大军前方有12个骑兵团，步兵散兵也向四处散去，随时向皇帝报告情况。

一切都按计划进行着，这次行军的目的就是，在任何能遇到普鲁士军的地方与其交战。但执行中总有始料未及之事：因为没有及时收到命令，埃尔隆军动身时间比预定的迟了一个半小时；旺达姆直到洛博军出现后才得知行动，因为苏尔特派去的传令官出了意外；热拉尔军虽然按时出发，但第二天早上 7 点才到达弗洛雷讷。虽然有些耽搁，攻击作战还是展开了！

中路法军由帕若尔骑兵打头阵，向沙勒罗瓦（Charleio）推进，普鲁士人的警戒哨受到各个方向的攻击。15 日中午，帕若尔进入沙勒罗瓦，普鲁士人撤至东北方不到 1.5 法里的日利（Gilly）。格鲁希并不想过早与普鲁士交战，他停下来等候艾克赛尔曼斯和旺达姆。拿破仑对他的拖延和谨慎不满，于下午 5 点亲自率军向普鲁士人发起了进攻。黄昏时，普鲁士人撤向弗勒吕斯（Fleurus）。

15 日晚，拿破仑在沙勒罗瓦过夜。旺达姆和艾克赛尔曼斯的营地距普鲁士阵地

◎ 拿破仑皇帝

不到1.5法里；近卫军在日利与沙勒罗瓦之间；洛博军在桑布尔河沿岸扎营；热拉尔在右侧，他渡过了桑布尔河，在通往弗勒吕斯的路上扎营。

由于之前的耽搁，左路纵队的推进也不太令人满意，他们直到晚上才行进到拿破仑预期的阵地。雷耶按指令于凌晨3点从莱尔（Leers）出发向马尔青尼前进，听说有一支普鲁士军队在戈斯利（Gosselies）村后便奉命向该地前进。他沿沙勒罗瓦－布鲁塞尔路推进时，发现普鲁士后卫占领了瑞梅特（Jument）。击溃敌人后，雷耶于下午5点开进了戈斯利村。此时，奈伊也抵达了前线，拿破仑便命他接管左翼。奈伊命皮尔的骑兵师和巴舍吕步兵师向弗拉讷推进，吉拉尔师去追赶从戈利斯向弗勒吕斯撤退的普鲁士人，雷耶军余下的热罗姆师与富瓦师留在戈斯利村。6点30分，萨克森－魏玛率领的1个普鲁士旅被赶出弗拉讷，随后向四臂村方向撤退。勒菲弗－德努埃特的法军轻骑兵与奈伊一同赶到弗拉讷，支援步兵的进攻。

天黑前，奈伊赶到了弗拉讷，一同到的还有2个骑兵师和1个步兵师。奈伊的法军不到一个小时就冲到交叉路口向萨克森－魏玛旅发起猛攻，但他随后只让骑兵继续推进侦察阵地，然后全军撤回到弗拉讷，奈伊自己则于8点半返回了戈斯利村。

关于拿破仑在15日夜里是否下令奈伊占领四臂村一事一直充满争议，但拿破仑在16日写给奈伊的信中对其推进感到满意，且并未指责他没有占领交叉道口的事情。当时的情况是，萨克森－魏玛军队击退了奈伊派出的侦察兵，这让奈伊深信此地有英军重兵把守，如果贸然进攻很可能会被击溃，从而给敌人威胁拿破仑左翼的机会。于是，他决定小心行事，一边等候中路和右翼的消息，一边静待埃尔隆军赶来。

尽管埃尔隆之前因收到命令晚点错失了进攻良机，但是他也没打算弥补由于未及时接到命令造成的损失。苏尔特的命令是让他立即赶到戈斯利村与雷耶会合，但当天太阳落山时，他的军还在瑞梅特—戈斯利后方1.2法里处，参谋部则在更后面的马尔青尼！可以说，埃尔隆的迟缓让整个法军左翼的推进变得很难让人满意。

至于法军对面的普鲁士军队则分为四军：第一军，由齐滕率领；第二军，由皮尔希率领；第三军，由蒂尔曼（Thielmann）率领；第四军，由比洛率领。

早在14日夜，布吕歇尔就命令第二、三、四军到松布雷夫（Sombreffe）集合，第一军向弗勒吕斯且战且退，为队友到松布雷夫集结争取时间。

普军的命令传递也出现了类似于法军的延迟：布吕歇尔的参谋长格奈泽瑙14日下达给比洛第四军的命令非常含糊，没有关于拿破仑进攻的任何细节，也没有全军部署以及布吕歇尔的意图或整体形势。可能是因为比洛军在后方稍远，格奈泽瑙的消息才如此简略，导致第四军延迟动身。上文提到的命令15日凌晨5点才被送到比洛手里，此时的比洛正在利热（Liege）。而在14日午夜，格奈泽瑙又给比洛下了第二个命令，本意是告诉比洛在阿尼（Hannut）集结，但信上并未明确说明，只告诉他阿尼应该安全。收到第一封命令的比洛决定第二天动身。他派人向布吕歇尔报告：他会在（16日）上午到达阿尼。他的传令官出发后以为会在那慕尔（Namur）遇到布吕歇尔，结果，到了之后却发现司令部已经转移到了松布雷夫。在这期间，格奈泽瑙又给比洛下达了第三个命令：第四军在阿尼休整后于16日晨向让布卢（Gembloux）行进。格奈泽瑙派出的送信人自然去阿尼寻找比洛，但到了之后后才发现给比洛的第二封命令还没有被打开。送信人当即带着两封信火速赶往利热。他到达已是16日早上。就这样，格奈泽瑙的命令没有被执行。比洛莫名其妙错过了利尼（Ligny）之战。

在预定地点集结的普鲁士第二军、第三军迅速推进，第一军仍在撤向弗勒吕斯的路上。15日凌晨3点30分，普鲁士前哨到达桑布尔河上的洛布（Lobbes）村。在那里，普军前哨遭到法军猛攻。一个小时后，法军开始炮轰马拉德里（Maladrie）——一个距离蒂安（Thuin）很近的小村庄。在方丹莱韦克（Fontaine l'eveque）的普军——施泰因梅茨（Steinmietz）师可以清楚地听到炮击声，甚至是身处沙勒罗瓦的齐滕军也略有听到。齐藤当即向布吕歇尔和威灵顿汇报情况，但威灵顿没有因此改变计划。至于布吕歇尔，来人的报告由则让他庆幸将军队集结在了松布雷夫。

◎ 普鲁士第四军司令比洛

在法军炮火的压制下，马拉德里抵抗的普鲁士人有序地撤向蒂安。在蒂安，齐滕与威斯特伐利亚州民兵团会合，他们巧妙地撤退着，让抵抗一直持续到次日早上7点。最终，伤亡越来越大的普鲁士人撤向了蒙蒂涅（Montigny）。在此处，又有2个普军龙骑兵中队加入进来，他们掩护第一军的主力撤向马尔青尼。法军在帕若尔的率领下一路猛追，让普军损失十分惨重。等到达马尔青尼时，普军只剩下一副骨架了。不过，齐滕的撤退战略堪称出色，甚至可以说，是他“引诱”的法军大部队向沙勒罗瓦行进。

此时，拿破仑和近卫军以及帕若尔骑兵军开始迅速向沙勒罗瓦推进。普鲁士分遣队曾利用一座连接马尔西内尔和沙勒罗瓦的桥梁进行了短暂抵抗，但法军还是于当天中午顺利进城。

另一方面，法军的增援也沿戈斯利

路赶来，其中包括雷耶的前锋，意在切断施泰因梅茨撤退的路线，隔开齐滕军与威灵顿的军队。但施泰因梅茨凭借枪骑兵团、骠骑兵团对法军进行了反击，并最终成功撤至戈斯利与弗勒吕斯之间的一座村庄——埃皮尼。

在普鲁士中路，当法军进入沙勒罗瓦后，第一军第2师师长小皮尔希（小皮尔希是军长皮尔希的弟弟）奉命去日利，尽可能久拖住法军。

拿破仑派格鲁希带领旺达姆军和艾克赛尔曼斯的骑兵军沿沙勒罗瓦－弗勒吕斯路追击，但格鲁希被普鲁士人在日利的顽强抵抗吓住了，他担心在没有增援的情况下会被击溃，于是去拿破仑那里解释。当时是17点，拿破仑非常不耐烦，认为这是杞人忧天，于是亲自带领近卫骑兵中队侦察了小皮尔希的阵地。得知小皮尔希的真正兵力后，拿破仑下令格鲁希即刻进攻。

18点炮击开始，旺达姆军列三路纵队向普鲁士人的阵前进攻，法军骑兵也威胁着敌人侧翼。小皮尔希正打算回应法军炮击时收到了齐滕的命令，要求他经朗贝萨尔（Lambusart）撤向弗勒吕斯。普军撤退时，法军的勒托尔（Letort）将军带领骑兵向他们发起猛攻，普鲁士人顽强抵抗着。一支普军龙骑团英勇地冲向法军，曾一度将敌军击溃。正因为如此出色的表现，这些普军才得以安全撤进弗勒吕斯森林。小皮尔希在到达朗贝萨尔后，普军第3师的几个营以及罗德尔（Roder）预备骑兵营与他会合。普军就此建起新的阵地，之后普军的勃兰登堡龙骑团也加入进来。大概20点，法军三个骑炮连在骑兵的协同下向朗贝萨尔开火，但没多久就因天黑停止了进攻，小皮尔希因此成功撤至弗勒吕斯，与齐滕其他部队会合后向利尼推进。

22点，施泰因梅茨到达弗勒吕斯，普军的第二军抵达松布雷夫，第三军借着夜色过了那慕尔，但第四军仍在利热附近。

15日凌晨，齐滕听到马拉德里的炮声后曾派人向威灵顿和布吕歇尔报告。他派去的人是凌晨5点出发的，到达威灵顿位于布鲁塞尔的司令部时是上午9点，这个消息并没有让威灵顿立即改动他的部署。威灵顿担心法军会从蒙斯（Mons）进攻，他的部署可以很好应对来自此方向的攻击。但是下午15点，奥林治亲王从蒙斯附近的前哨阵地赶来，说他见过了在蒙斯和班什（Binche）之间的范莫林（Van Merlen），后者说普鲁士遭到进攻并且在一路撤退。

威灵顿立即派多恩伯格（Dornberg）侦察蒙斯方向，随时报告该方向的动向。之后，他下令所有军队在各自司令部附近集合：左翼，佩尔庞彻（Perponcher）师和沙塞（Chasse）师在尼韦勒（Nivelles）集合，第三英格兰师，即阿尔滕（Alten）师在布赖讷勒孔特（Braine-le-Comte）集合，借着夜色向尼韦勒前进；右翼斯蒂德曼（Steedman）师和荷兰－比利时安辛（Anthing）旅向佐特海姆（Sotteghem）前进。阿布里奇（Uxbridge）的骑兵除了正在接近维尔福德（Vilvorde）的多恩伯格将军所部外，都在尼诺弗（Ninove）集合，预备军仍在布鲁塞尔待命。

◎ 英军司令威灵顿公爵

直到15日夜里22点，威灵顿收到奥林治亲王关于奈伊进攻弗拉讷和萨克森-魏玛撤向四臂村，并在那顶住法军进攻的报告以及布吕歇尔从那慕尔方向来的消息后，才打消了对右翼的担心，开始把更多的兵力移到左翼。当晚，他下达了一系列命令：命库克（Cooke）师从昂吉安（Enghein）移至布赖讷勒孔特，克林顿（Clinton）师和科尔维勒（Colvilles）师从尼诺弗被调到昂吉安，其他部队原地不动。这一天快结束时，布吕歇尔只有齐滕军在利尼，皮尔希军在后方，而威灵顿的军团距四臂村仍有距离。

二 四臂村、利尼双重血战

也是在15日夜，奈伊到沙勒罗瓦面见拿破仑，告诉了拿破仑侧翼的进展。想必此时的奈伊也大致知晓了中路和右翼的情况。奈伊返回戈斯利后命令热罗姆师、富瓦师和5个炮兵连向弗拉讷推进，他自己也动身去了那儿。听说有一支普鲁士军队在四臂村与利尼之间后，奈伊开始担心自己的右翼会遭到进攻。除此之外，他还担心左翼的威灵顿会从尼韦勒进攻。不过，他错估了敌军在四臂村的真正兵力。总之，出于以上担忧，加之不想破坏拿破仑的计划，奈伊决定等拿破仑承诺的埃尔隆军和克勒曼重骑兵赶到后，再火速赶往弗拉讷。

在奈伊部署的时候，威灵顿正赶往尼韦勒和四臂村，阿布里奇的骑兵和克林顿师在向布赖讷勒孔特转移，斯蒂德曼师和安辛旅从佐特海姆推进至昂吉安，皮克顿师从布鲁塞尔向四臂村前进。16日凌晨，布伦瑞克公爵也率领5000人出发了。16日凌晨3点，佩尔庞彻到达四臂村。6点，奥林治亲王赶到，他侦察阵地后命佩尔庞彻向前推进了些许。由于以上调动，时至上午7点，奥林治亲王在四臂村的兵力为9个荷兰-比利时营。

11点，威灵顿到达四臂村，他侦察了阵地，发现法军没有即刻进攻的意思。

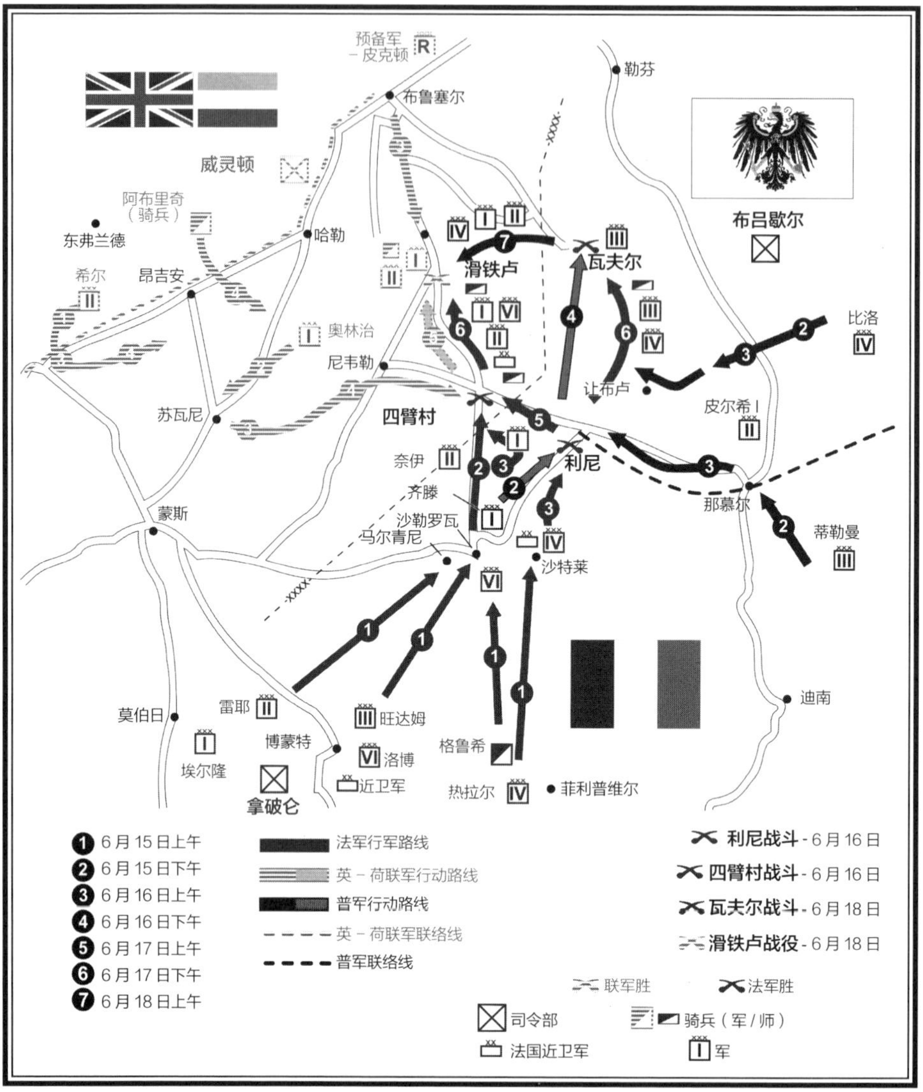

◎ *1815年6月15—18日，英荷联军、普军、法军大致行军及交战情况*

同样也是在11点，奈伊收到了拿破仑的来信。拿破仑告诉奈伊，他将在利尼进攻普鲁士，将普鲁士人赶回让布卢，然后经过松布雷夫向四臂村推进，支援奈伊；奈伊稍后向布鲁塞尔挺进。根据这封信，奈伊推断他的行动应该后于拿破仑，一定程度上，正是这封信使奈伊16日的行动再度延迟。

没多久，奈伊又收到了参谋长苏尔特的命令，要求他将第一、二军及克勒曼的

◎ 滑铁卢战役法军左翼指挥米歇尔·奈伊元帅

骑兵军推进至四臂村驱逐敌人，除尽可能远地向尼韦勒和布鲁塞尔方向侦察外，还派 2 个师向热纳普（Genappe）和马尔拜（Marbais）方向侦察，并时刻与拿破仑在松布雷夫－四臂村之间的左翼保持联系。拿破仑希望自己击溃普鲁士的时候，奈伊能搞定英国人并于 17 日挺进布鲁塞尔。

奈伊根据命令下令埃尔隆军第一、第二和第三师向弗拉讷移动；第四师与皮尔的骑兵向马尔拜挺进；克勒曼骑兵军向弗拉讷和利贝尔希（Liberchies）推进。就在军队进行调动时，奈伊收到了雷耶的报告：吉拉尔将军看到一支庞大的普鲁士军队（为皮尔希军，此刻正在完成圣阿芒和利尼之间的调动）正沿那慕尔－尼韦勒公路移动。雷耶写信给奈伊，说他会一边等命令，一边注意普鲁士军的动向。与此同时，奈伊又收到了拿破仑的一封命令信：命令奈伊集合第一、第二军和克勒曼骑兵军将敌人赶出四臂村。拿破仑认为奈伊有足够的兵力粉碎面前的敌人，之后便派格鲁希向松布雷夫方向移动。

雷耶的报告使奈伊对处境十分担忧，他下令雷耶、埃尔隆军加速前进。下午 14 点，深信埃尔隆军在不远处的奈伊向英格兰－荷兰联军阵地发起进攻，他有 3 个步兵师（巴舍吕、富瓦、热罗姆师）和皮尔

◎ 四臂村战斗

的轻骑兵师，还有 5 个炮连——共 18000 人和 40 门大炮。对面的奥林治亲王只有 7000 名步兵和 16 门大炮。当天下午稍早的时候，皮克顿和布伦瑞克师赶到前线，威灵顿接管了指挥。之后，阿尔滕师、库克师和布伦瑞克 2 个营、1 个炮连也相继赶到，威灵顿人数上已经远远超过只有克勒曼骑兵增援的奈伊。而埃尔隆军还徘徊在利尼和弗拉讷之间。

即将打响的四臂村之战对双方都很重要。虽然奈伊既没有提前占领四臂村，也没有提前击溃威灵顿，更没有提前沿布鲁塞尔路追击他们，但他阻止了威灵顿与布吕歇尔右翼的会合。威灵顿已经完全占领四臂村，身后还有增援在赶来的路上，所以处于有利的态势。威灵顿打算：如果收到布吕歇尔在利尼大胜的消息，就在第二天进攻奈伊阵地，与布吕歇尔会合一同扑向拿破仑主力；如果利尼的普鲁士军失利了，就撤出四臂村，守住一处阵地等待布吕歇尔的赶到。

至于普鲁士方面，当天上午，布吕歇尔只有齐滕军的 2.8 万名士兵在战场，第二军下午才抵达松布雷夫，紧随其后的是蒂尔曼第三军。布吕歇尔把战场定在利尼是有很多考虑的：第一，该处与威灵顿左翼只相隔 4.5 法里，而且路况良好；第二，他能随时保持与亚琛（Aix-la-Chapelle）

◎ 布吕歇尔在战场

和首都的联系；第三，如果他和英军在四臂村和利尼均败北，还有两条平行的道路可供撤退，一是经圣让山朝布鲁塞尔方向，一是经瓦夫尔（Warve）朝勒芬（Louvain）方向，而且这两条路能在苏瓦尼(Soignies)森林交汇；第四，如果拿破仑经蒙斯路进攻威灵顿，他可以在松布雷夫集合军队支援公爵；第五，如果拿破仑沿那慕尔公路前进，蒂尔曼的第三军可以为第一、二军，甚至还没影儿的第四军争取撤退时间，同时威灵顿可以与普鲁士右翼会合。

虽然等到比洛的希望渺茫，但布吕歇尔认为拿破仑不会比他多太多人。他希望可以守住阵地等比洛到来，或者将战斗拖到天黑。如果第四军及时赶来，人数上的增加正是他需要的，甚至可以用比洛的“新生力量”进攻拿破仑已经疲累的右翼。如果第四军无法赶来，耗到天黑也可以有充分的时间等比洛，然后天亮后仍可以向法军发起进攻。不管怎样，都可以缓解威灵顿方向受到的压力。

16日上午8点，拿破仑命奈伊派1个师到马尔拜支援，并时刻准备在利尼战斗高潮时对普鲁士右后方发起进攻。14点，拿破仑命令奈伊不惜一切代价击溃前面的敌人，然后沿着那慕尔路扑向布吕歇尔右翼和后方。15点15分，利尼战斗打响后，拿破仑给奈伊的命令又重复了一遍——命奈伊率全部兵力给布吕歇尔右后方施压。

17点30分，拿破仑打算向布吕歇尔发起致命一击。预备军准备攻入利尼腹地时，一支混杂着步兵、骑兵、炮兵的纵队突奔法军左翼而来。一开始，法军以为这是奈伊派来的援军，但他们很快发现这支军队没有出现在普鲁士右翼，而是奔法军左翼后方而来。依照上午8点的命令，奈伊的援军到达马尔拜即可，而且这支军队看上去不止1个师，再加上当天奈伊没什么消息传来，旺达姆认为这很可能是威灵顿的增援，自己被敌人抄了后路！

旺达姆当即向皇帝汇报，同时暂停行动，吉拉尔师也撤了回来。19点，法军才准确得知这支大军是敌是友——他们是加入拿破仑左翼的埃尔隆第一军。确定消息后，旺达姆军和吉拉尔师以及近卫军才开始继续进攻。

埃尔隆这期间的经历有多种版本，埃尔隆自己在回忆录里是这样说的：

拉贝杜瓦耶截住了我，给我看了一份用铅笔写的命令，告诉我他已经通知了奈伊将我军调去利尼。他又说命令已经下达，现在就等着我的出现。他还告诉我应该到什么地方与皇帝会合。我沿着他指给我的

◎ *利尼之战插画*

路走，随后派德尔康布尔（Delcambre）告知了奈伊元帅我的新方向。

收到皇帝命令的埃尔隆确实是沿着拉贝杜瓦耶指的方向向利尼行进，但不是预期的那慕尔公路，而是一条古道。这条从弗拉讷到圣阿芒的古道要经过一个叫维莱尔－佩温（Willers-Perwin）的地方。期间，埃尔隆派出去掩护行军的一个旅与普军遭遇交时，埃尔隆又收到了奈伊十万火急召他返回四臂村的命令。

奈伊元帅对这件事的解释是：

16日，我收到进攻驻守四臂村英军的命令。我们向敌人发起了猛攻，没有什么能阻挡我们的猛攻，毫无疑问我们打了胜仗。直到我打算命令留作后备的第一师进攻时，我才得知皇帝在我毫不知情的情况下将我的第一军和第二军的吉拉尔师调去支援他的左翼。这个消息让我的处境十分尴尬，我手底下只有三个师而不是我预计的八个，我不得不“乘胜而退”。尽管全军将士都很英勇，但我们能做的只是守到天黑。晚上21点，第一军（约2.5万~3万人）被皇帝召了回来，这些人在整个战斗中从左跑到右从右跑到左，却从未放过一枪。

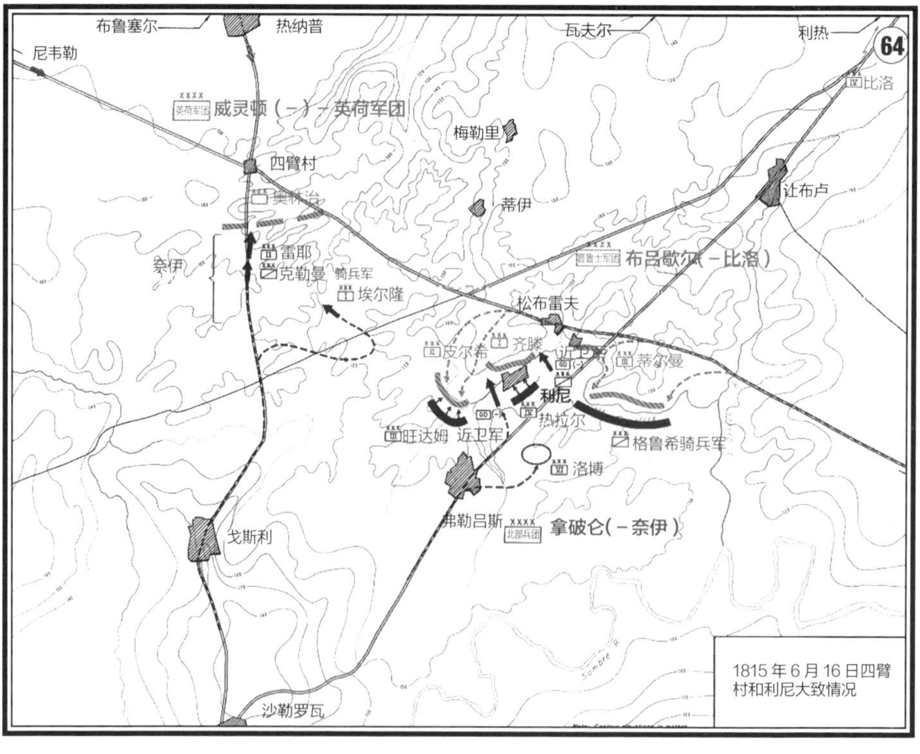

◎ 四臂村和利尼之战的战场阵地图、埃尔隆军行进图

直接听命于奈伊的埃尔隆认为，除非奈伊处境绝望，不然绝对不会弃皇命于不顾！他便留下第4师和雅基诺骑兵继续向利尼推进，自己则带着第一、第二和第三师向四臂村赶去，但此时战斗已接近尾声。

这一来一回，让拿破仑盼了一个下午的决定性胜利泡汤了。但他还是下令进行最后的猛攻：预备炮兵连向利尼上方的陡坡开火，老近卫军列阵，骑兵中队严阵以待，近卫第二骑兵师和米约的胸甲骑兵随时准备进攻，洛博军调出弗勒吕斯。普军开始全线撤退，布吕歇尔在布里（Brye）山上看着这灾难的撤退。在普军阵地的缺口处，他看到了法国近卫军的头盔、在空地上整队准备进攻的法国骑兵和胸甲骑兵胸甲反射出来的刺眼光芒。

拿破仑宣称获得了利尼之战的胜利，并将布吕歇尔与威灵顿隔开了。

尽管败得如此惨，普鲁士骑兵的顽强抵抗却为步兵的撤退和大炮的转移争取了时间。两支普军后卫部队在布里和松布雷夫坚持了几小时，余下部队在格奈泽瑙的指挥下撤向瓦夫尔。

鉴于奈伊仍旧没有消息，拿破仑认为贸然追击十分不明智，因为他不知道普鲁士的比洛军在哪儿，有可能就在不远处，而且，布吕歇尔的军队还没有完全丧失作战能力。因此，他下令格鲁希天亮后再追击敌人。值得一提的是，等待期间，法军没有采取任何措施探知普鲁士的撤退路线及意图。这成为日后滑铁卢大败的伏笔。

虽然普鲁士的右路、中路接近崩溃，但松布雷夫前的左路仍坚守着阵地。格奈泽瑙接替了在法军追击中受伤的布吕歇尔，指挥军队撤退。当利尼之战接近尾声时，他下令第一、第二军向蒂伊（Tillly）撤退，蒂尔曼军在右路和中路离开后再进行撤离。第三军一直在松布雷夫和茹尔（Jour）一线守到凌晨3点。第一、

◎ 法国胸甲骑兵

◎ 布吕歇尔在利尼之战中坠马受伤。

第二军全部安全撤离战场后，蒂尔曼才指挥部下秩序井然地向让布卢撤去。

因为普鲁士第三军的奋战，第一、第二军得以在16日夜里于梅弗里（Mellery）、蒂伊和根廷内斯（Gentinnes）之间通往瓦夫尔的两条道路旁休整。两军随后在吉贝尔（Guibert）会合，经过蒂伊－圣吉贝尔山（Mont St.Guibert）和根廷内斯－圣吉贝尔路抵达瓦夫尔。齐滕军先到，在代勒（Dyle）河左岸行进，最后停留在比耶日（Bierges）西南。皮尔希军随后抵达，但他没有过代勒河，而是停在艾森蒙特

（Aisenmont）和圣阿讷（St. Anne）之间的地方，该地距离瓦夫尔1.5法里。总体上，经过一夜休整，第一、第二军已经从头一天的惨败中恢复过来。

至于的蒂尔曼第三军（23980人，48门炮），并没有因利尼之战的失利而士气低落，他们仍充满斗志。

蒂尔曼第三军步兵的兵力如下：第9师博尔克（Borcke）师，由第8、30线列步兵团（3个营）和第1勃兰登堡州民兵团（6个营）组成，共6752人；第10师坎普芬（Kampfen）师，由第27线列步兵团（3个营）和第2勃兰登堡州民兵团（3个营）组成，共4045人；第11师卢克（Luck）师，由第3、4勃兰登堡州民兵团（6个营）组成，共3634人；第12师施蒂尔普纳格尔（Stulpnagel）师，由第31线列步兵团（3个营）和第5、6勃兰登堡州民兵团（6个营）组成，共6180人。共30个营，20611人。

骑兵由霍贝（Hobe）将军指挥，马维茨（Marwitz）旅，由第7乌兰骑兵团、第8乌兰骑兵团、第9骠骑团共10个中队组成，共925人；洛特姆（Lottum）伯爵旅，由第5乌兰骑兵团、第7龙骑团、第3勃兰登堡民兵团和第6勃兰登堡民兵团共16个中队组成，共1480人。骑兵共26个中队，2405人。

炮兵由莫赫豪普（Mohnhaup）上校指挥，有1个12磅炮连（第7炮连）、2个6磅炮连（第18、35炮连）和3个骑炮连（第18、19、20炮连），炮兵964人，大炮48门。[①]

① 普鲁士用的单位是“旅”，兵力在6—9个营不等，但编制略小，此处用“师”表示是因为与法军步兵师兵力相近。数据来自威廉·海德·凯利的《瓦夫尔战斗和格鲁希的撤退》（William Hyde Kelly: The battle of Wavre and Grouchy's retreat）。

三 格鲁希的追击

普鲁士全线撤退之前，格奈泽瑙给了蒂尔曼两个选择——撤向蒂伊或撤向让布卢，两条路在瓦夫尔交汇。蒂尔曼评估了两个目的地的危险。如果他向蒂伊撤退，他将沿那慕尔路迂回至马尔拜，继而向北开进，尾随第一、二军的撤退路线，但沿途丢弃的马车、哑火的大炮和难民很可能堵塞道路，而且，向马尔拜的行军会暴露侧翼。鉴于后卫完全撤离松布雷夫时天已经蒙蒙亮，蒂尔曼决定向让布卢撤去，通往该处的道路不会暴露侧翼，而且很有可能在让布卢与比洛会合。通往让布卢有四条开阔的大道，他可以选任意一条撤退。需注意的是，蒂尔曼并不知道第一、第二军撤退的目的地，他猜测是两军路线交汇的瓦夫尔地区。

◎ 普鲁士第三军司令蒂尔曼

两个小时后，第三军大部分兵力到达让布卢。蒂尔曼得知比洛已抵达包德赛特（Baudeset），与自己相距不到1法里。于是，他停下来等比洛。在此期间，他派人向布吕歇尔报告了他没有被法军追击的消息，并询问下一步的行动。17日上午9点30分，布吕歇尔的副官带来了消息：比洛向迪翁勒蒙（Dion-le-Mont），距离瓦夫尔1法里处行进，之后会在旧萨尔（Vieux-Sart）留下后卫部队留意法军情况；第三军继续向瓦夫尔撤退。14点，蒂尔曼军稍事休整后继续行进。6小时后，他的主力部队到达瓦夫尔。比洛军先头部队于15点到达目的地，2个半小时后，他最后的部队也赶到。

◎ 法军第一骑兵军司令帕若尔将军

就在普军休整重组的同时，法军的追击也开始了。格鲁希在16日夜里23时收到拿破仑的追击命令——要求他派2个骑兵军、帕若尔军和艾克赛尔曼斯军追赶普鲁士军。格鲁希没有被告知从哪个方向追击，是否只追赶蒂尔曼部。

帕若尔17日凌晨4点出发时，还没有收到蒂尔曼撤向何方的消息。他率领苏尔特师（此处的苏尔特指的是参谋长苏尔特的弟弟）的轻骑兵，从巴拉特尔（Balatre）出发向那慕尔路行进，他认为敌人是沿这条路线撤退的。他写信给皇帝（可能在他出发后不久），说自己在“追击向利热和那慕尔撤退的敌人”。帕若尔甚至抓获了不少俘虏，其中有些是普鲁士骑炮连的。这个骑炮连“从利尼战场退下来填补弹药”，但与军火队失去了联系，蒂尔曼撤向让布卢的命令也没有传递给他们。这帮人一直徘徊在那慕尔公路上，直到被帕若尔抓获。帕若尔的收获和汇报让拿破仑很满意，这事无疑增加了普鲁士沿那慕尔公路撤退的可能性。但帕若尔穿过拉马济（Le Mazy）推进若干法里后再也没有见到普鲁士军的踪迹，他开始怀疑自己是不是搞错了。在勒布凯（Le Boquet）停留时，帕若尔派人继续侦察。其实当天中午，蒂尔曼军还在让布卢，并准备向勒芬方向行军。

帕若尔到圣但尼（Saint-Denis）后，奉皇帝之命前来的泰斯特师与他会合了。于是，帕若尔军在追击普鲁士的道路上渐行渐远。

◎ 法军第二骑兵军司令艾克赛尔曼斯将军

不过，艾克赛尔曼斯的进展很好，贝尔东（Berton）的龙骑兵旅追赶着蒂尔曼的后卫，并留意着松布雷夫左侧。贝尔东也踏上了那慕尔公路，但他在达拉马济从一些农民口中打探出普鲁士人正向让布卢撤退后，便停了下来，派人报告艾克赛尔曼斯并等候进一步命令。艾克赛尔曼斯的命令传来后，贝尔东向让布卢推进，上午9点到达该地。半个小时后，艾克赛尔曼斯与3个骑兵旅也出现在让布卢。艾克赛尔曼斯看到至少有2万名普军在村子四周休整，但他没有立即报告格鲁希，也没有联系还在那慕尔路上徘徊的帕若尔。虽然正在休整的普鲁士没有做好战斗准备，但艾克赛尔曼斯的3000名骑兵和12门大炮也不占什么优势。

上午11点30分，格鲁希收到拿破仑的命令：

率帕若尔和艾克赛尔曼斯将军的轻骑兵军、第四骑兵军的轻骑兵师、泰斯特师、第三军以及第四军到让布卢！派人向那慕尔、马斯特里赫特方向侦察。你需要追赶敌人，探明他们的状况，并告诉我。我将以此来推断他们的全部计划。我将参谋部移至四臂村——英国人早上还在此处。我们通过那慕尔路保持联络。如果敌人在那慕尔，写信给第二军区司令官查尔蒙特（Charlemont），命他占领该地。发现威灵顿和布吕歇尔的真正意图是至关重要的。无论如何，你的两个步兵军要紧密衔接，留出退路，骑兵穿插其中一边，随时与各指挥部联系。

拿破仑的命令非常明确：第一，格鲁希在让布卢集中兵力；第二，沿着那慕尔和马斯特里赫特方向侦察；第三，尾随普鲁士军的撤退线路，并发现他们的真正意图。收到命令的格鲁希认为，普鲁士军很可能12小时前就已动身，虽然没有明确的骑兵侦察报告，但他认为敌人很可能沿着那慕尔路撤退了，如果继续追赶，他会与拿破仑主力部队越来越远。因此，他请求与拿破仑一同到四臂村。拿破仑拒绝了他，重复了命令——找出普鲁士人撤退的路线，发现敌人就立即进攻。

拿破仑派给格鲁希的步兵第三军由旺达姆率领，下辖步兵第8师，师长勒福尔（Lefol）：由第15轻步兵团，第23、37、64线列团组成，共11个营；步兵第10师，师长阿贝尔（Habert）：第23、34、70、88线列团，共12个营；步兵第11师，师长贝尔特泽纳（Berthezene）：下辖第12、33、56、86线列团，共8个营；此外还有4个步炮连（每连8门炮），工程兵146人。第四军由热拉尔率领，下辖步兵第12师，师长佩舍（Pechoux），下辖第30、63、96线列团，共10个营；步兵第13师，师长维什里（Vichery），下辖第48、59、69、76线列团，共8个营；步兵第14师，师长于洛（Hulot），下辖第9轻步兵团，第44、50、111线列团，共8个营；第7骑兵师，师长莫兰（Meurin），下辖第6骠骑团，第8猎骑团，共6个中队；预备骑兵师，师长雅基诺（Jacquinot），下辖第6、11、15、16龙骑团，共16个中队；此外还4个步炮连（32门炮），1个骑炮连（6门炮），工兵201人。第二骑兵军由艾克赛尔曼斯率领，下辖第9骑兵师，由第5、13、15、20龙骑团共16个中队组成；

第10骑兵师，由第4、12、14、17龙骑团共15个中队组成；此外还有2个骑炮连（12门炮）。洛博军第21师，师长泰斯特（Teste），下辖第8轻步兵团，第40、65、75线列团，共5个营，外加1个步炮连（8门炮）。第四骑兵师（原隶属于第一骑兵军）：下辖第1、4、5骠骑团，共12个中队，1个骑炮连（6门炮）。

格鲁希只得执行命令，他命令在圣阿芒的旺达姆率领第三军向茹尔地区（Point-du-Jour）和让布卢—那慕尔大道交汇处推进，并派副官去让布卢与艾克赛

格鲁希兵力表

	步兵（人）	骑兵（人）	炮兵（人）	工兵（人）	大炮（门）
第三军	14508	—	782	146	32
第四军	12589	2366	1538	201	38
第 21 师	2316	—	161	—	8
第 4 骑兵师	—	1234	154	—	6
第二骑兵军	—	2817	246	—	12
利尼战损	3940	907	600	—	—
总计	25473	5510	2281	347	96

◎ *数据来自威廉·海德·凯利的《瓦夫尔战斗和格鲁希的撤退》（William Hyde Kelly: The battle of Wavre and Grouchy's retreat）*

尔曼斯取得联系。接着，格鲁希又亲自前往利尼方向通知热拉尔。由于两军要经过同一条道路，热拉尔等了近一个小时才动身，因为利尼之战时，旺达姆在热拉尔身后，现在调转方向后者只能等旺达姆部走光才起身。由于下过雨，普鲁士军队走过的道路泥泞异常，旺达姆军行进速度不快，他的先头部队下午 15 点才到茹尔地区（此时蒂尔曼已经离开让布卢一个小时了）。

格鲁希与旺达姆的先头部队到达茹尔地区后，见到了早前派去打探艾克赛尔曼斯军消息的副官，副官说："他（艾克赛尔曼斯）发现了敌军。一旦普军有所行动他会立刻跟上。"格鲁希没有催旺达姆和热拉尔尽快赶路，旺达姆军 19 点才全部出现在让布卢，而热拉尔军 2 小时后才到。他们就这样慢吞吞了一整天，只走了 5.2 法里。其他人还以为他们一直在追普鲁士人。此时，离天黑还有 2 个小时，格鲁希下令军队停在让布卢，他认为道路不利于行军。

艾克赛尔曼斯 18 点到达索沃尼耶尔（Sauveniere）后，便立即派博纳曼（Bonnemain）旅第 4、第 12 和第 15 龙骑团侦察萨尔 - 瓦兰（Sart-a-Walhain，与瓦兰为同一地方，即现今的瓦兰圣保罗）、佩尔韦（Perwez）以及派巡逻队向图里纳（Tourinnes）、尼勒圣樊尚（Nil St Vincent）方向侦察。博纳曼在图里纳发现了普鲁士的一支后卫部队，监视一个小时后就撤了回来。随即，他将部队带回埃尔纳日（Ernage）扎营。除此之外，他还收到消息：普鲁士正向瓦夫尔撤去。第 15 龙骑团也从佩尔韦报告了相同的消息。当天夜里 22 点，艾克赛尔曼斯确定普鲁士正向瓦夫尔撤退。

再说帕若尔，他发现自己追错方向后，便与苏尔特师和泰斯特师折回了拉马济——早上出发的地方。

与此同时，格鲁希在让布卢给拿破仑写道：

陛下，我已占领让布卢，我的骑兵也推进到了索沃尼耶尔。敌军兵力大概是3万人，仍在撤退。

在索沃尼耶尔，我军收到普鲁士兵分两路撤退的消息：一支经萨尔－瓦兰撤向瓦夫尔，另一支应该经佩尔韦。

我推测其中一支将与威灵顿会合……艾克赛尔曼斯将军已奉命追赶，他派遣了6个中队分别向萨尔－瓦兰和佩尔韦推进。根据他们的报告，一旦普鲁士军队大规模撤向瓦夫尔，我便立即向该方向追击，阻止他们接近布鲁塞尔并尽可能把他们与威灵顿隔开。如果他们撤向佩尔韦，我亦立即动身追赶。

蒂尔曼兵力主要是皇帝陛下昨天击溃的军队，今早10点，他们仍在让布卢而且在询问瓦夫尔、佩尔韦和阿尼的路程。布吕歇尔在追击中右臂受伤，但他仍指挥着军队……我，心怀尊敬，将忠于陛下的一切命令。

格鲁希

写完上面的信不久，格鲁希便收到了博纳曼的消息——普军一直到20点15分才离开图里纳，当地人描述道："他们兵力众多，骑兵单薄，还要护送许多物资。"尽管格鲁希在信上提出了普军撤向瓦夫尔的可能，但他为第二天行动拟定的命令还是建立在敌人会撤向利热的基础上——艾克赛尔曼斯骑兵军和旺达姆第三军，于凌晨4点向萨尔－瓦兰出发；热拉尔军尾随旺达姆行至萨尔－瓦兰；第7骑兵师向大莱兹（Grand Leez）推进；帕若尔也从拉马济行进至大莱兹。

18日早上6点，格鲁希去信拿破仑：

根据我目前收到的所有消息、情报，我可以肯定地说，普鲁士正向布鲁塞尔方向撤退，很可能在那里集结，也可能与威灵顿会合并与我们再打一仗。帕若尔将军报告说，那慕尔已经没有普鲁士人了。他推断，普鲁士第一、第二军已分别向康拜（Corbais）和肖蒙（Chaumont）撤退。两军离开图里纳并连夜赶路，多亏天公作美，他们可能走不了多远。我即刻离开萨尔－瓦兰向康拜和瓦夫尔推进，我将在这两个地方中的一个给你进一步的消息。

写完信后，格鲁希下令旺达姆于6点出发，热拉尔8点动身。其实，热拉尔没有必要等旺达姆军动身后出发，让布卢有四条路可以走。但旺达姆实际动身的时间是8点，因为他们的早饭熟得晚。艾克赛尔曼斯的骑兵在索沃尼耶尔，早上6点还没有整队上马。格鲁希也是8点30分才动身离开让布卢，并于10点在瓦兰接管了旺达姆军。在此，他又给皇帝去了另一封信：

我立即向您报告我收到的消息，布吕歇尔第一、二、三军正向布鲁塞尔撤退。其中两支可能会经过萨尔－瓦兰或从其右边走。敌军呈三路纵队，差不多一起行进。他们约有3万人，五六十门大炮……在我面前，有一伙普鲁士人正朝希谢（Chyse）平原前进，目的地应该是瓦夫尔以北的勒芬。他们似乎想在那里与追兵交战，或伺机与威灵顿会合——他们的军官是这么说的。按照他们的一贯作风，16日离开战场时，他们就打算在布鲁塞尔与英军会合。

今夜我将在瓦夫尔集合全军，横在威灵顿军（肯定会在您面前夺路而逃）和普鲁士军之间。我期待陛下进一步指示，无论您让我做什么，我都会坚决执行！从瓦夫尔到希谢平原的道路泥泞不堪，十分难走。我将沿维尔福德（Vilvoordt）路推进，会比任何一支经希谢平原的军队更快到达布鲁塞尔。

10点30分，艾克赛尔曼斯的先头部队在拉马拉克（La Baraque）通往瓦夫尔的道路上与蒂尔曼的后卫部队交火，他派人向格鲁希汇报消息，自己则带着军队继续向普鲁士人进攻。

在瓦兰，热拉尔军也与格鲁希会合了。11点30分，仍在用早餐的人们听到了从圣让山方向传来的炮声，热拉尔、巴尔蒂（Baltus）、瓦拉泽（Valaze）与格鲁希临时开会商议何去何从。热拉尔建议朝着炮声前进，格鲁希没有同意下属的建议，他表示服从皇帝陛下的命令："皇帝昨天告诉我，他会和威灵顿交战，因此传来炮声一点也不奇怪！如果他需要我参加战斗，那么他就不会把我派去追击普鲁士人，自己独自面对英国人。而且，如果我穿过那些被昨夜和早上的大雨浸透得泥泞不堪的道路，即使我出现在战场也为时晚矣。"

热拉尔继续劝说格鲁希，他认为局势已足够明朗："普鲁士人只有两个选择，向布鲁塞尔推进或与威灵顿在圣让山的兵力会合。无论他们选哪一个，出于谨慎，我们都应该朝着炮声前进，因为如果普鲁士向布鲁塞尔挺进，那么他们对战斗的影响甚微。但是他们与威灵顿会合，我们向炮声前进便能阻止他们，即使不能，也可以将他们的影响力降到最低。"

会议气氛紧张，巴尔蒂站在格鲁希一边，他认为"几乎不可能在泥泞的道路上运送大炮并及时赶到皇帝的阵地投入战

◎ 滑铁卢战斗的早上

◎ 第四军司令热拉尔将军

斗”。但瓦拉齐说他的工兵可以克服一切障碍，他支持热拉尔。最后，热拉尔失去耐心，试图用“责任感”来说服格鲁希。

“元帅阁下,向炮声前进是你的责任！”

格鲁希严厉地反驳道：“我的职责是服从皇帝的命令——追击普鲁士军，接受你的建议就意味着违背了皇帝的命令。”

会议快结束时，第二骑兵军的副官带来了艾克赛尔曼斯从新萨尔（Neuf Sart）送来的报告：

> 看到大规模的普鲁士军队集结在瓦夫尔前，所有情况显示，敌人在昨夜和今早渡过了瓦夫尔桥打算接近英军，我打算经奥蒂尼（Ottignies）推进至代勒河左岸。

格鲁希更加确信驳回热拉尔的建议是正确的。他告诉来人他会亲自下令艾克赛尔曼斯动身。

热拉尔最后做了一次尝试，依旧无法说服格鲁希调转整个右翼。于是，热拉尔请求自己带第四军过去。他建议第四军朝着炮声前进，格鲁希和剩下的军队继续向瓦夫尔推进。但这个建议仍被格鲁希拒绝了。格鲁希认为，将军队分隔在代勒河两岸是不可原谅的错误，这两支军队无论暴露哪一支，另一支都无法支援对方，被暴露的一方将会被两三倍于己的敌人歼灭。

结果，法军右翼只好继续向瓦夫尔推进，格鲁希对“下级无须提出行动建议只需服从上级命令”的观点深信不疑，他认为回绝热拉尔的提议合情合理。

在格鲁希用早餐和讨论形势时，旺达姆军已经推进到了尼勒圣樊尚。根据上级昨夜的命令，旺达姆停留在此地等待进一步命令。直到13点，格鲁希才向他下达命令——与艾克赛尔曼斯一同向瓦夫尔推进。14点，旺达姆的前锋在圣吉贝尔与列杰布尔（Ledebur）的骠骑兵遭遇。格鲁希下令艾克赛尔曼斯进攻,但其攻势还未展开，普军就穿过拉海泽勒森林撤向瓦夫尔了。

列杰布尔撤退后，格鲁希骑马离开利梅莱特（Limelette）亲自侦察阵地。在利梅莱特，他能清楚听见远方传来的炮声，他毫不怀疑左翼法军正上演着一场大战。16点，他收到了拿破仑上午10点在卡尤写给他的命令，命令他继续向瓦夫尔推进，经奥蒂尼和穆思捷（Moustier）与大军主力保持联络。这命令使格鲁希深信他行动的正确性，他丝毫没有考虑过要改变旺达姆军、热拉尔军的行动方向。但他安排之前，帕若尔报告了大莱兹和图里纳毫无普鲁士人的踪迹，随后，帕若尔率领骑兵和泰斯特师通过了代勒河畔的利马勒（Limale），并在那打通一条道路。了解到这些的格鲁希立即向瓦夫尔疾驰，此时，失去耐心的旺达姆军已经与普军交了火。

其实，即便格鲁希此前被说服，采纳热拉尔的建议命右翼朝滑铁卢的炮声前进，他也很难及时赶到战场。从瓦兰到普

① 瓦兰与普兰西诺的直线距离近，所以格鲁希能听到炮声。
② 数据来自爱德华·李·斯图尔特·霍斯伯勒的《滑铁卢：实事与考证》（Edward Lee Stuart Horsburgh, Waterloo: a Narrative and a Criticism ）。

兰西诺（Plancenoit）——比洛军在滑铁卢出现的地方——必须渡过代勒河，而且只能在穆思捷穿过北边的桥梁，到普兰西诺他需要走13.5法里[①]。格鲁希所率军队在当时的环境下行军，平均时速大概为1.5法里[②]，倘若格鲁希12点下令从瓦兰出发，那么，到达普兰西诺至少是21点，对战斗不会有任何影响。

四 蒂尔曼的牵制

那么，格鲁希苦寻不到的普鲁士人到底在哪呢？其实在17日黄昏，当格鲁希军还在让布卢时，除第9、13师以及蒂尔曼军的骑兵预备军被留下来掩护第三、第四军的行动外，布吕歇尔其余部队全都到了瓦夫尔。在瓦夫尔，第二、第三军在代勒河左岸扎营，第一、第四军在右岸。普鲁士人全军的士气并没有因为利尼之战失败了而一蹶不振。

◎ 威灵顿在滑铁卢

当天午夜，一封来自威灵顿参谋部的信被送至布吕歇尔处：

英联军右翼部署在布赖讷拉勒（Brain L' Alleud），中路在圣让山，左翼在拉艾（La Haye）；敌人在正前方。公爵准备择机行动，他期待您的支援。

格奈泽瑙怀疑威灵顿的目的，他认为英国人迟早会被击溃，并因此祸及普鲁士军，但布吕歇尔另有想法，他说服疑虑重重的参谋长，让他写信给威灵顿：

比洛军明天一早将赶往您处，第二军紧随其后，第一、第三军将稳住阵地相继赶到您处……

他又写信给在迪翁勒蒙的比洛：

阁下请在天亮率领第四军经过瓦夫尔向圣兰伯特教堂（Chapelle st Lambert）行进。如果敌人那时还没有对威灵顿的阵地发起猛攻，就尽可能隐藏你的力量；如果已发起猛攻，你就即刻进攻敌人右翼。第二军将跟在你身后随时支援，第一军和第三军也准备随时奔向你处。另外，派一支分遣队向圣吉贝尔侦察，如果受阻，就一边抵抗一边向瓦夫尔撤退。所有不急用的物资务必运送到勒芬。

◎ 普军指挥官布吕歇尔

比洛天亮从迪翁勒蒙出发，洛斯廷（Losthin）第15师做前锋。早上7点，前锋到达瓦夫尔，但他们渡过代勒河花了很多时间，穿城时又被城内的大火再度拖延。城内的物资随时可能付诸一炬，第14线列团的士兵勇敢、镇定，控制住了火情，但军队却因此浪费了2个小时。直到上午10点，他们才从瓦夫尔离开。与此同时，普军还派出骑兵向马兰萨特（Maransart）和库蒂尔（Couture）方向侦察，一队骠骑兵向拉恩（Lasne）河谷方向侦察，另一支队伍负责与目前参谋部在吉贝尔的列杰布尔保持联系。普兰西诺和代勒河近周的乡村都被仔细扫荡过，而且陆续有来自各

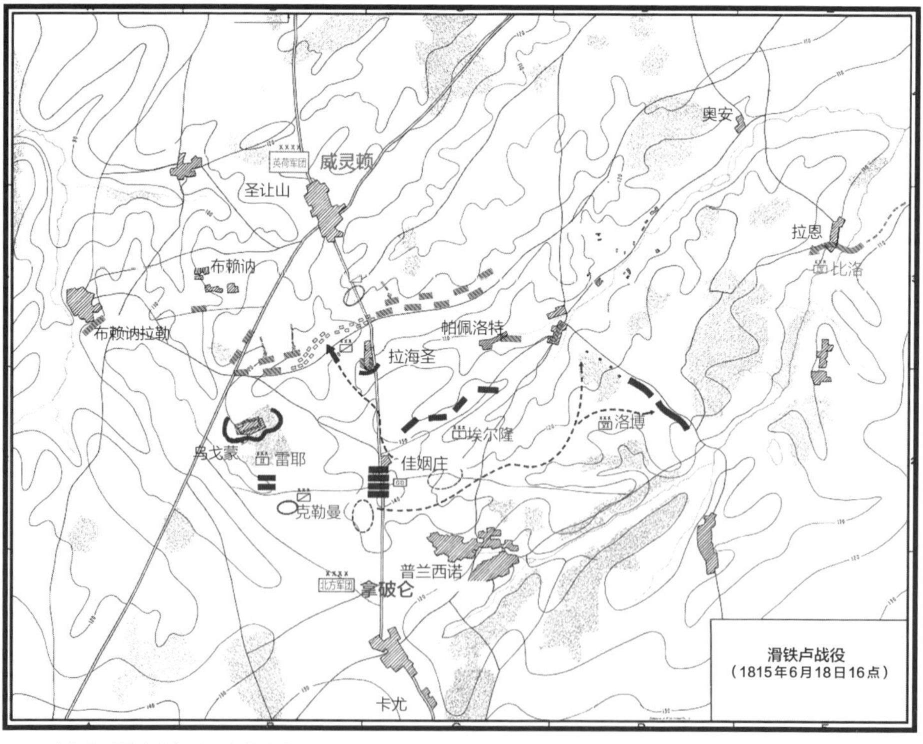

◎ 比洛赶往滑铁卢战场（图中的奥安并非滑铁卢战役中的奥安凹路）

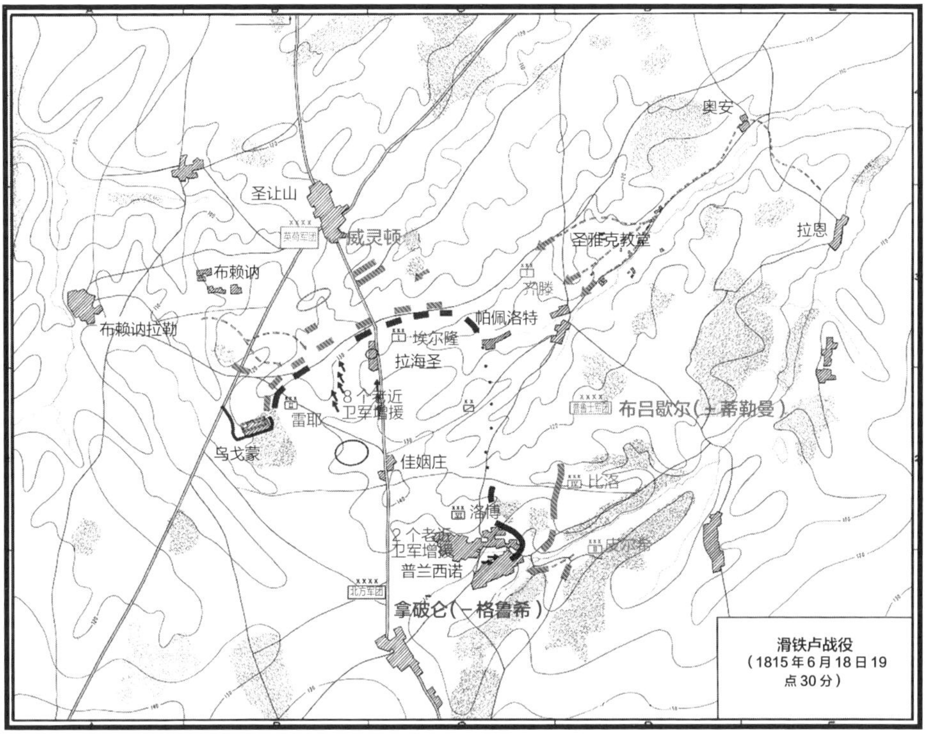

◎ *普鲁士援军赶到滑铁卢战场*

方的汇报。普鲁士方面的侦察工作非常出色，他们不但消息灵通，还阻挡了拿破仑和格鲁希可能取得联系的线路。

道路通畅后，比洛军继续前进，但进展缓慢，这要归咎于大雨造成的道路泥泞和士兵的疲惫不堪。先头部队于上午10点30分到达圣-兰伯特，主力部队中午才到，后卫赶到时已是15点。在马兰萨特，派出去的侦察队反馈了消息，侧翼并无法军，拉恩河谷是安全的。

比洛安全抵达圣-兰伯特，根据侦察骑兵及分队反馈的消息，布吕歇尔决定让第一、第二军加速行军。皮尔希军早上5点已经在营地整队，但直到中午12点比洛军才全部离开。齐滕军在代勒河左岸，也是中午时分动身的。齐滕的先头旅下午13点出发，剩下的队伍在皮尔希军后出发。布吕歇尔急于将他的全部兵力带到圣让山，但又担心法军进攻侧翼和后卫。因此，他命令蒂尔曼军留守瓦夫尔以待格鲁希接近，如果法军兵力不多，蒂尔曼只需留一队人马做后卫，掩护自己向主力方向撤退。布吕歇尔留格奈泽瑙安排瓦夫尔的事宜，自己在11点赶往圣兰伯特。

15点，蒂尔曼下令向奥安（Ohain）赶路，只留部分兵力留守瓦夫尔。在他看来，如果法军打算阻拦他们与威灵顿会合的话，不会到现在还没动静。眼前的法军正缓慢靠近但数量不多，这让他更加坚定：侦察队看到的是法军骑兵和旺达姆的先头部队，格鲁希的大军还没有露面。

15 点 30 分，普军第 9、10、11、12 师，预备骑兵、炮兵奉命向弗尔舍斯蒙特（Frischermont）和圣兰伯特推进，一支由策佩林（Zeppelin）上校指挥的 2 个步兵营（隶属于第 30 线列步兵团）和第 1 勃兰登堡州民兵团(隶属第9师)守卫瓦夫尔。

16 点，旺达姆军正穿过拉巴拉克接近瓦夫尔主桥，艾克赛尔曼斯的骑兵军在迪翁勒蒙集合。普鲁士第 12 师此时已踏上了去往里克森萨特（Rixensart）的道路，第 11 师也在向主力部队靠拢，只有第 9 师（博尔克师）还守在拉于泽勒（La Huzelle）农场随旺达姆的前进后撤。当博尔克师快到瓦夫尔时，发现道路被阻塞，无法进入。于是，博尔克不顾左翼处境危险，毅然带领他的军队向右侧的瓦夫尔河滩行进。那里有一座桥，他们成功过河后炸毁了桥梁。由于没有进一步指令，博尔克在代勒河左岸布置了狙击兵（隶属第 8 线列团和第 30 团第 1 营）和散兵，警戒线一直从瓦夫尔河滩拉到瓦夫尔。博尔克又派了 1 个营（第 30 团第 2 营）和 2 队骑兵支援策佩林，余下的第 9 师全体向瓦夫尔退去。他的目的只有一个，就是与主力会合。

旺达姆刚开始进攻，蒂尔曼便立即停止撤退，开始组织部下抵抗。蒂尔曼的阵地易守难攻，代勒河平日里不过是一条小河，但因连日下大雨，它现在已经泛滥，而且在前面形成了一个窄窄的河谷。瓦夫尔城距河的左岸不到 1.2 法里，有两座桥通往河右岸有零星建筑物的城郊。两座桥中宽阔的那座直通布鲁塞尔-那慕尔公路。左岸上游不远处是比耶日磨坊。此处有一座小桥横跨代勒河通往比耶日村——这里将是交火最激烈的地方。利马勒在瓦夫尔上游，在更远一点的利梅莱特有一座木桥。代勒河右岸山峦环绕，登高便可以俯瞰城镇、桥梁和河流。沿河的所有工事器物都被凿了孔，桥梁也尽是路障。瓦夫尔河滩和其他一些建筑均在瓦夫尔城下游。由布鲁塞尔大道衍生出来的诸多小路列于河流两岸。尽管以上地利能让蒂尔曼的行动得到掩护，但糟糕的路况让行军充满困难，行动迟缓是无法避免的。

蒂尔曼意识到敌人有可能进攻他一处或多处阵地后决定立即应对。他主要意图是用散兵和狙击兵守住河川一线，防止敌人从任何可以渡河的地点突围。他将第 10 师（坎普芬师）列在瓦夫尔身后，在布鲁塞尔大道路边的树林休整待战。他命令已经向圣兰伯特推进的第 12 师（施蒂尔普纳格尔师）返回比耶日，并将他们部署在村子背后。普军在比耶日的桥梁设了路障，

◎ 瓦夫尔城中的代勒河

磨坊的防御工事也部署妥当；第 20 骑炮连部署在比耶日村前方；第 11 师（卢克师）横亘在布鲁塞尔大道上，右侧便是第 10 师；第 9 师（博尔克师）在第 10、11 师身后预备。但是博尔克留下人守瓦夫尔河滩和派人支援策佩林后，认为大部队已经开始行进，便率余部靠拢主力部队了。他的举动没有引起蒂尔曼的注意，因此，蒂尔曼手头的兵力减少到 6 个营和 1 个炮连。

普军的霍贝骑兵师（隶属马维茨旅和洛特姆旅）与第 18 骑炮连部署在拉贝维特（La Bavette）——阵地的中央，可以随时奔赴任何方向的战斗。余下的炮兵分散在前线阵地。代勒河沿岸及瓦夫尔靠近河岸的建筑全都驻满了狙击兵和轻步兵，2 个连的步兵被派至瓦夫尔河滩加强该地的防守能力。波恩施泰特（Bornstaedt）的 3 个营和施滕格尔（Stengel）的 3 骑兵中队（隶属于齐滕军）被派至利马勒守卫桥梁。

尽管蒂尔曼的兵力不及格鲁希的一半，但他们渴望敌人来进攻。

旺达姆的前锋下午三四点时将博尔克师向瓦夫尔驱赶，将军经历了之前令人焦虑的拖延后，迫不及待向敌人攻去。他没有等热拉尔赶来，也没有等格鲁希进一步的命令，他只担心夜幕降临后普鲁士人会逃跑，他只看到了前面的普鲁士人和独自击溃他们的机会。旺达姆渴望拥有一根元帅权杖。此时，他身后只有仍在迪翁勒蒙的艾克赛尔曼斯军。热拉尔还在距离拉巴拉克 3 法里的后方，帕若尔骑兵军和泰斯特师才刚刚到图里纳。

◎ 第三军司令旺达姆将军

格鲁希赶到前，旺达姆已率领第 10 师，即阿贝尔师（Habert），由第 22、34、70、88 线列团组成，向瓦夫尔进攻。法军列着大纵队，两个 12 磅炮连列于布鲁塞尔大道右侧。法军火炮猛轰周围的建筑物，清理了一些潜伏在屋里的狙击兵，掩护法军步兵向主桥推进。但步兵的前方和侧翼遭到对岸狙击兵凶猛的反击。普鲁士大炮轰向法军纵队，没几分钟，阿贝尔师的推进就无法进行了，试图拆毁桥梁上路障的分队也蒙受了不小的损失。更要命的是，阿贝尔师处于一个非常关键的位置，如果撤退，他们将受到对岸山坡上普鲁士大炮的轰击，如果继续留在那里，敌人的狙击兵也够他们喝一壶的。最后，他们找到掩护撤了回去。

旺达姆身陷战斗后，格鲁希终于出现

◎ 瓦夫尔战场态势图（1815年6月18日—19日）

了。他不清楚对面普鲁士人的真正兵力，也不知道布吕歇尔已赶往圣兰伯特，而是派人支援旺达姆的侧翼。格鲁希命令艾克赛尔曼斯骑兵军推进到瓦夫尔河滩前，勒福尔师向比耶日推进，其中1个营准备在比耶日磨坊附近渡河。18日下午19点（也有说法是17点，此处采用的是格鲁希文件上的时间），格鲁希收到了拿破仑下午13点30分发出的信件，信上说布吕歇尔的普鲁士大军已经出现在圣兰伯特附近，命令格鲁希即刻赶到右翼，从侧翼对比洛展开进攻。但格鲁希不能没有旺达姆，于是他命令帕若尔立即带人向利马勒推进，热拉尔带第四军即刻赶往利马勒。格鲁希本意是想旺达姆军和派去增援的艾克赛尔曼斯军拿下瓦夫尔，其他人则经过利马勒赶往圣兰伯特。

当热拉尔的于洛（Hulot）师赶到旺达姆军近前时，格鲁希命他左转到比耶日磨坊打出一条通道。勒福尔的一个营仍在比耶日试图渡河，但他们每次都被普鲁士狙击兵和炮连逐回。法军的大炮被送至勒福尔处，试图压制对岸的普鲁士人，但未成功。于洛师的到来缓解了他们的窘迫处境，代勒河两岸的战火从比耶日一直延伸到瓦夫尔河滩。于洛师在穿过泥沼、接近桥梁的战斗中损失惨重，普鲁士的炮火让他们步履维艰。

格鲁希已毫无耐心，他希望第四军余部和帕若尔军能来支援，便亲自去找，结果发现这些部队还在布鲁塞尔通往那慕尔的路上。命令帕若尔即刻赶往利马勒后，格鲁希返回了战场。在战场，他发现战斗没有丝毫进展，比耶日磨坊的桥梁久攻不下。他非常恼怒，便亲自带领于洛师的士兵向桥梁进攻，但这并不能战胜普鲁士的大炮。热拉尔将军因此受伤被抬出战场。

鉴于比耶日和瓦夫尔的进攻失败，格鲁希留下旺达姆和艾克赛尔曼斯继续战斗，他则带领热拉尔余部向利马勒赶去。帕若尔骑兵军与泰斯特师终于在天黑前抵达利马勒桥，守卫在此的施滕格尔由于疏忽没有及时封锁桥梁，帕若尔立即派骠骑团前往夺桥。骠骑兵冲破普军防线，打通了道路，泰斯特师成功渡河。施滕格尔发现法军人数众多，便弃利马勒而去，在村子附近的斜坡上守着另一块儿阵地。得知施滕格尔的窘境后，蒂尔曼派第12师施蒂尔普纳格尔和霍贝骑兵前往增援。他也意识到了交战重心是在利马勒，不是比耶日和瓦夫尔河滩，于是将所有能动的兵力调至右侧。

夜幕降临时，战斗还在激烈地进行着，格鲁希把军队推进到利马勒近前，帕若尔也填补了法军左翼。

施蒂尔普纳格尔的师现在减少为6个营，他留下1个营和1个炮连在比耶日北部的小树林后卫，其余的赶往右侧的施滕格尔师处（施滕格尔还有5个营），协助其夺回利马勒村并将法军赶回代勒河。施蒂尔普纳格尔组织了反击，2个营打头阵，3个营支援，2支骑兵中队增援施滕格尔，其余骑兵被派至后方随时准备支援侧翼行动。可当时夜色浓重，集合列队并非易事，加上地形也不明了，普军的进攻非常混乱。打头阵的普军队伍推进顺利，但突然暴露在开阔的巷道是他们始料未及的，对岸的法军狙击兵凶狠地用子弹招呼了他们。慌乱中，普军竟忘了隐蔽，结果损失惨重。普军右侧的施滕格尔因受到法军骑兵的进攻，也被迫后撤。

与此同时，在普鲁士左侧，瓦夫尔和比耶日磨坊的战斗非常激烈。夜幕非但没让炮火减弱，反而让战斗更加残酷。旺达姆全军都投入了战斗，一次又一次冲向封锁的桥梁，数次分散的进攻被普军击退。有一次，法军已推进至主桥及周围的屋舍，但普鲁士的预备队又赶来打败了法军。虽然普鲁士只有4个营，但只要旺达姆军稍有过桥企图，他们就会严阵以待。没有大炮摧毁周围的院墙，渡河行动很难成功。

在瓦夫尔河滩，河川下游的战斗并不紧迫，艾克赛尔曼斯只是在此奉命佯攻，但没有桥梁或可以涉水的滩头骑兵，是无法渡河的。

格鲁希军唯一有进展的是左翼，但也仅仅是击溃了普鲁士右翼，并未摧毁他们。战斗于23点停止，双方都做好了天亮再战的准备。远在圣让山的战斗早已落下帷幕，但格鲁希对拿破仑目前的情况完全不了解。他打算派旺达姆军渡过代勒河，了结普鲁士右翼，在布鲁塞尔前与拿破仑会合。泰斯特师夜晚在利马勒渡过代勒河，推进到在利马勒和比耶日之间的热拉尔军右侧。

蒂尔曼派人去右翼侦察，打探圣让山战斗的结果。派出的军官当晚带回了拿破

◎ 滑铁卢战后

仑兵败滑铁卢的消息。蒂尔曼推断格鲁希也知晓此事，料定法军会在天亮撤退甚至连夜撤退。但他没有料到的是：施滕格尔带着自己的骑兵，于天亮时分悄无声息离开了施蒂尔普纳格尔师，独自向圣兰伯特前进回到了齐滕军；列杰布尔上校的5个骑兵中队和2个骑炮连在格鲁希进攻时径自向圣兰伯特行军，19日与第四军会合。这让他不得不重新部署。这两股力量蒂尔曼是用不上了，但他始终认为格鲁希会撤退，即便19日天亮对面的法军仍在阵地（他认为那是后卫部队）。于是，他下令马维茨上校带领第8枪骑兵团和2个勃兰登堡州志愿骑兵团进攻格鲁希在利马勒的左翼，霍贝率领第5、7枪骑团支援进攻。为了填补施滕格尔离开造成的空缺，第12师向右延伸，整个前线的力量都被削弱了，只有3个营守在茹尔地区森林后备。在施蒂尔普纳格尔师左侧，第10师的6个营守卫着比耶日至代勒河一线。预备兵力由第11师第3勃兰登堡州民兵团的3个营、第4勃兰登堡民兵团的2个营和2支骑兵中队组成，他们全部在瓦夫尔城后。蒂尔曼把余下兵力部署到河滩一线，他认为这个方向只有小范围交火。为了支援马维茨的进攻，2个炮兵连（1个骑炮连、1个步炮连）向法军在利马勒附近高地的阵地开火，但法军的炮火占优势，很快压制住了他们，普鲁士损失5门大炮。

格鲁希仍不知道拿破仑已战败，他还准备击溃蒂尔曼军。人数上，他远超蒂尔曼，而且还有热拉尔军（3个师）、泰斯特师、帕若尔骑兵军（旺达姆没有听从格鲁希前一天晚上的命令将第三军推进到利马勒）。格鲁希将泰斯特、维什里（Vichery）、佩舍（Pecheux）师部署在前线——泰斯特师在右，向比耶日村和磨坊进攻；维什里师在中路进攻普军中路；佩舍师在左翼对抗施蒂尔普纳格尔。每个师背后都有1个炮连支援和有散兵护卫两侧。于洛师在中路的维什里师身后，帕若尔骑兵军面朝正在里克森萨特森林休整的普军右侧。如此这样，法军是28个营，普军是10个营。

蒂尔曼感到交战迫在眉睫，他从左侧调来1个营加固前线——这是他唯一能够调动的兵力了。双方力量悬殊，在法军重压之下，普鲁士溃败，里克森萨特森林落入法军之手。施蒂尔普纳格尔退守后方与支援他的3个营（普鲁士第11师）和2个炮连在树林后重新组织抵抗。泰斯特在比耶日的进攻遭到守卫于此的2个营的顽强抵抗，普军的4个营（隶属第10师）赶来支援他们。在普鲁士阵地最右侧，马维茨和洛特姆的骑兵占领了尚布尔（Chambre）村。

早上8点，法军滑铁卢惨败的消息传到普鲁士阵地，极大激励了普鲁士将士。他们在这消息的鼓舞下展现出了前所未有的力量，一鼓作气拿下了里克森萨特森林，不明真相的格鲁希甚至以为他们获得了增援。但滑铁卢大胜的消息对施蒂尔普纳格

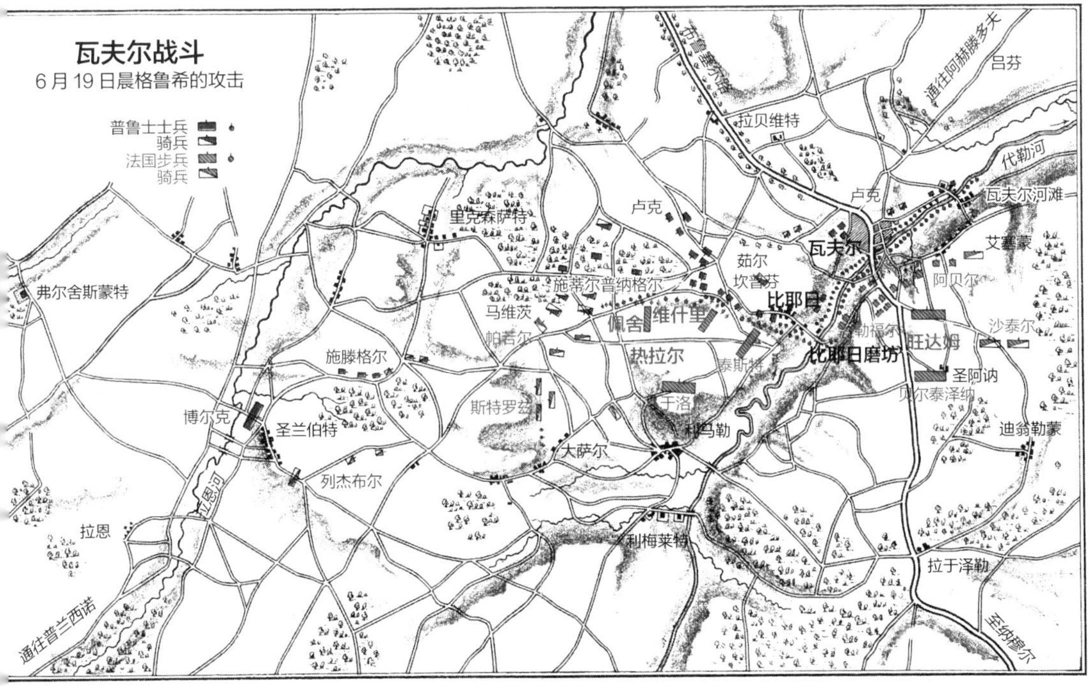

◎ *瓦夫尔战斗（1815年6月19日）*

尔师的影响很短暂，猛冲之后，没有支援巩固阵地的他们很快又被赶了回去。9点，经过一番苦战，比耶日落入泰斯特之手。对比耶日的占领，是法军当天发出的有力一击，法军以此为依托撕开了蒂尔曼的防线。普军中路崩溃，左右两翼再无重整可能，蒂尔曼除了后撤别无选择。

10点，蒂尔曼下令撤退。尽管他知道法军早晚会撤退，但在瓦夫尔停留的时间越长，他面对的危险就越大。这时撤退可以为全军争取时间，待时机成熟他就会反扑，让格鲁希的后撤变成溃败。在骑兵的保护下，蒂尔曼下令步兵先行撤离，策佩林师在瓦夫尔进行疏散。后卫部队掩护撤退，最后停在布鲁塞尔大道上伺机扑向法军左翼。

策佩林一撤出瓦夫尔，旺达姆便立即下令在瓦夫尔和比耶日渡河直奔布鲁塞尔

◎ 滑铁卢博物馆陈列卡尤参谋部蜡像（局部）

路，守卫于城后腹地的两个勃兰登堡州民兵营被迫后撤。步兵一路朝勒芬撤去，但在圣阿赫罗德（St Achtenrode）身后，蒂尔曼停下了脚步，组织军队进入守势。他相信自己已撤得足够远，能够掩盖反扑格鲁希侧翼的真正意图。法军停在拉贝维特，格鲁希得到了拿破仑惨败的消息。

到目前为止，18和19日两天的战斗，蒂尔曼伤亡2500人，格鲁希伤亡2200人（一说是2600人）。

◎ 滑铁卢战斗

五 格鲁希的撤退

格鲁希收到拿破仑兵败的确切消息时已经10点30分了，而他刚刚还在盘算如何追击蒂尔曼并向布鲁塞尔推进与拿破仑会合。消息是一个神情沮丧的军官带来的，那人几乎说不出完整的话。起初，格鲁希以为这人失心疯了，但法军在滑铁卢遭遇惨败的消息是真的。该怎么办？是向属下隐瞒实情继续行动掩护拿破仑的撤退，还是在被彻底合围前撤退？

最终，格鲁希含着泪水向军中公布了这一消息。他想起了前一天与热拉尔几乎人尽皆知的争论，目前的处境下，他觉得有必要对拒绝热拉尔"向着炮声前进"一事做出解释：

我的荣誉使我有责任对昨天的争论做出解释：我收到皇帝的命令，它告诉我行动的方向除瓦夫尔外没其他选择。正因如此，我不得不拒绝热拉尔将军的建议……我对热拉尔的才智和能力毫无偏见，我想，如果一个将军不顾皇帝的命令，你们会和我一样震惊！昨天，我们所处位置与战场间糟糕的路况，无法让我们及时赶到战场参与行动！无论战役的结果如何，皇帝陛下没有允许我做其他事，除了我已经做的！

格鲁希说完这些后，本打算向普鲁士的后卫进攻，但一些蛛丝马迹告诉他，蒂尔曼可能会进攻他的后方，到时，他的3万人将腹背受敌。他意识到，只要他有撤退的迹象，蒂尔曼就一定会向他扑来。因此，格鲁希决定先撤向那慕尔，依托其有利地形再做下一步打算。鉴于追随拿破仑的撤退路线既毫无作用又不知何处寻找，最好的办法就是独自撤退，尽可能保存兵力。

此时，格鲁希的后卫危机重重，皮尔希早些时候已出现在了梅勒里（Mellery），离他的后卫只有6法里。皮尔希18日晚收到命令朝那慕尔前进，意在隔断格鲁希去桑布尔河的道路，但由于兵力分散，皮尔希停在梅勒里没有进一步行动。

布吕歇尔主力部队在追击经沙勒罗瓦撤向阿韦讷和拉昂的法军。普军第一、第二军以及第四军的12个骑兵中队在弗拉讷和戈斯利驱逐战败的法军。比洛军连夜赶到热纳普，并在那里扎营。比洛派了骑兵侦察格鲁希阵地左侧动静，以便天亮继续推进。

格鲁希开始撤退时，艾克赛尔曼斯正奉命全速赶往那慕尔占领桑布尔河上的桥梁。他于下午16点30到达目的地。全程12.5法里，道路泥泞，历时5个多小时。第四军在利马勒重渡代勒河，沿那慕尔—布鲁塞尔路撤退。第三军从拉巴拉克撤退，穿过瓦夫尔，沿那慕尔—内维尔大道撤向唐普尤（Temploux），于当天夜里23点到达。帕若尔负责后卫，顽强抵抗着蒂尔曼冲向瓦夫尔的进攻，城内全部疏散后，他经科拜（Corbaix）撤向让布卢，并在该城过夜。

蒂尔曼19日下午18点才得知法军撤退。消息是博尔克师带来的，博尔克师在圣兰伯特发现了格鲁希的动静，而此时蒂尔曼还在瓦夫尔与帕若尔的后卫纠缠不清。普鲁士军队疲惫不堪，暂停了追击，决定一切待天亮再说。20日，博尔克第9师从圣兰伯特出发，渡过代勒河向那慕尔推进。

格鲁希的后卫在20日天亮离开让布卢向那慕尔撤去，热拉尔军打头阵，旺达姆军负责掩护。旺达姆对安排非常不满，没有对下属做出有关安排。结果第三军径自离开，第四军负责运送伤员却无人掩护。离开唐普尤没多久，他们就遭遇了普鲁士骑兵（蒂尔曼一早派出追击法军的队伍），而且远处似乎有更多的骑兵朝他们奔来，这些骑兵是从梅勒里向松布雷夫推进的皮尔希军。格鲁希发现了在那慕尔城外的旺达姆，遂命令他掩护第四军行军。蒂尔曼的骑兵和1个骑炮连也正在快速逼近。尽管已经十分劳累，普军还是夺了法军3门大炮，正在赶来的皮尔希军也将对法军发起进一步攻势。

6点，格鲁希开始撤离那慕尔。当地人对法军没有敌意，为法军提供了吃的和运送工具，泰斯特师与8门大炮留守城市继续抵抗皮尔希。格鲁希余部经那慕尔桥渡过桑布尔河，向迪南（Dinant）推进。在那慕尔的泰斯特师尽管只有2000人，却进行了出色的抵抗——给拥有2万人的皮尔希军造成1200人的损失，后撤回城的时候也没有给敌人断后路的机会。

大概21点时，夜幕降临，泰斯特师成功渡河。从北方赶来的普鲁士人因推进路线被障碍物所阻，赶到时为时已晚。糟糕的是，路障还被人放了火，更加拖慢了追赶速度。除一些骑兵渡河继续追赶法军外，其余普军都在城内过夜。

格鲁希的瓦夫尔战后报告

1815年6月20日，迪南

我直到18日晚上19点才收到达尔马提亚公爵（苏尔特）的信，告诉我即刻赶往圣兰伯特并进攻比洛。我向瓦夫尔推进时，与敌军遭遇。他们在城内，旺达姆军已向城内开火，双方打得火热。拿下瓦夫尔城在代勒河右岸的阵地很容易，但想拿下河流宽阔的另一侧阵地就困难得多。在试图夺取比耶日磨坊的战斗中，热拉尔将军因伤被抬出战场，没有夺下桥梁成功渡河。这般境地下，我急于配合陛下的行动便派军猛攻代勒河渡口，向比洛方向赶去。与此同时，旺达姆还在进攻瓦夫尔。在磨坊，敌人似乎有突入空地之势。我抵达利马勒后渡过代勒河，高地由维什里师和骑兵占领着。天色已晚，我们进一步推进受阻，而且我已听不到圣让山的炮声。

我在该地停留到天亮。占领着瓦夫尔和比耶日的普鲁士人试图向我进攻迫使我重渡代勒河，但他们的努力是徒劳的。普鲁士被赶了回去，比耶日村被我们拿下了。

旺达姆军1个师在比耶日渡了河，正向瓦夫尔近周高地上行进。我的部署取得成功，我已到罗泽内（Rozierne）近前。准备向布鲁塞尔推进时，我收到了皇帝战败滑铁卢的消息。来人说陛下正撤向桑布尔，但没有告诉我具体的行进方向。我停止追击，开始撤退，已经撤退的敌人并未追赶我。虽然有敌人渡过桑布尔河已在我的侧翼，但他们的兵力不足以影响我支援陛下，我开始向那慕尔行进。但就在这时，我的后卫部队遭到攻击。因此，撤退比预期提前展开。撤退时，左翼还处于危险，但因处理得当，危急局面解决……我们毫发无损进入那慕尔。迪南与那慕尔之间的道路只能供单列军队行进，这让我们运送物资和伤员步履艰难，因为我没有炸毁桥梁的工具，所以要长时间占据那慕尔。我将守卫那慕尔的任务交给了勇敢的旺达姆军，他们一直守到夜里20点。我到达了迪南。

敌人进攻那慕尔损失多人，我军将士忠于职守应该受到褒奖。

格鲁希（签字）

21日天亮，泰斯特师撤至迪南后，全军向菲利普维尔（Phillippeville）撤退。在那慕尔和迪南之间，格鲁希封锁了每一条道路，并在路上设置了诸多障碍，以阻拦普鲁士军的追赶，为自己撤退争取时间。

当时，拿破仑溃败的军队散乱地从沙勒罗瓦向阿韦讷、莱昂和菲利普维尔撤退。格鲁希希望尽快摆脱追兵，向附近有零散军队的拉昂（Laon）靠拢。他希望在联军之前进入巴黎，组织抵抗或与阿尔卑斯军团和勒古布会师。拿破仑似乎放弃了将抵抗力量集结于格鲁希这支“较强大”军队之下的计划，他正急着赶往巴黎，他眼里只有岌岌可危的王座。

格鲁希从迪南到菲利普维尔的一路上，皮尔希并未追赶，因为他的军队被派去封锁要塞了——在布吕歇尔前进的道路上，有四个要塞需要解除武装：朗德勒西（Landrecies）、莫伯日（Maubeuge）、阿韦讷和罗克鲁瓦（Rocroi）。因此，格鲁希下一阶段的撤退没有受到任何干扰。22日，他抵达罗克鲁瓦，23日撤至梅济耶尔。尽管如此，格鲁希仍是普鲁士左翼严重的威胁。

21日，齐滕占领阿韦讷，缓和了布吕歇尔前进面临的危险，而且阿韦讷还可以为日后的行动提供物资支援。22日，苏尔特在拉昂集结了一些军队，多数是埃尔隆军和雷耶军。23日，普鲁士全军都在休整，布吕歇尔想尽快开进巴黎，蒂尔曼从博蒙特（Beaumont）推进至阿韦讷。24日，普鲁士人继续行军，他们列两路纵队，左边的一路靠近格鲁希，由齐滕军和蒂尔曼军组成；右边是比洛军。齐滕当天占领吉斯（Guise），第一军在城内过夜；蒂尔曼行至努维永（Nouvion），之后派人向伊尔松（Hirson）和韦尔万（Vervins）方向侦察；比洛到达圣康坦（St Quetin）附近。法军方面，格鲁希从梅济耶尔推进到了雷泰勒（Rethel），苏尔特已经到了苏瓦松（Soisson）。在雷泰勒，格鲁希收到了巴黎的消息——达武22日发出的信。信上提到了拿破仑的退位，达武在信中写道：

在这紧要关头，法兰西的存亡全掌握在你、旺达姆、热拉尔和其他将士手上。我再次说明，你的到来将对巴黎局势影响深远！

格鲁希回信给达武，说他同意与苏尔特在苏瓦松会合。为了确保行军安全，他派骑兵推进至埃纳河口，命令他们沿科尔贝尼（Corbeny）—拉昂和韦勒河（Vesle）下游至苏瓦松一线侦察。

25日，齐滕军从吉斯行至瑟里西（Cerisy），骑兵向拉费尔（La Fere）推进，蒂尔曼推进至奥里尼（Origny），比洛到达绍尼（Chauny）。格鲁希得知苏尔特撤出拉昂后，立即调转方向经埃纳河谷向苏瓦松赶路。旺达姆率领第三、第四军余部向兰斯（Reims）前进，于25日抵达。格鲁希到达兰斯后，收到了巴黎临时政府的命令，任命他为北部最高司令，指挥两个军：第一军雷耶军，由第一、第二和第六军余部构成；第二军旺达姆军，由第三、四军余部组成。每个军含三四个师。克勒曼负责指挥骑兵，尽管有一部分已经被分至各军。信中没有提谁指挥近卫军，这支队伍似乎已经没有什么意义了，即便其士兵仍在战斗。在格鲁希的要求下，没有得到委任的埃尔隆继续留在军中指挥他的第一军余部。

布吕歇尔从前线骑兵处得知苏尔特撤退后，忙派人夺取奥塞（Oise）走廊，渡河并切断格鲁希与苏尔特通向苏瓦松或首都的道路。25日夜，他命令齐滕向贡比涅（Compiegne）挺进，蒂尔曼推进至吉斯卡尔（Guiscard），两地直线距离15法里。比洛从哈姆（Ham）推进至雷松（Ressons），直线距离18.7法里。

法军方面也在向奥塞赶路，格鲁希接管了苏尔特鱼龙混杂的军队——根据苏尔特在25日的报告，他在苏瓦松周围的兵力约为27760人和7790匹马，如果算上米约的骑兵，大约是2.9万人，包括6000名骑兵和些许大炮。埃尔隆率4000人尽可能赶在普鲁士前赶到贡比涅占领桥梁，阻止普鲁士人前进。此外，他还被命令占领韦尔布里（Verberie）和圣马克桑斯地区，并摧毁桥梁以保证旺达姆在苏瓦松南部的安全。后面的侧翼行军是在发现普鲁士占领贡比涅地区后做的应对，虽然法军觉得可能性不大。不过，如果情况紧急，格鲁希可命令埃尔隆到哥内斯（Gonesse）与雷耶会合。①

27日凌晨4点30分，齐滕先头部队赶到贡比涅，半个小时后，埃尔隆军也出现在苏瓦松路上。埃尔隆即刻进攻，但普鲁士骑炮连横亘在道路上用大炮轰击了法军纵队。蒙受严重损失的埃尔隆军被迫撤进树林。埃尔隆派散兵反击，四门大炮也被调出来向普军开火，但很快就被对方压制住。无法夺取桥梁，又无法拖住普军的脚步，埃尔隆便下令撤退。普军一路追赶，但他们急行军后又很疲惫，这给了埃尔隆一些时间。齐滕的主力到达后，城内的布吕歇尔命令他派第二师向维莱科特雷

① 数据来自皮特·霍夫施勒尔的《德意志的胜利：从滑铁卢到拿破仑的陨落》（Peter Hofschroer：The German Victory，From Waterloo to the Fall of Napoleon）。

（Villet Cotterets）前进，切断任何可能经苏瓦松撤向巴黎的队伍。

埃尔隆不仅确定贡比涅地区已被普鲁士完全占领，还发现另外一支军队从努瓦永（Noyon）向贡比涅移动。于是他开始南撤，于下午15点到达吉利库尔（Gillicourt）村。在吉利库尔，埃尔隆写信给格鲁希。他告知格鲁希，普鲁士很可能从贡比涅继续行军。然后，他召集米约和克勒曼骑兵向桑利斯行进。

齐滕军到达吉利库尔村时，埃尔隆的后卫已经弃城撤向克雷皮昂（Crepy）与埃尔隆的主力会合。在克雷皮昂，法军再度被赶出城，埃尔隆向西朝桑利斯（Senlis）撤退，希望能够及时占领克雷利（Creil）桥。但比洛又先他们一步：比洛军正从雷松（Ressons）出发，去占领圣马克桑斯地区（Pont St Maxence）和克雷利桥，希道（Sydow）将军的“机动纵队”——1个骠骑中队和1个步兵连正全速向克雷利桥推进。他们抵达后，发现埃尔隆的先头部队在对岸侦察，便将他们击溃。前锋赶到后，比洛留下1个步兵团占领克雷利，1个骑兵团向桑利斯推进。他本以为在此地能够发现埃尔隆的余下兵力，可骑兵到达后发现村子没有任何被占领过的迹象便停了下来。傍晚，克勒曼带领1支重骑兵旅与埃尔隆的纵队向普鲁士进攻。普军完全没有防备，很快便溃败撤回圣马克桑斯。克勒曼回到埃尔隆处。希道的前锋赶到桑利斯，他以为村子已经被占领，结果却出乎所料。夜里22点，他占领村子。后来赶到的埃尔隆军遭到隐藏在树林中的狙击兵的射击，发现村子已有重兵守卫后，埃尔隆只得撤退。鉴于天色已晚，普鲁士军也停止了追击。

直到27日下午17点，格鲁希还一直在苏瓦松等埃尔隆的消息，他希望是已占领贡比涅的好消息。同时，他也在等旺达姆的会合，但只有维什里师在上午出现了。大概就是在那时，格鲁希命雷耶向楠特伊（Nanteuil）出发，莫朗日的近卫骑兵、步兵稍后动身。雅基诺的第一、第二骑兵师本应向维莱科特雷推进，但第二师没有执行命令，因为帕若尔被派去苏瓦松与维莱科特雷之间的地段掩护行动。下午15—17点这段时间，维什里师和多蒙（Domon）骑兵师也开始向维莱科特雷行进。格鲁希这一天给旺达姆下了好几次命令：

随着敌人向首都的推进，我们向巴黎的行动越来越紧迫！请将你的军队，无论他们在哪，带到米隆堡（La Ferte-Milon）、利济（Lizy）和达马尔坦（Dammartin，一条进入巴黎的道路），避开普鲁士人……我将在苏瓦松等你到下午17点，之后我将去维莱科特雷，接着是马尔坦。

到达苏瓦松后，旺达姆收到了来自格鲁希的，与前一封信语气类似的信，再次告知他局势的严峻：

现你已在苏瓦松集结，请务必于凌晨2点经维莱科特雷和克雷皮昂向桑利斯和巴黎前进。

27日晚，奥塞河上所有的桥梁都在布吕歇尔手里了，格鲁希的军队很可能彻底与巴黎无缘了。布吕歇尔部署了28日的行动：第一军经克雷皮昂向楠特伊推进，在维莱科特雷和米隆堡留下分队留意法军在苏瓦松的动静，如果他们向巴黎推进，即刻进攻并报告第三军，第三军将从克雷皮昂支援；第四军需渡过奥塞河向马尔利拉维尔（Marly-la-Ville）行进，前锋到达哥内斯，如果发现圣但尼没有法国人，务必占领该地；第三军经维尔布里至桑利斯，如果第一军需要，向克雷皮昂支援。

旺达姆军于凌晨2点离开苏瓦松，结果发现小皮尔希2个营和1个步炮连部署在城市东北方的陡坡上。普鲁士人意想不到的出现让旺达姆的列队开始骚动，一些人开始向维莱科特雷东部或南部的树林逃窜。稳住骑兵和炮兵的旺达姆率领骑兵向普鲁士的侧翼攻去，他甚至调出20门左右的大炮。上午八九点时，旺达姆的步兵开始进攻，并将普鲁士人赶出了阵地。普鲁士人因此向北撤退了一定距离，他们能看到法军经维莱科特雷奔楠特伊而去（实际上是去米隆堡）。

28日天还未亮，齐滕的第2师接近了格鲁希司令部的处所——维莱科特雷。他们认为此地不会有重兵，打算突袭拿下，但格鲁希的9000人正在楠特伊路上。法军在弗雷努瓦森林（Boissy-Fresnoy）进行反击顶住了西普鲁士龙骑兵的第一波进攻，普鲁士的大炮很快投入了战斗，炮击之后是骠骑兵的进攻，法军60人被俘，2门大炮受损。格鲁希打算喘口气儿时，队伍突然陷入混乱，他们看到有队伍朝这边涌来。这是普军第三军向达马尔坦行进的一支部队，因为害怕被敌人断了后路慌忙沿莫霍（Meaux）路逃去。格鲁希只得再战，这次目的地是克莱（Claye）。第三军的这支队伍于下午18点15分进入达马尔坦。根据他们的报告，法军主力（雷耶）直奔巴黎，但后卫（格鲁希）却退向克莱。

28日，蒂尔曼经过维尔布里时得到了齐滕在维莱科特雷与法军交火的消息，他便命预备骑兵向克雷皮昂前进，他的步兵和预备炮兵也陆续赶到克雷皮昂。在克雷皮昂，他派了一支骑兵旅到维莱科特雷，另一支向楠特伊。

至于比洛军，他们于27日6点拔营，在圣马克桑斯渡河，先头部队抵达克雷利与法军一支骑兵队发生交火并将他们驱逐，主力部队当晚抵达。比洛留下1个营守卫桥梁后，全军再次向桑利斯进发。夜里22点，普军进城，发现城内没有法军便打算下马在菜场扎营，就在此时，克雷皮昂方向的警戒人员慌忙赶来，紧随其后的是一队法国胸甲骑兵（隶属克勒曼军罗塞尔师）。来不及整队的普鲁士人进行抵抗，布兰肯堡（Blankenburg）利用地理优势将法国骑兵赶了出去。但与此同时，法国骑兵师的卡宾枪旅也投入了战斗，由于担心在克雷利或圣马克桑斯被孤立，布兰肯堡一边抵抗一边向马克桑斯退去。幸运的是，另一路普鲁士骑兵军队从别处进了城，战斗持续了不到两小时，他们将法国人赶出了城，还抓了一些战俘。

28日，第四军向马尔利（Marly）——

桑利斯以南 3.8 法里推进，前锋抵达哥内斯后向圣但尼侦察并占领此地。比洛以为当天会与法国人交战，因此给前锋派了重兵。在路上，他们收到了第一军在维莱科特雷的消息。鉴于法军经楠特伊向巴黎挺进的报告，比洛决定将骑兵推进到预定地点偏东的鲁瓦西（Roissy）。比洛行军过程中遇到过一伙法国求和使者，他们要求见威灵顿公爵，但比洛把他们全部扣下等待布吕歇尔的进一步处置。

埃尔隆并没在 27 日占领桑利斯，而是被迫撤退，于 28 日凌晨 1 点到达博雷斯特（Borest）。根据格鲁希的命令，埃尔隆应先考虑向卢弗（Louvres）推进，但他并没有这样做。敌人在克雷利，很可能先他一步到达卢弗，因此他决定改变方向向梅尼勒（Mesnil）撤退。雷耶军相对比较顺利，他们经哥内斯向勒布尔歇（Le Bourget）行军，没有遇到普鲁士人，于 28 日夜进入巴黎。当天晚上，经克莱的近卫军也到了。旺达姆报告他的军队正向莫霍推进。法军的整体处境可在格鲁希 29 日给达武的信上窥见：

在克莱，我能集合 4000 名步兵和 1800 名近卫骑兵，雅基诺师（第 2 骑兵师）和帕若尔 2 个团。由于之前在楠特伊的战斗，一些分散逃跑的人还没有加入我。旺达姆将军经米隆堡撤去，可能明天都无法到达巴黎。埃尔隆伯爵的余下步兵、骑兵加起来不会超过 1500 人。

我的军队和埃尔隆的军队全都士气低落，他们甚至可能听到一声枪响就夺路而逃。行军中，我们至少丢了 12 门大炮，6 门以上是丢在战斗中的……我将在中午进入巴黎，特朗布莱（Tremblay）仍有敌人。我对旺达姆军无法赶到深感遗憾，但如果尾随他的敌人没有跟到马恩河南岸，他 24 小时内就能与我会合。

29 日，格鲁希大部分军队都进了巴黎北部防线。旺达姆于当夜抵达巴黎，但他的骑兵还在让蒂伊（Gentilly）高地和南部蒙鲁日（Montrouge）。

最终，在一系列艰苦行军后，普鲁士人先英国人一步进入巴黎，布吕歇尔的战利品已近在眼前。

随着拿破仑第二次退位，格鲁希的军事生涯也告一段落。由于百日时期的种种行为，格鲁希认为波旁不会轻易放过他，便提早动身逃往美洲。1815 年 7 月 24 日，国王颁布法令，格鲁希的名字出现在了重犯的名单上。流亡期间，格鲁希曾住在费城。1819 年他获得特赦，1820 年返回法国。但他没有元帅头衔，也没有指挥权，靠着半薪过活。1830 年革命后，路易 - 菲利普在 1831 年 11 月 19 日恢复了他的元帅头衔，并授予他法国贵族的称号。1847 年 5 月 29 日，格鲁希于圣艾蒂安（St-Etienne）离世，享年 80 岁。

格鲁希结了两次婚，他与第一任妻子有四个孩子，妻子病逝后，1830 年他又娶了一名叫做艾米（Army）的女子，并与其育有一女。艾米于 1889 年离世——她是拿破仑时代最后的遗孀。

汉家旌帜满阴山，
不遣胡儿匹马还。
愿得此身长报国，
何须生入玉门关。

——【唐】戴叔伦《塞上曲》

唐代中期

軍事挫折專題

于盛世中见衰容

由露布浅述开元东北国防乱象

作者：太极白熊

◎ 大明宫

忆昔开元全盛日，小邑犹藏万家室。
稻米流脂粟米白，公私仓廪俱丰实。
九州道路无豺虎，远行不劳吉日出。
齐纨鲁缟车班班，男耕女桑不相失。
宫中圣人奏云门，天下朋友皆胶漆。
百馀年间未灾变，叔孙礼乐萧何律。

“诗圣”杜甫的一首《忆昔》，将备受称赞的开元盛世描绘得令人神往。政治清明、经济繁荣的开元之治，确实称得上中国古典社会的一大巅峰。

可惜好景不长，天宝十四年（公元755年），“渔阳鼙鼓动地来，惊破霓裳羽衣曲”，一场突如其来的安史之乱，将中原数十年的繁华毁于一旦。

面对兵乱过后的满目疮痍，无论王公贵族还是士卒百姓，都不禁扼腕叹息。往日安居其中的繁华盛景如烟如梦般散去，留给人们的是无尽的沉思。

冰冻三尺，非一日之寒。笔者真正想追溯的是在千古称赞的开元盛世，大唐东北边关的节帅们是否已有乖张的行径，能让人见一叶落，而知天下秋。

这个问题，我们可以从史料中寻求答案。

一 "武足安边"书奇文

安禄山起兵作乱时，身兼三镇节度：范阳、平卢、河东，其中范阳是他的大本营。天宝元年（公元742年）以前，范阳节度使称幽州节度使，之前的幽州节度使都是谁？做了些什么？

循着这条主线，笔者在《全唐文》第三百五十二卷中找到这样一篇文章——《为幽州长史薛楚玉破契丹露布》。作者叫樊衡，写于开元二十一年，是为幽州长史薛楚玉一场对战契丹胜利而报捷的文书。此时的幽州都督府长史，权限基本等同于日后的范阳节度使，跟安禄山是同样的级别。要理清开元盛世时东北节帅们的表现，不妨从幽州都督府长史开始说起。

◎ 顾闳中名作《韩熙载夜宴图》，图中红衣者为新科状元郎粲。

樊衡，河东人，史料对他记载不多，他曾得到过诗人崔颢相当高的评价：“神爽清晤，才能绝伦。虽白面书生，有雄胆大略，深识可以轨时俗，长策可以安塞裔。”不过，他真正被人们记住却是因为一场科举考试。

唐代科举是招纳人才的重要渠道，当时的科举分为两类：一类叫常科，包含秀才、明经、进士、明法等科目，有固定的考试时间和流程；另一类叫制科。制，指的是制造，这科需要皇帝亲自下制才会开科，没有固定的举办时间，也没有固定的流程。需要的时候就开一届，下一届什么时候开谁也不知道，典型的过了这村没这店，机会非常难得。

开元十五年，唐玄宗李隆基开了一科制举，名叫“武足安边”科。全国一共及第两人，其中一个就是《为幽州长史薛楚玉破契丹露布》的作者——樊衡。

举荐的文章可能会有溢美之词，可“武足安边”科的含金量就不那么容易掺水了，能在这科及第，就说明这个樊衡对军事有一定的认知，并且他很愿意投身到国防事业中去。他写的露布，从文辞到见解应该都值得一看。

露布是什么？表面的含义是不缄封的、露在外面的、人人可看的布告，大概等同于今天的“海报”。在信息传递不发达的古代社会，露布是一种起宣传作用的官方文书。这种文书，在唐代经常被用作军事捷报。露布大概是这样被送抵朝廷的：一位奔驰在驿道上的戎装军士将捷报展露马上，任它在风中猎猎飞舞，口中还不停大呼“报捷露布”！想想还是很威武。而且，此类露布往往对仗精美、韵味十足、朗朗上口，对战斗的描写也十分动人，常常让观者迸发出豪迈的爱国情怀，是当时非常有效的宣传手段。

露布正文第一段一开始就对“开元神武皇帝陛下”来了一通官样马屁：表述战争正义性和“吾皇”何等伟大，而且写得很是华丽。这个在许多官方文字里并不少见，任何时代的读者都不陌生，咱们可以直接略过。这段后半部分还是简单概括了一下战争过程：大唐出动平卢官兵，远征契丹叛逆，不识相的突厥人居然协助契丹，但被我强悍威武之师打得落花流水，官军的损失微小，甚至连之前投靠官军的奚人都没受到什么损失。

第一段主要是想给读者留下一个大概印象，难免看不出战役的全貌。要获得更多信息，还得看下面的文章。

接下来的一段才真正体现了樊衡作为才子的实力。“夫突厥乘天骄，两蕃藉其锐悍，所向得志，其来久矣。”突厥，众所周知是唐朝前期北方的主要敌对势力；两番，是指契丹和奚族，这两个部族都来源于东部鲜卑，他们世代居住在内蒙古和东北地区，凶蛮剽悍，战斗力很强，而且对大唐朝廷时叛时附，不受控制，所以是东北国防的重点。这是在交代战役发生的背景：突厥和两番在东北随心所欲、为非作歹，已经由来已久。

后面笔锋一转，提起了汉高祖和武则天：“汉高祖以三十万众，猛将如云，谋臣若雨，平城之下，七日不食，竟以计免。

顷万岁通天中，亦愤其不恭，雷霆发怒，驱熊罴之卒，策貔武之将，以数十万，相继而出，没之峡中，只轮不返。卒使赵定陷没，河北涂炭，数十年间，疮痍不复。所以敢轻犯官军之众者，以往事之骄。我国家偏师不满七千，当十万之寇，绵险提寡，扬桴而出，势同解竹，兵不留行。於戏！前事也如彼，今事也如此哉！”

汉太祖刘邦，后世习惯称汉高祖，亲自领兵东征西讨，平灭楚汉之争、终结秦末乱象，建立西汉帝国，不可谓不强，可即使是如此强悍的刘邦，率三十万大军御驾亲征时，还是被北方的匈奴困在白登山上七天七夜，险些将自己的身家性命和一世英名埋葬，最后靠贿赂匈奴阏氏（即王后）才得以脱险。这段众所周知的窘迫故事迫使刘邦从此改变了对匈奴的战略，打起了公主“和亲”牌。

樊衡用这事来衬托唐玄宗对外用兵的辉煌胜利，显得玄宗武功超越汉高祖。

其次说的是“万岁通天”年间的事情，“万岁通天”是武周女皇帝武则天的年号。万岁通天元年（公元696年），契丹松漠都督李尽忠、归诚州刺史孙万荣率部族杀官造反，自立为“无上可汗”。武则天很是愤怒，下旨改李尽忠为“李尽灭”，孙万荣为“孙万斩”。可改名解决不了问题，武则天又派左鹰扬卫将军曹仁师、右金吾卫大将军张玄遇、左威卫大将军李多祚、司农少卿麻仁节等二十八将讨伐。尽管如此，她还是不放心，又让自己的侄儿武三思在榆关守备，防止契丹入侵。武则天如此大的阵仗，这一仗的结果却是“将卒死者填山谷，鲜有脱者”、“全军皆没”。

这一仗，几乎耗尽了武则天手上所有可动用的兵力，以至得到大败的消息后，她又恼又慌，居然下令将全国的囚犯都释放出来，混合官府出钱收购的各家奴仆，一同编练军队，讨伐契丹。由此可见，武则天这个女人做皇帝，虽然宫廷斗争的手

◎ 白登山战役

腕很凌厉，但是军事斗争的手段却并不怎么高明。为什么樊衡还要用她来做对比玄宗的武功呢？这可能有两方面的考虑：其一，万岁通天元年离开元年间不远，讨伐的都是契丹，值得对比；其二，武则天归根结底还是颠覆过李唐的统治，虽然天下最终回到了李家手中，可却是经过数次清剿武家余孽才得以实现的，这些政变，玄宗李隆基参与了不少。能够通过血腥且惊险的宫廷政变逐步恢复被别人控制的政权，绝对是李隆基相当自豪的一桩事情。

樊衡直笔点出武则天在军事上的无能，是试图使玄宗回想起当年自己的风采——这才是逢迎拍马的最高境界。

於戏，汉高祖如此威武，却在白登山英名扫地；武则天出动如此大的阵仗也全军覆没，但开元神武皇帝陛下您呢？只出动偏师七千，就扫平了十万敌寇，这赫赫武功，怎能不让身为臣子的樊衡为之激昂振奋呢？

写到这里，樊衡该拍的马屁基本拍完了，该表的忠心也表了，终于开始描述战役过程了：

契丹逆贼经常扰乱我边境，破坏哨所城栅，消耗我军粮草，我边疆将士愤慨已久，个

◎ 武则天肖像

个摩拳擦掌，等着好好教训他们一顿——士气方面，大战的条件已经具备；边疆的战略形式上，突厥和渤海都畏惧我大唐军威，且契丹还没有从上次大战中彻底恢复过来，人马疲惫，再加上以为自己离朝廷很遥远，对我军的防备很低，时机已成熟；上一次大胜还近在眼前，各位军将都很期待建功立业，臣和侍御史王审礼、节度副使乌知义等将士讨论了，他们都觉得现正是出兵的好时机，会议还没开完，就接到了陛下要臣进击的敕令。

臣宣读敕令后，点选精锐兵马八千，并从新归顺的奚人饶乐归义王李诗和他的部众以及周围所有东胡杂种的酋长部族中选了两万五千名精骑，一同远征。

这是樊衡代幽州薛楚玉写就的文书，所以是以薛楚玉的口吻描述的。中间还详细记述了诸位将官和他们分领的任务，这应该是为了方便大捷以后论功行赏，当然一个名字也不能随便漏掉。

四月二十三日夜出兵进发松漠（都督府领地），分兵合击，四面夹攻，前后一共打了三十一场，所向披靡，敌寇没有一丝抵挡的勇气，直杀得敌人尸横遍野，风声鹤唳，万里之内再也没有一个活着的贼寇。二十五日南下，二十七日就已经抵达乌鹘都山。缴获活的丁口、羊马牲口、器械三十多万只，杀掉敌寇也有三万多人，烧掉敌寇的农具、车帐、存粮和老小丁口，不知道有多少。于是，杀牛买酒，犒赏官兵，共缴获物资羊十六万口、牛四万多头、马四万多匹、车辆五十乘，留下九千多精壮俘虏用来奉献给陛下，剩余的物资和丁口四万多人就分给奚人，奖励他们的勤勉勇敢。所有番汉官兵，只有六人受伤一人牺牲，臣并非良将，只是奉了陛下的旨意远征，才能横扫敌寇二十三部落，并得以全师而归，军容益整。谨令部下奉露布报捷，斩获的首级和器械，另行记录上缴。

整篇露布到这里就结束了，可里面记述的战果却辉煌得令人难以置信。七千官军加两万五千名奚族部落仆从军破十万贼寇，唐军也算以少胜多。以寡击众，还能大败联军，阵斩三万、俘五万，几乎全歼敌寇。这样的成绩，在较少兵马主动出击的情况下，非常少见。

中原政权主动出关，袭击游牧部族，在历史上也有不少以少胜多的战役。比如西汉冠军侯霍去病，曾经以八百轻骑袭取匈奴王帐；大唐卫国公李靖，曾率三千精骑夜袭突厥，他们都获得了辉煌的胜利。然而，这些胜利都是趁敌寇不备将其击溃的。因为精兵简从，没有足够的人手全歼敌军。历史上无论哪个时期的名将，没有一人能像薛楚玉露布里描述的那样，在十余万人的激烈会战中把己方的损失控制在六伤一死的。这篇露布描绘的战果，与其说旷古绝今，倒不如说有些匪夷所思。薛楚玉难道是天神下凡？而且，为何他立下这样的不世功勋，却没有被人当作名将千古传唱？

因此，很有必要弄清楚这篇露布究竟有几分是真的。带着这个疑问再次审视露

◎ 唐骑破胡

布，不难发现其中明显的纰漏：首先，薛楚玉作为地方军政长官，对属下出征的具体数目含混不清。官兵出动的规模从“偏师不满七千”变成后文的“得八千人”；其次，文中描述的战场环境前后冲突。战役发动前的军事会议上，大家一致认为契丹距离朝廷较远，对官兵的讨伐不会有所防备。而露布却提到契丹和突厥联兵十万对抗朝廷。毫无防备的契丹怎么可能仓促间请来突厥大军？

看来，有必要从其他史料中寻找关于此战的记载。《旧唐书》一百零七卷：

……开元二十一年，幽州长史薛楚玉遣英杰及裨将吴克勤、乌知义、罗守忠等率精骑万人及降奚之众以讨契丹，屯兵于榆关之外；契丹首领可突干引突厥之众拒战于都山之下。官军不利，知义、守忠率麾下便道遁归。英杰与克勤逢贼力战，皆没于阵。其下精锐六千馀人仍与贼苦战，贼以英杰之首示之，竟不降，尽为贼所杀……

《资治通鉴》二百一十三卷：

闰月，癸酉，幽州道副总管郭英杰与契丹战于都山，败死。时节度使薛楚玉遣英杰将精骑一万及降奚击契丹，屯于榆关之外。可突干引突厥之众来合战，奚持两端，散走保险；唐兵不利，英杰战死。馀众六千馀人犹力战不已，虏以英杰首示之，竟不降，尽为虏所杀。楚玉，讷之弟也。……

这两处史料的记载基本吻合，看来这场都山大战与露布中吹嘘的恰恰相反，是唐军方面吃了大败仗。

二 契丹枭雄可突干

薛楚玉虽然身为幽州实际上的最高长官，军事政治一手抓，但依旧是大唐帝国的一名臣子，怎敢冒天下之大不韪，欺君罔上？都山战役是否有隐情，让薛楚玉如此冒险？

为了摸清都山战役的背景，我们得从幽州、营州与契丹的斗争开始追溯。前文我们曾提到过孙万荣、李尽忠这两个契丹首领在武则天时期杀官造反，并且大败唐军。不过，好景不长，孙万荣很快就遭到了突厥首领默啜的袭击，伙同他一起叛乱的奚人也临阵倒戈，孙万荣最终在数面夹击中兵败身死。这位曾威风一时的契丹统帅在最后关头发出了这样的感慨："事到如今，大唐不可能再接纳我了，而投靠突厥、新罗也是死路一条。天下之大，竟已无处安身。"契丹部族在唐、突厥、新罗三大势力夹缝中求存的惯性思维，由此可

◎ 契丹贵族驼车出行图

见一斑。

战争送给唐和契丹的和平并没有维持多久。很快，契丹的另外一个枭雄人物——可突干便在开元年间登上了历史舞台。

开元五年，契丹和奚人终于归附朝廷，营州治所得以恢复到关外旧址柳城，东北边境的军事态势一片大好。不过，当时的契丹酋长、御赐松漠府都督李娑固有一桩心病，这桩心病的根源，就是他的属下——静析军副使可突干。

契丹是一个半游牧民族，民风剽悍轻死，崇尚武力。这个可突干骁勇善战，比靠血缘关系继承都督宝座的李娑固更得军心。这样的手下，对李娑固的统治自然是极大威胁。到开元八年，李娑固为了能一劳永逸解决问题，决心除掉可突干。

可惜，可突干太得军心，李娑固的谋划早已一字不落传入了他的耳中。你死我活的当口上，可突干自然不会有半分仁慈，他先下手为强，起兵赶走了李娑固。

李娑固逃亡到营州城，向营州都督许钦澹告状。许钦澹并非不知道这场内斗的实情，但李娑固是朝廷制定的都督人选，这关系到朝廷的威权，不能任由可突干挑战。毕竟政治事件不是法律条文，没有什么道德、正义可言，只有利益才能影响政治导向。

于是，许钦澹点选麾下五百名骁勇善战的将士，由安东都护薛泰带领，再带上奚王李大酺的部落军马，浩浩荡荡地一齐去讨伐可突干。

可惜李娑固没有做酋长的命，营州都督派来给他撑腰的大军居然被可突干打得大败。事主李娑固和奚王李大酺都被当场斩杀，安东都护薛泰被生擒。这样的惨败出乎许钦澹的意料，吓得他连忙将剩余兵马全部转移到关内，抛弃了才收复没多久的营州城。

可突干这个人，不仅骁勇善战，还善于把握大局。此时的他非但没有乘胜继续跟朝廷对抗，反而向唐玄宗李隆基上书讲明原委，主动请罪。

这个举动对玄宗的心理影响很微妙。从既成事实上来说，契丹全族已被可突干牢牢掌控了，忠心朝廷的奚王被杀了，好不容易经营起来的关外据点营州也丢了，朝廷似乎一败涂地；但从玄宗的角度来看，东北地区的契丹和奚人时叛时附由来已久，只要朝廷在当地还有威权，就能维持当地的长治久安，而这种威权无外乎是动兵铲除异己或以怀柔手段吸引游牧部族主动臣服。

既然可突干起兵对抗是不得已为之，事后又主动上书请罪，玄宗在面子上就有台阶可下了。只要宽恕可突干，不仅可以收复营州，保持形式上对契丹、奚人的控制，还省去了劳师远征的钱粮，事情发展到这步，算是有了一个双方都可以接受的结果。

不过，玄宗在宽恕可突干的同时还是下了一道命令——立李娑固的堂弟李郁干为契丹都督。这个举动显然是想给所有契丹、奚人传递一个信息：朝廷并不会默许造反成功上书请罪就能成为一族酋长的先例。但是不管朝廷认可与否，可突干已成为契丹实际的头号实权人物，历任契丹都督（李娑固、李郁干、李吐干、李邵固）都对他无可奈何，甚至要仰其鼻息。毕竟可突干军权在握，部族领袖只是纸糊泥塑的摆设而已。

开元十八年，可突干羽翼丰满，再也不想忍受其他傀儡酋长的存在了。他动手杀掉了当时的契丹都督李邵固，携裹奚人同契丹一齐投奔突厥。

此时，唐玄宗李隆基总算意识到自己十年前的姑息酿成了怎样的后果，这次不会再有什么妥协，他相信，只有彻底剿灭可突干这样的乱臣贼子，才能避免后患无穷。

玄宗先下制给当时的幽州长史、知范阳节度事赵含章，令他就近率部属征讨。然后他在关内、河东、河南、河北诸道征募勇士，充实幽州兵力，并命单于大都护忠王李浚（日后的唐肃宗李亨）遥领河北道行军元帅，御史大夫李朝隐、京兆尹裴伷先为副元帅，率程伯献、张文俨、宋之悌、李东蒙、赵万功、郭英杰等十八总管一起讨伐奚人和契丹的叛乱部众。

以皇子为主帅，在全国募集勇士，又动员十八总管一同领兵，这样的声势比武则天万岁通天元年二十八将征契丹还要强上几分，可见玄宗对此次叛乱的重视程度。然而，这次大规模出征并没有成行。数十万大军远征几百里，无论是粮草、器械的运输，还是将帅的人选，都有可能决定战争的成败。在这次主帅的人选问题上，玄宗很犹豫。

◎ 唐代征行画

自己的亲儿子带兵出讨，并不是唐朝皇帝能放心的事。唐朝是中国历史上一个非常特殊的朝代，表面上也遵循皇帝传位给嫡长子的规则。但从玄武门之变到安史之乱，大唐几乎没有正常的皇位更替，每每涉及皇子继位，都有惊心动魄的宫廷斗争出现。

玄宗本人对这个问题也非常忌惮，因为他自己就不是嫡长子，他当年也是靠政变的功劳换得其父主动禅让。为了避免这类悲剧重演，他在长安护国寺东边修了个“十王宅”，把儿子都分院养在那里，派宦官监视约束。皇孙还有个类似的“百孙院”。这些举动无非是为了避免自己的直系后代通过政变抢夺皇位。

此时的忠王李浚已经十九周岁，在这样的情况下让他挂帅出征，不是一件很理智的事情。再加上当时的平卢先锋将乌承玼在捺禄山挫败了可突干一次，让出征变得不再那么紧急。直到开元二十年（公元732年）正月，玄宗才任命当时的朔方节度副大使信安王李祎为河东、河北道行军副大总管，户部侍郎裴耀卿为副总管，率领大军讨伐奚、契丹。

某某道行军大总管 / 大元帅，是唐代临时出兵所任命的最高军事长官，军事行动结束以后就会自动取消。李浚这个正元帅只能坐在长安城“遥领其职”，根本不可能出外带兵，副大总管李祎才是真正行使主帅职权的人。

二月，赵含章率领的唐军先锋部队率先跟奚、契丹部族遭遇，契丹和奚人见到前来讨伐的朝廷兵马，望风而逃。赵含章认为一年多前在平卢的失败吓破了可突干的胆子，纵兵穷追不舍。

追了一两天，平卢先锋将乌承玼觉得有些奇怪，便跟上司赵含章汇报：“我经常跟两番（奚和契丹）交手，他们都是剽悍蛮勇、轻生忘死的逆贼。这两天却见了官军就逃，应该不是怕我们，而是在诱拐我们远离大部队，我们不应该再追下去。不如按兵不动，等后续大军来了后再跟他们决一死战。”

虽然这个建议很明智，赵含章却不愿采纳。在看他来，此次追击是扬名立万的好时机，如果因为猜疑逡巡不前，反而会贻误战机。因而，唐军先锋赵含章部就这样一路快马加鞭，追到了抱白山下。

抱白山，位于今天的河北省蔚县北口外。在这里，被唐军先锋追逐多日的契丹、奚人终于精疲力尽。他们放弃了继续逃跑的念头，掉转马头，与官军正面冲杀。

虽然两军都奔走多日，人困马乏，但唐军一路追逐而来，拥有巨大的心理优势，眼看这股贼寇就要变成赵含章功劳簿上的斩首数字，幽州长史洋洋自得。突然间，周遭杀声暴起，不知多少人马从四面八方向自己扑来，骑手们策马奔驰之声震天动地。

赵含章不寒而栗，果真像乌承玼所说，

◎ *敦煌壁画《八王争舍利 》中的骑兵突袭图*

自己中了可突干的埋伏！冷兵器时代的军事斗争有很多决定性因素，但这些决定性因素对结局的影响往往体现在两个方面：大军的阵型和士气。唐军本指望一鼓作气拿下面前的小股贼寇，挫一挫两番的锐气，没想到反中了埋伏，心理上产生了巨大落差，再加上连日追击，骑士和战马的体力都严重透支，根本无力对抗以逸待劳的两番伏兵。

士气陡降至冰点的唐军无心再战，争先恐后落荒而逃，又一次全军覆没的惨败即将重演。就在此时，战场局势却再次发生了戏剧性的转变。

战场西面，另一彪唐军如猛虎下山般呼啸而来，猛烈的冲击将正在追杀赵含章部的契丹、奚人打了个措手不及。

赵含章此前的尴尬在可突干身上重演。这位契丹枭雄正高兴自己苦心布设的陷阱发挥了作用，勇悍的契丹男儿肆意追逐着四处逃窜的官军，一场鼓舞人心的辉煌胜利唾手可得，此时，居然遭遇另一支大唐官军的侧袭！

朝廷大军的主力怎么可能这么快赶到！好不容易用小股兵马诱引多日的唐军先锋应该早远离大军，成了自己的囊中之物，此刻又怎会有援兵？可眼下这支唐军鼓噪而来，气势逼人，除了官军主力，可突干想不出会是谁有胆子在松漠都督府境内袭击自己。

战局急转直下，精心谋划的大胜很快就会演变成溃败，可突干拼命压抑住自己的震惊和恐慌，指挥契丹部属迅速撤离。在和奚人的联军崩溃之前，一定要把自己部族的数万精锐撤走，这可是自己安身立命的最大本钱。

契丹人这一逃不要紧，本来冲杀得忘乎所以的奚人被落在了前线。在滚滚前突的骑兵洪流中，没人能看清侧翼到底来了多少唐军，可奚人却清楚地看到可突干的部下已抛下他们独自逃窜。

奚人本来就跟契丹不是一条心，要不是奚王李鲁苏胆小怕事跑到关内避难，他们又怎会与可突干协同作战？因此，这时指望奚人帮可突干断后卖命，是万万不可能的。于是，各怀鬼胎的契丹、奚人，失去了共同继续抵抗的勇气，他们争先恐后践踏着自己的同胞，向北逃去。

自己身后的契丹人突然逃得一干二净，赵含章及其部下都一头雾水。侧翼突然出现的那队人马到底是谁？其实，这正是一直建议赵含章不要过分追击的平卢先锋乌承玼的部下。虽然建议不被采纳，但乌承玼还是让部下保存体力，不急切追索敌寇，当看到赵含章果然中了埋伏时，他没有选择一走了之，而是从侧翼对可突干发动了突袭。

乌承玼的麾下其实没有多少人，虚张声势还可以，要想追击数万敌军，就太冒险了，所以，契丹和奚人很快就撤走了。可突干苦心经营的一场伏击，经乌承玼这一突袭的搅和，化为泡影。担当先锋部队的唐军战士们和一意孤行的幽州长史赵含章，也因此侥幸逃过一劫。

没几天，代替忠王李浚率领大军的河东、河北副大总管、朔方节度副大使、信安郡王李祎和副总管、户部侍郎裴耀卿率领的唐军主力也赶到了这里。这批主力包括了玄宗两年前从关内各道征募的英勇善战之士，战斗力很强，士气也很高，听到先锋部队击败契丹主力的消息，立刻乘胜追击，直捣可突

◎ 唐代武士形象

干的老巢。

可突干本来有机会靠一场伏击战来鼓舞士气，提高自己的威望，团结契丹、奚各部，没想到却功亏一篑，还闹得契丹和奚人各怀鬼胎。当唐军主力大举袭来的时候，他的部下再也没人愿意奋力抵抗，因此被李祎麾下将士打得抱头鼠窜。

可突干凭着自己熟悉地形，便带护卫头越过松漠，一路向北逃窜。剩下的契丹部众没有办法，只能化整为零，成为潜伏在各个山谷之间的流寇，躲躲藏藏，勉强度日。而奚人先失去了奚王的统率，又被可突干抛弃，六神无主，惶惶不可终日。最终在琐高（奚官职）李诗的带领下，五千奚人走出山谷，集体向官军投降。

李祎大获全胜，不仅击溃了可突干组织的联军，还重新收复了奚人主力，没必要继续停留在契丹境内，因此便率领大军回朝。

要真正控制关外，仅靠一次军事胜利是不行的，还得配合安置政策。唐玄宗赐前来投靠的奚人李诗为归义王，充归义州都督，在形式上确定了李诗为朝廷认可的奚族领袖。同时，唐玄宗将李诗的部族都迁徙到幽州境内上好的草场居住，并命令户部侍郎裴耀卿发放二十万匹绢帛赐予奚族归降的将领，安定归附奚族的民心。

率领大军横扫敌寇的信安郡王李祎，是大唐宗室，对这类既有领军才能又有从政才能的宗室郡王，唐玄宗一向都很防备，尤其考虑到李祎的祖父吴王李恪在高宗朝曾因谋反被处死。所以，为了能防患于未然，又能兼顾对抱白山大捷的赏赐，唐玄宗下令嘉奖信安郡王、朔方节度使李祎开府仪同三司，兼关内道采访处置使、增领泾、原等十二州。虽然兼任的是最靠近长安的关内道采访处置使，但这类擢升对这位大唐宗室名将来说，已是极高的荣耀和信任。此时，许多大唐宗亲还被玄宗圈养在长安城兴庆宫旁，甚至玄宗的亲儿子也只被允许“奏乐纵饮，击球斗鸡”，不能过问时政，结交朝官。

至于那位不听属下劝告，执意领着唐军先锋往可突干包围圈里钻的幽州长史赵含章，不但没有领到任何赏赐，反被人举报他贪污库存物资巨万。当着朝堂所有大臣的面，赵含章被剥去官服打得半死，然后流放去了瀼州——今天的广西上思境内。唐代时，那里还是不毛之地、瘴疫之乡，罚到那里，往往活不了几年，就会被瘴气毒死。然而，这似乎还不能解玄宗心头之恨。赵含章刚一瘸一拐走上远赴异乡混吃等死的路，玄宗就追了一道旨令，叫人在半路直接把他处死。

笔者为何要用如此多的笔墨追溯可突干和大唐朝廷的恩恩怨怨？一来抱白山大战就发生在都山战役的前一年，可以说，没有抱白山大战，就没有都山战役；二来可以通过抱白山大战了解开元年间幽州长史赵含章的事迹——赵长史不仅仅在军事上急功近利、鼠目寸光，还被人抓住盗用府库的把柄，落得个客死他乡，一定程度上说明了当时的幽州军政长官，已经有仗着天高皇帝远而肆意妄为的苗头。

三 将门"虎"子负皇恩

抱白山大战，可突干虽然大败而逃，却依旧活着，谁也不能保证他不会卷土重来。而百战百胜的宗室名将李祎已被极高的荣誉供养起来，再让他出兵打仗，恐怕功高不赏，不太合适，那谁来执行"消灭可突干余孽，彻底稳定关外"这个军事重任呢？

这个任务，落到了接任幽州长史薛楚玉的头上。

薛楚玉，绛州龙门人，出身河东豪族薛氏，是名将之后。他的父亲，就是高宗时威名赫赫的薛仁贵。

薛仁贵的故事，大家耳熟能详，但其儿子薛楚玉的故事，了解得就不多了。在古代，教育事业并没有今天这么发达，很多军事知识和领军为帅之道不能简单通过读读书、上上学就领悟到，所以，将门之后往往在军事素养方面有近水楼台的便利，既容易得到家学的熏陶，也容易获得同僚的认可。让薛楚玉出任幽州长史代替李祎收拾可突干余孽，在玄宗和大臣们看来，合情合理。

◎ 征东勇将薛仁贵

打铁还需趁热。可突干大败不久，实力尚未恢复，此时领幽州、平卢军的勇武将士斩草除根，可谓得天时。而出关寻敌作战，在战略上拥有主动的先机，可以选择较为有利于自己的战场，这是得地利。

天时地利在手，真正需要薛楚玉操心的，是出兵的规模和领军的人选。薛楚玉命部下郭英杰为主帅，领裨将乌知义、吴克勤、罗守忠率精骑万人出关讨伐契丹。为了避免兵力不足，还带上了之前投靠朝廷的奚王李诗及其部下。大军将出榆关搜寻可突干残余主力，彻底平灭东北边患。

郭英杰，也是一名将门虎子。他是右武卫将军郭知运的儿子，时任左卫将军，担当幽州道行军副总管。这个副总管是一个临时军事统帅职位。唐代前期实行府兵制，如果要派遣大军出兵讨伐，往往会给主帅安排某某道行军大总管或者行军大元帅的职位，方便其统领部属，一旦任务完成，就交还兵权，职位便被取消。行军大总管的副官就是副大总管，下一级，就是副总管。

当时的河北道行军大总管还是忠王李浚——日后的唐肃宗。鉴于唐代皇位交替靠政变的恶劣习惯，玄宗对自己的儿子管得很严，不许参政，所以李浚的大总管只是遥领，不能实际领兵。而副大总管李祎也已经另就他职，不再参与河北道的军事行动。

此时幽州的最高军事长官，就是都督府长史、节度使薛楚玉。郭英杰作为副总管，是仅次于薛楚玉的二把手。他被安排为主帅领大军出征，应该是薛楚玉打算自己坐镇后方、统筹后勤事务的结果。

这个看似周密合理的人事安排有一个致命漏洞——忽视了裨将乌知义。薛楚玉的报捷露布提到过乌知义的官职是“节度副使右羽林军大将军”。节度副使就是节度使的副手，同样也是幽州军政方面的二把手，地位跟郭英杰相差无几。乌知义此人久在边关领兵，他的儿子乌承恩也在此次大军征行中担当“比郡长上折冲兼儒州都督”；此外，在抱白山大战中冷静睿智、勇猛顽强的平卢先锋将乌承玼也是他的族侄，由此可见，乌知义在幽州、平卢军中人脉深厚，颇有威望。

而郭英杰却是个空降来的领导。他的父亲郭知运一直在陇右担当节度使，最后在职上去世，与幽州军伍没有什么瓜葛，更谈不上有人脉。郭英杰只是左卫将军，靠幽州道副总管的临时头衔才得以领军，要指挥跟他基本平起平坐的乌知义，恐怕不容易。

空降领导与本地实权人物争斗，已经是职场上的常见现象，在唐代也不是什么新鲜事。尤其在格外注重等级、威望的古代军队中，如果不能确定领导的绝对威权，将会出现灾难性的后果。唐人将军伍中这种平级将领互不服从或互相拆台的现象称为“争长不叶”，非常形象——抢着当主干，不做绿叶。安史之乱事发后，名将哥舒翰率几十万大军却守不住要塞潼关，其中一个主要原因就是他风痛不能理事后，两名部下王思礼、李承光争长不叶，闹得各种命令互相冲突，军中将士全无斗志。

“争长不叶”会带来何等严重的后果，薛楚玉不是不了解，但他却执意如此安排。或许他是这样考虑的：玄宗钦点的郭英杰为将门之后，不妨给他个立功镀金的机会，广结善缘，以便日后同朝为官。

为帅之道，不能只顾武勇，也需要统筹谋划之能，知人善用之才。薛楚玉不仅仅没有在人事安排上主动挑起大军主帅的责任，避免属下纷争，还在部署兵力时留下了一处致命伤。此次出征，薛楚玉仅出动了官军精骑万人。这个数字少得连他自己都有些不放心，于是干脆把新投靠来的奚族部落军两万五千人也贴了进去。

奚族从开元十八年被李鲁苏抛弃以后，就一直跟着可突干对抗朝廷，直到去年被李祎大军逼到绝境才再次归附，这种时候命他们随区区一万官军出讨契丹，难免有些不太情愿。一旦战况不利，奚人不临阵倒戈，也会四处逃窜，绝不可能甘心为朝廷效死。

《孙子兵法》说：“昔之善战者，先为不可胜，以待敌之可胜。不可胜在己，可胜在敌。”善于打仗的人，先要把己方部署得稳稳当当，不给敌人可乘之机，然后再寻找敌人的破绽，一举击破之。

薛楚玉恰恰反其道而行之。大军还没出关，他就已经在人事和兵力安排上埋下了巨大隐患，送给敌方诸多破绽。都山大战，从薛楚玉下决议那一刻起，注定将成一场悲剧。

在薛楚玉的眼中，可突干及其残部已是惊弓之鸟、瓮中之鳖，此次的军功已是主帅郭英杰的囊中之物，他只需安坐幽州，静候佳音便可。可与他的构想大相径庭，唐军才行进至都山，就遭遇了可突干的主力。可突干很清楚自己新败之后没有独立对抗朝廷的本钱，所以干脆从他的突厥主子那里讨来了援军，两部合在一起，足有十万大军。密集的骑兵布满了山林，像汪洋大海一样看不到边际，这样雄壮的军容不仅振奋了契丹军原本低迷的斗志，也让轻敌的唐军不寒而栗。

都山，在今天的河北省承德市宽城满族自治县内，是燕山山脉的第二高峰，东西绵延三十里，南北纵深十八里，距离大唐边境重要关卡榆关（今山海关）仅一百多公里。看着三倍于己的契丹、突厥联军逼近，副总管郭英杰明白，蓄谋已久的可突干是有备而来。一场恶战，已无法避免。

人数上处于极大的劣势，郭英杰有些焦急。在敌众我寡的情况下，将士们的斗志会大打折扣，再加上麾下的部伍还混杂着两万五千名奚人，如果放任这种畏敌情绪继续蔓延，就是自杀。

郭英杰冷静心神，仔细观察周边的地理环境。他发现都山附近山峦层叠，到处是丘陵沟壑，并不适合十万骑兵全面展开，契丹人在这里的优势不能得到充分发挥。狭路相逢，如两鼠斗于穴中，将勇者胜（战国名将赵奢语）。如果唐军先锋能够给当

◎ 奚人和契丹人的发型

面之敌来一次先声夺人的迎头痛击，未必就不能置之死地而后生。

郭英杰倒是不失将门虎子的本色，完满承继了其父郭知运的勇武之气，当机立断，率领裨将吴克勤和麾下将士抢先对契丹、突厥兵马发动冲击。主帅的英勇无畏鼓舞了大唐官军，骑手们斗志昂扬，奋勇向前，争先恐后加入对敌军突击的行列。只要这样的势头继续发展，都山大战也许真的会成为一场以少胜多的大捷。

不过，历史不容许如果。在这个决定胜负的节骨眼上，一贯两面三刀的奚人又一次动起了歪脑筋。奚人跟契丹原本出自同族，他们都是南北朝时期东部鲜卑的遗存部族，在风俗习惯和外貌特征上很难区分。比如后世所熟悉的契丹头型：将头顶中间剃光，四周留下一圈毛发或者小辫，这在当时称为“髡发”，其实是契丹和奚人共有的发型。文化源流方面，对奚人来说，契丹人要远比唐人亲近得多，两族也经常联手制造叛乱，跟朝廷官军抗衡。

奚族酋长李诗认为：眼下唐军总数仅有契丹、突厥的十分之一，还不到奚族部落军的一半。奚人要是拼死拼活跟官军一起冲阵，必然要付出巨大伤亡，而且未必能够取胜。倘若不幸落败，以可突干一贯的残忍凶戾，绝不会让顽抗的奚人好过。但如果此时临阵倒戈，对官军背后一击，则既得罪了朝廷，又可能被可突干吞并自己的部族，绝不是一个划算买卖。

显而易见，只有不战而退，才能最大程度上保存自己的实力。在这草原上，手上的兵马就代表自己真正的话语权，没有兵马，其他都是虚妄。奚人世代居住关外，非常熟悉山川水井，李诗一下令，两万多名奚族勇士就心领神会，立刻调转马头一溜烟向榆关逃去。

奚人的临阵逃脱让唐军的处境越发尴尬。狭长的侧翼彻底被放空，正在突击的一万唐军面临被契丹、突厥完全包围的风险。倘若不幸陷入被包夹的态势，以区区万人对抗十万敌寇，几乎毫无胜算。方才因主帅悍不畏死的冲锋而鼓舞起来的士气，此刻又一次低落下去。

郭英杰和吴克勤等人此时正骑虎难下，已无力去考虑侧翼的安全，只能继续一马当先冲入敌群。奈何猛虎难敌群狼，知道奚人已逃走的契丹军绝不会放弃这样一次围歼官兵的机会。郭英杰、吴克勤和麾下将士虽然拼死搏杀，却无力应对层层包围上来的契丹联军，坠马沙场，含恨捐躯。

两军对阵，敌众我寡、盟友窜逃、侧翼空虚，一马当先的主帅又当场殉职，仗打到这个份上，显然必败无疑。节度副使乌知义原本对在郭英杰麾下听命有些许不满，眼下更不愿为郭英杰的死搭上自己的性命和前程。幸运的是，他在幽州、平卢军中日久，对附近的山川河流也了如指掌。他领着罗守忠和自己麾下的士卒逃跑起来，竟然也不比奚人慢多少。

可突干轻蔑地笑着，幽州好不容易拼凑起来的数万大军，顷刻间就在自己面前土崩瓦解，剩余六千多官军也被团团围住了。在他看来，既无指挥又无增援的这支唐军已经没有继续抵抗下去的意义，为了避免让契丹男儿收拾残局时增添无谓的损

◎ 现代都山远眺图

失，可突干命人将郭英杰的首级挑在枪尖上，只要给那些还在顽抗的唐军看上一眼，用不了多久，他们自会投降。

可突干的这种威慑，非但没有让六千多名被包围的唐军勇士屈服，反而激发了他们的斗志。这些从各道招募而来的勇士们满心愤懑：主帅郭英杰跟他们一样，一心讨平边患，却被奚贼出卖，落得身首异处，此刻他的首级居然被契丹贼寇挑上枪尖，直叫人咬牙欲裂。

此时，奚贼和乌知义之流已经逃得一干二净，身畔只剩下自己朝夕相处的袍泽，望着眼前无边无际的十万汹汹贼寇，这些勇士们没有一丝迟疑。杀！肩并着肩、背靠着背，哪怕是修罗杀场，这些勇者也不会放弃战士的尊严，跪求什么偷生的机会！怀着报国平寇的满腔热血和对无胆鼠辈无尽的愤恨，这六千名大唐官兵，全部战死在都山脚下，没有一人乞降求饶过。

这就是薛楚玉吹嘘得旷古绝今的都山“大捷”真相。

前线大败的噩耗传来，幽州长史薛楚玉猛然醒悟，自己的部署是导致这场惨败的直接原因。“艺高人胆大”的他，唆使幕僚樊衡在为他代笔的露布中隐去了郭英杰副总管的名字，转而把节度副使乌知义写成了领军主帅——“乌知义都统主中权”，更是催动生花妙笔，把临阵脱逃的奚部安排成了忠诚勇武、冲杀无忌的猛士，将一场惨败粉饰得天花乱坠。

这就是我们讲到的第二个开元年间的幽州长史。上任伊始就漫不经心布置唐玄宗亲自指派的剿寇作战，失败后又不敢面对自己的所作所为，而是在露布中颠倒黑白，说成大捷。

此举固然无耻，但更可笑。即使素来精明的唐玄宗会被露布蒙骗一时，六千国殇也能被薛楚玉鱼目混珠，可沙场捐躯的郭英杰副总管怎么才能复活过来？等到需要幽州道行军副总管郭英杰进京面圣、汇报工作时，薛楚玉又该怎么隐瞒呢？

薛楚玉的狂妄和愚蠢很快给他带来了恶果，他在都山战役部署上的胡作非为和战役的真实情况很快传到了玄宗那里，薛楚玉被以渎职罪查办，削职为民。犯下如此罪行，又将朝廷好不容易经营的优势破坏殆尽，居然只被免官为民，因贪污府库被杖责流死的前任长史赵含章如果泉下有知，一定会死不瞑目。

对薛楚玉的责罚如此之轻，不得不说唐玄宗还是怜惜其父薛仁贵的美名，动了恻隐之心。不过，薛楚玉虽然厚颜无耻继续苟活在人世，却沦为千夫所指的罪人、笑柄，不再像其他名门之后受众人青睐了。

值得一提的是，薛楚玉还有个儿子，名叫薛嵩，继承了其父的膂力武艺，却从来不爱读书。后来，为了能成为一军将帅，薛嵩迫不及待投靠了起兵造反的安禄山。谁想到区区数年，安史叛军就大势已去。朝廷大军杀到薛嵩的面前时，他毫不含糊，立刻诚惶诚恐跪拜在朝廷大将仆固怀恩马下，恳请宽恕。这等寡廉鲜耻的荒唐行径，颇得其父精髓。

四 功名只向马上取

可突干区区一个契丹逆贼，几经沉浮，两任幽州长史都没能拿他怎么样，难道大唐除了信安王李祎就再没人能收拾他了么？玄宗并不这样认为。唐玄宗李隆基这个人，非常善于发掘人才，提拔过很多千古名相，比如姚崇、宋璟、张说、张九龄，这才造就了开元时期清明图治的政治环境，而他麾下的军事将帅，也同样人才济济。这一次，玄宗派来幽州的节度使，是开元年间另一员名将，张守珪。

张守珪，陕州河北（今山西平陆）人，生得高大威猛，精于骑射，性格开朗豪迈，为人素有节义，天生是个带兵的好材料。最初，他在北庭都护、右骁卫将军郭虔瓘麾下任职。有一次，郭将军命他带兵救援。在路上，张守珪遭遇到大批敌寇，但他并未胆怯。他身先士卒，冲入敌群苦战，结果大获全胜，斩首千余级，还活捉了敌人一个颉斤。颉斤，又译作俟斤，最早是鲜卑人给部落首领的称号，后来被北方游牧民族用作官职，只有统率一个部落的酋长，才能叫作俟斤。张守珪因此一战成名，被人视作年轻一代的勇将。

如果只有匹夫之勇，武功再高强，也只能是一员斗将，可张守珪不止这点能耐。很快，因为突厥入寇，上司郭虔瓘命他进京奏事。理论上，他只需要将上级交代给他的情况汇报给皇帝就可以了。不过，入京奏事能跟皇帝当面交流，是博取赏识的难逢之机。张守珪抓住这个机遇，向玄宗仔细分析了北庭都护的局势和突厥此次出兵入侵的企图，请求亲自带兵出击，从侧翼袭击突厥后方。

最终，张守珪的建议得到了采纳，他也因此建立的功勋被加封为游击将军，而后转去幽州良社府果毅。唐代前期实行府兵制，折冲府是训练管理当值府兵的基本单位，军府的最高长官叫折冲都尉，两名副官分别是左、右果毅都尉。张守珪时任的果毅，并不是一个很高的军职，但能管理兵马的教习、资粮、出勤等事情，这段经历对他日后成长为一方节帅有很大的帮助。

当时的幽州刺史，也就是幽州的最高长官卢齐卿，被人盛传知人善识。卢齐卿非常欣赏张守珪，对他总是额外礼遇，甚至拉他同榻而坐——此举这让张守珪格外惊讶。卢齐卿了解张守珪的心思，对他解释道："你这样的人才，几年以后就会掌管幽州、凉州的所有军务，成为国家栋梁。我恨不得要把我的子孙都托付给你关照，又怎么可能跟你拘泥什么上下级的礼数……"

在幽州待了没多久，瓜州被吐蕃攻陷，大将王君㚟战死，整个河西都很惊恐。于是，被众人看好的张守珪被调去做了瓜州刺史、墨离军使。他一到，就立刻带领众人修筑州城，加固城防。才把夯土用的木板模具立好，吐蕃就大举入侵到城下了。

◎ 五代胡镶所绘的《卓歇图》（局部），描写了契丹可汗带队狩猎后休息的场景。

大伙吓坏了，虽然都登上残存的城墙准备防御，但人人胆战心惊，没有坚守的决心。

张守珪看到这种情形，也很紧张。但他深知，身为主帅，自己在战场上的一言一行会对士气带来巨大的影响。当年的汉高祖刘邦被项羽部下一箭射中胸口，却拔箭俯身，摸脚大骂“你们这些贼人，射中了我的脚趾”，就是为了安抚军心故作镇定。

张守珪故作镇定，安抚众人：“敌众我寡，我们瓜州又刚刚沦陷，物资不齐、人不满员，连城墙上的夯土都没有补齐，不可能跟吐蕃人硬拼死守。不过诸位倒也不用惊慌，安心看我用妙计对付他们。”

张守珪不但没有派人去求援军，反而在城墙上与诸多将士一同摆酒设宴、奏乐寻欢，完全将城外的吐蕃大军视若无物。吐蕃人看到这副情形，都困惑不解，明明城头有兵马甲士，却当着围城大军饮酒作乐，难道是有意引诱他们攻城？

面对张守珪的故弄玄虚，吐蕃人唯恐有伏兵，不仅不敢攻城，反而立刻掉转马头，直接逃走。张守珪见吐蕃人中招，索性派兵在后面大肆追赶。这一追不要紧，吐蕃大军还当真有埋伏，跑得更玩命了，结果被张守珪追杀得大败。

这种空城计的桥段，大家已经非常熟悉，在明代小说《三国演义》中，诸葛武侯就曾门户大开，空城弹琴笑退司马懿大军。不过，书中的诸葛亮并未衔尾追击，在对敌军心理的把握上比张守珪还逊色一筹。

历史上的诸葛亮并没有真的用过空城计，张守珪空城守瓜州大败吐蕃的事迹却

◎ 高昌古城墙

是实打实记载在《旧唐书》，这样的战例足以令他流芳百世。然而，唐代的节度使不仅需要处理军事问题，在政治上也要有一定的才能，因为他们往往还是地方政治、人事管理的头号人物。瓜州虽然暂时守住，但它旧有的设施和经济活动都被吐蕃破坏殆尽。张守珪为了能让当地人民安居乐业，稳定大唐在陇右的统治基础，修复了城内被破坏的各部门官署、公共设施，并且招揽因战乱而流亡的百业民众，重新让瓜州城繁荣起来。

唐代的瓜州，即今天甘肃酒泉市的瓜州县，是个绿洲城市，朝廷供给的衣需品，因路途遥远，往往会被吐蕃拦截。那里沙漠多、水源少，百姓只好从高山上引融化的雪水来灌溉农田，保障生产。但是，因王君㚟的失败，引水的沟渠已被吐蕃破坏掉了，重新修建需要很多木材。于是，张守珪秘密祷告神明。结果有一天傍晚，山洪暴发，几千根粗大的木材顺山洪而下。张守珪命人取来当作木料修复渠堰，当地农田遂得以重新灌溉。

瓜州百姓都认为这是张守珪虔诚所至，感动了神明。他们专门刻了石碑来记录此事。其实，哪里有什么神明，无非是张守珪为了能在民族成分复杂的瓜州树立威信，玩弄的小手段罢了。

利用瓜州百姓的封建迷信，张守珪成功笼络住人心，重建了瓜州的繁荣，这也证明了他在政治手腕上的老辣。可以说，他有作为一名节度使所需要的一切才能——身先士卒的武勇、锐利的战略眼光、良好的政治嗅觉和相当的口才，甚至玩弄空城计所需要的心理素质和谋略。这些过人的资质，让他在玄宗朝多如繁星的人才中脱颖而出，逐渐成为开元年间的一流名帅。

这样英武的将帅，唐人非常爱戴，甚至编出了不少关于他的神怪故事。唐代志怪传奇《广异记》中就有这么一段记述：

张守珪曾经在河西镇守，其时他曾率领部下二十五人到伊兰山侦察敌情，猝然间遭遇几千名胡人骑兵。敌众我寡，而且来得突然，张守珪无力抗衡，只好命令众人下马解鞍，装出毫不畏惧的样子来迷惑敌军。奈何敌人居然不上当，还是逐渐逼近，张守珪哀叹："这可如何是好？他们要是真不上钩，也只能硬拼了。"

忽然间，山下有红旗招展，数百名骑兵冲出来同胡人拼杀。张守珪立刻率领众人跟随这支骑兵，从胡人的包围圈中突破出来，胡人见到果真有伏兵，也就不敢再追了。化险为夷后，以红旗为号的将领跟张守珪说："我是汉飞将军李广，知道你有难便来相救，日后你大富大贵，不要忘了我等。"说罢，就如同一股云烟，消失不见。

后来，张守珪果然当上了幽州节度、御史大夫，成为达官显贵。

率少许探马遭遇大股敌骑，然后解鞍下马好整以暇迷惑胡骑，正是汉代飞将军李广的故事。飞将军李广虽然战绩不佳，但凭借《史记》的吹捧，他在民间声望一直很高。这则神怪故事里，让李广显灵拯救危难的张守珪，可见张守珪颇得唐人敬爱。

张守珪不仅得民间百姓的敬爱，也深受唐玄宗的宠信。作为玄宗亲自授命的将领，张守珪智勇双全，所以经常充当着救火队员的角色，哪里的边防形势不佳，哪里就会有张守珪的身影。

赵含章、薛楚玉两任幽州长史连续让玄宗失望后，他相信，只有原本在幽州任过职的张守珪才能整顿幽州乱象、收拾河北惨剧，彻底解决可突干的叛乱问题。所以，唐玄宗赐予他幽州长史、兼御史中丞、营州都督、河北节度副大使的职位，随后又为了方便管理地方吏治，额外加任采访处置使的头衔。

幽州长史、节度使这些头衔大家都很明白，采访处置使是个什么官位？其实同节领一方军兵的节度使相比，采访处置使才是真正拥有朝廷威权的实力人物。这个官位是唐玄宗李隆基在开元二十一年（公元733年）时因宰相张九龄的奏请而设立的，共分十五道，前身是唐初不定期派遣各地的巡查使，权力非常大。“许其专停刺史务，废置由己”，采访处置使的职权足以废立州刺史，可见其行政权力之高。从职权来讲，节度使掌军政、采访处置使领人事。张守珪的头衔，已经达到军政职权合二为一、幽州军政尽握手中的程度，给予他这样的职权，既体现了玄宗对他的信赖和期待，也说明玄宗对安定东北边境的迫切渴求。

张守珪并没有辜负玄宗的期望，他一到幽州，就整修城池、编练士卒，很快将幽州的军事实力凝聚起来。随后，他频繁出击、袭扰可突干，每次出征都是大获全胜，打得可突干胆战心惊。

到了开元二十二年，可突干的日子已经一天不如一天。但他毕竟是契丹的一代枭雄，狡诈多智，眼见正面对抗完全不是张守珪的对手，便动起了诈降的主意：先表面上向朝廷称臣，骗得休养生息的时间，等到秋高马肥，再跟张守珪斗。在大唐和突厥之间不断充当墙头草，是两番惯用的伎俩。可悲的是，由于朝廷不愿意过多在东北投入财力、人力，这种计谋每每都能奏效。不过，张守珪既然已经来到幽州，就注定要给这里带来一股崭新的风气。

张守珪看破了可突干的缓兵之计，却不急于揭穿，而是借这个机会，派遣自己的心腹管记右卫骑曹——王悔去可突干的部落里跟他假意周旋，趁机探听可突干的虚实，然后再随机应变，打击契丹。

王悔是个非常有心机的人，他得了张守珪面授机宜，并不惧怕可突干会对他下毒手，一路打着旗号就到了契丹大帐。通过他的观察发现，可突干和契丹傀儡酋长根本没有投降朝廷的诚意，只是每天敷衍王悔，并借随水草迁徙的名头，悄悄将部族和营帐向西北处的突厥靠拢。

可突干显然已悄悄派人跟突厥勾结妥当，只等部落全到突厥边境后就杀掉王悔，重新起兵叛乱。王悔没有坐以待毙，根据多日打探和观察，他发现契丹的一员别帅——李过折有些桀骜不驯，对可突干很不服，两人“争长不叶”，斗争不止。王悔意识到这是一个除去可突干的绝佳机会，当年的可突干不也是从静析军副使的位置上造反起家的么？这个李过折，显然

◎ 入京报捷

具备同样的潜力。王悔私下找机会跟李过折接触，诉说朝廷对可突干的不满，诱使李过折跟可突干翻脸，并且许诺一旦事成，契丹都督的职位非他莫属。李过折果然耐不住高官厚禄的诱惑。跟可突干一山不容二虎的他，在开元二十二年夏末猝然起兵，杀掉了可突干和契丹酋长屈剌，把王帐内所有忠于可突干的人马都杀了个一干二净，然后带着剩余的契丹部族向张守珪投了诚。

就这样，困扰大唐幽州边境十余年之久，让几任幽州长史折戟沉沙的契丹枭雄可突干成了刀下游魂，再也不能侵袭大唐边境。契丹也重新被牢牢掌控在了朝廷治下，再也没有能力直接跟官军对抗。唐玄宗为了达到这样的目的曾出动过无数大军，点选过诸多将帅，甚至牺牲过许多忠勇将士。张守珪，只动用了一名使臣就让可突干人头落地、兵力尽失，己方人员甚至无一人伤亡。

收到部下的捷报，张守珪并没有一味沉浸在成功的喜悦中，而是立即组织大军，进发紫蒙川（今辽宁省朝阳市西北处）一带，当着李过折和新近投诚的契丹部族的面，大举阅兵，犒赏将士。此举，可谓相当巧妙。李过折只不过是契丹的一员别帅，跟可突干争权才会内讧，如果不加以震慑，日后难免成为第二个可突干。此时，将编练一新、士气雄壮的幽州军马拉到营州治下大肆阅兵，无非是为了展示官军的武力，既能给新归附的李过折撑腰，也能震慑李过折内心莫须有的不臣之心。张守珪的心机之深，布局之妙，由此可见一斑。

张守珪验过屈剌、可突干首级之后，立即令人快马加鞭，将它们传至东都洛阳，示众于天津桥的南侧。为何把首级传到东都洛阳而不是长安呢？其实在唐代前期，饱经隋末战乱困扰的经济恢复缓慢，关中地区的农产品不足以供给长安城庞大的驻军、皇室贵族、文武百官消耗，从山东、江淮等地调集税米，走水路需历经三门峡等险滩，走陆路又异常遥远，费用很高，很不划算。皇帝为了解决这个问题，自己往往会千里迢迢跑去东都洛阳暂住办公，时人称为“东幸就食”。一直到唐玄宗开元二十五年，关中、洛阳经济都十分繁荣。执行和籴法后，长安得到了稳定充沛的粮食供应，这才“车驾不复幸东都”。

所以开元二十二年，张守珪要传首报功，最方便的还是一路直送洛阳，而不是长安。张守珪立下如此大功，唐玄宗自然非常开心，于是在开元二十三年春，招张守珪和李过折到东都洛阳献捷，巧遇皇帝亲耕以做榜样的“籍田礼”结束。为表示

◎ 南唐李赞华的《射骑图》，画中的契丹武士腰弓持箭，立于马前，正在校正箭杆，似在做出猎前的准备。

隆重，唐玄宗特为张守珪举行了“酺燕饮至”之礼。

酺燕是帝王赐臣民饮酒聚会的称呼；饮至，则是上古诸侯朝会盟伐之后，祭告宗庙、饮酒庆祝的特殊庆典。这类庆典沿袭下来成为惯例，在唐代作为大将凯旋以后在宗庙祭祀宴饮的庆功宴。唐玄宗为张守珪举办如此高规格的庆典，可见其满意至极，甚至高兴得在酒席上赋诗赞美张守珪的赫赫功绩。遗憾的是，诗句做得不是很妙，没有流传下来。

当然，爱戴张守珪的百姓也乐于作诗称赞他，唐玄宗时期的才子贾至曾专门为张守珪平灭可突干的丰功伟绩作过一首诗：

燕歌行

国之重镇惟幽都，东威九夷北制胡。
五军精卒三十万，百战百胜擒单于。
前临滹沱后易水，崇山沃野亘千里。
昔时燕山重贤士，黄金筑台从隗始。
倏忽兴王定蓟丘，汉家又以封王侯。
萧条魏晋为横流，鲜卑窃据朝五州。
我唐区夏馀十纪，军容武备赫万祀。
彤弓黄钺授元帅，垦耕大漠为内地。
季秋胶折边草腓，治兵羽猎因出师。
千营万队连旌旗，望之如火忽电驰。
匈奴慑窜穷发北，大荒万里无尘飞。
君不见隋家昔为天下宰，穷兵黩武征辽海。
南风不竞多死声，鼓卧旗折黄云横。
六军将士皆死尽，战马空鞍归故营。
时移道革天下平，白环入贡沧海清。
自有农夫已高枕，无劳校尉重横行。

为张守珪战绩而欣喜若狂的感情浓烈充沛，充满字里行间，足以表达时人的喜悦。唐玄宗为了嘉奖张守珪，保留其原有官职不变，额外加拜辅国大将军、右羽林大将军、兼御史大夫，赐各色丝帛一千匹、金银器具不胜数，还给张守珪两个儿子也封了官，并下旨在幽州立碑，专门记录张守珪此次功绩。

至此，一路凭借自己才能屡立战功的

张守珪，走上了传奇的顶点，成为开元年间最令人瞩目的名将。然而，他并非没有遗憾。唐代前期的官场有这样一条不成文的规矩："出将入相"。出将入相，最初缘自《旧唐书》中记载的一段君臣对话。唐太宗跟他的宰相王珪探讨臣属官僚的优劣，王珪有一句自谦的话："才兼文武，出将入相，臣不如李靖。"意在赞美自己的同僚卫国公李靖文武兼备，在外可以领军征战，归朝可以辅佐朝政。后来这种文武兼备的境界就被唐人立为人生追求的榜样，也成了官场对拥有武功赫赫的名将的特殊褒奖。

张守珪身为幽州节度、河北采访处置使，用计除去可突干，不费吹灰之力就解决了朝廷的心头大患，军事上已接近一个将帅的极限。按照惯例，唐玄宗应该给他一个"入相"的机会，让他在朝堂上寻找到另外一种人生境界。而且，张守珪也确实拥有这样的能力，在政治嗅觉和谋略方面比起同朝为官的其他文臣并不逊色。

因为张守珪屡建奇功，总给唐玄宗惊喜，所以唐玄宗对自己提拔的这员名将非常宠爱，有心提拔他入朝为相。但有一个人拦住了玄宗，他就是开元三杰之一的名相张九龄。

张九龄，字子寿，韶州曲江人，风度翩翩，优雅不凡，无论是文采还是治世的见解都颇受人称赞，时人美誉"曲江风度"。张九龄一向以直言敢谏、贤能著名，很得玄宗信任。张守珪破契丹可突干时，张九龄正任职中书侍郎同中书门下平章事兼修国史，也就是世人说的宰相。当唐玄宗跟宰相们提议，让张守珪入相时，张九龄是这么拒绝的："宰相这个职位，是替上天（代指天子）处理天下事务的，不是拿来封赏有功之人的。"言下之意，宰相，是有才华的贤能才能做的。背后的意思很明确，在张九龄看来，张守珪的才能远远达不到能治理天下的水准。

这样的拒绝可以说非常直率，等于指着玄宗的鼻子说："你什么眼光啊？这人根本不具备管理才能，你要赏他额外封个别的什么官去，别让他来凑数当宰相。"

玄宗一向以擅长挖掘人才、任用贤能自居，被张九龄这样抢白，却没有发怒。在唐代，宰相的权力非常大，上朝议事时有固定的桌椅茶水，所谓"三公坐而论道"，甚至很多敕令都是中书省起草，皇帝看一看后画押就可以。所以，皇帝会给宰相足够

◎ 张九龄

颜面，君臣之间的争论，只要不涉及原则性问题，宰相很有决定权。

玄宗看到宰相如此坚决地拒绝，有点不太甘心，转而又问："那，只给张守珪宰相的名分，却不安排他处理政务，这样总可以吧？"张九龄不依不饶："不行，这样也不行。'唯名与器，不可假人，君之所司也。'而且陛下您想一想，张守珪仅仅是大破契丹，您就封赏他宰相的名分，万一他日后把奚人和突厥一起给灭了，您要拿什么来封赏他呢？"

"唯名与器，不可假人，君之所司也"，张九龄是引用了《左传》中的名句。意思是指，名分、礼器这些赏赐都不能随便给人，这是作为君上获取臣下忠心的手段。至于后面就好理解了，张守珪打下契丹，你就封他宰相，要是破灭奚、突厥，难道你把皇位给他？

张守珪确实具备非凡的军事才能，没人能否认他将来平灭其他叛逆部族的可能。张九龄用这个道理来警醒玄宗，让玄宗哑口无言，最终只好作罢。这件事情涉及皇位的稳固，自然是最为紧要的，其他一切都需让道。由此可见，玄宗在开元年间还保有一定的政治胸襟，面对臣下如此直白的拒绝能从谏如流，这对开元盛世的政治清明有着决定作用。

张九龄，无论是否有恋栈不去、不愿他人染指相位的意图，他讲的都很有道理，足以证明这位开元名相的长远眼光。玄宗和张九龄的这场争论，比只能应声相和、唯唯诺诺的场景更能说明政治环境的健康程度，这才是一种健康的君臣相处之道。

玄宗一朝共有三十二位宰相，其中"出将入相"者如薛讷、郭元振、张嘉贞、王晙、张说、杜暹、萧嵩等足有十一人，占了三分之一强。张守珪被拒之门外后，还有一名叫牛仙客的节度使被玄宗看重，要提拔为相，张九龄仍旧不答应，玄宗无奈之下罢了张九龄的相位，让牛仙客入相。可见，玄宗朝对从节度使选拔宰相这一途径非常倚重。但张守珪就是如此不幸，一来玄宗尚且倚赖张九龄，二来玄宗也担心张守珪日后再立奇功，功高不赏。因此，张守珪失去了入京为相的机会，只得到一堆大将军的名头和金银钱帛。

开元二十二年这场大捷使已知天命的张守珪步入了他军事生涯中的最高峰，尽管入相受挫，但他并不甘心，拿到了丰厚赏赐的他，内心已立下新的目标：要以更多的军功，重新博取入相的机会！

五 为步青云胡儿起

凡事物极必反，一旦走上巅峰，紧接着而来的就只能是一日不如一日的遗憾。唐玄宗的开元盛世遵循这个规律，张守珪的政治生命和一生英名，亦是如此。张守珪，为了谋求更快进入相位，不得不追寻更多的军功。要得军功，就要依靠一些可用之材。张守珪作为一个文武双全的节帅，同样具备发掘人才和合理用人的本事，在他麾下不仅有深谙战事的幽州、平卢军旧部，也有崭露头角的后起之秀，在这些人当中，有两人最为出名——安禄山、史思明。

安禄山，并非一生下来就是个手握兵权的大反贼。他是柳城杂种胡人，本没有姓，只有个小名叫轧荦山（突厥语“斗战”之意）。他母亲姓阿史德，是个突厥巫婆，每天靠祈祷占卜为生。后来，他随继父安延偃改姓安，在开元初年悄悄逃出突厥，投奔大唐，与安思顺等结为兄弟。柳城的生活给他带来颇多益处，在柳城各族混杂的生活中，他学会了六番胡语，一成年，就做起了互市牙郎这个差事。

诸番互市牙郎，指的是在朝廷边关跟异族交易的市场上翻译、协助洽谈的中介。这在当时并不是多么高尚的工作，也赚不到太多钱。于是安禄山就想办法坑了朝廷的军资，一大批羊。

羊，经常被大唐治下的羁縻部族用来当作交付朝廷的赋税，也会送来边市交易。安禄山在开元二十年利用互市牙郎的身份，盗走了大量羊，结果被人抓住送到了新到任的幽州节度使张守珪面前。张守珪河北道军政一把抓，每日要处理许多事务，见抓了个犯人来，又是人赃俱获，没什么好废话的，直接叫手下剥光了安禄山，捆在地上，要用军棍活活打死。

倘若这次安禄山真被军棍给打死了，恐怕以后也不会有什么安史之乱。安禄山

◎ 韩干《牧马图》

是个有抱负的年轻人，死到临头还是没有放弃求生的希望，他大声叫喊：“大夫不欲灭两番耶？何为打杀安禄山！”

大夫，这个官职在唐代用来指身份尊贵的官员。当时的张守珪仅是御史中丞，还没有做上御史大夫。安禄山这句话在拍马屁之余的意思是：“节度使您不是想平定两番么？怎么能打死我这样的壮士呢？”理直气壮，言下之意就是，倘若你打死了我这样的壮士，还怎么平定两番？这番话虽然无耻，但不像是一个没见识的粗野番人能说出口的。张守珪一听，就急忙放下手头的工作，示意手下且慢，仔细打量起眼前这个人来。

眼前这个胡人，不像其他胡人那般黑瘦狰狞，反倒生得浓眉阔目，肥白体壮。张守珪啧啧称奇，单单长得肥白的胡人倒没什么好赞叹的，真让张大使称奇的是他那句话，那可是汉初三杰、名将淮阴侯韩信曾用过的救命手段。

当年的韩信四处漂泊，无人重用，虽然脱离项羽麾下转投刘邦，却依然只当了

个小官。有次犯了法，按律当斩。同案的犯人被剥光捆起来跪坐一排，脑袋一个一个被砍去，砍了十三个，就剩下韩信了。韩信不像其他犯人一样低头不语、默默等死，他看到汉太祖刘邦的亲信滕公夏侯婴路过，就连忙大声叫喊起来："汉王不想得天下么？！怎么能斩杀我这种壮士？"夏侯婴看见韩信言谈出众，相貌非凡，于是拦下刽子手，推荐给刘邦。否则，韩信这个能够挥军横扫天下、被人美誉"国士无双"的千古名将，就无声无息死在屠刀之下了。

张守珪智勇双全、以名将自居，当然知道韩信的这个典故，却没想到会被一个盗羊的杂胡在他面前效法出来。此刻的他有理由相信这个胡人有一定的见识和深远的抱负。张守珪刚回到幽州做节度使，正需要一批没有根基的新人来平衡当地将帅的势力，压制军伍中的官僚习气，眼前这个胡人，正是"千金市骨"的绝佳材料。张守珪令人解开绳索，跟安禄山聊了起来，见安禄山果然不同凡响，聪慧狡黠，说起话来句句钻人心眼，于是就免了他的罪，让他在军中做一员捉生将。

捉生将，不是什么真的将军，只是个在阵前效力的斗士，经常三五人悄悄摸去前线，捕捉敌方的游弈、探马回来套情报，所以叫捉生将。可见，这是个非常危险的工作。跟安禄山一起当捉生将的还有一人，就是史思明。

史思明的早年经历则更为传奇。他本名窣干，后来立了大功才被唐玄宗赐名史思明。跟体貌肥白的安禄山不同，史思明很瘦削，也没什么毛发，生得弯腰驼背、嘴歪眼斜，性格还特别急躁。所以，虽然他也是营州杂胡，比安禄山年长一天，曾一同在营州做诸番互市牙郎，却在大唐这个看脸的世界混得不太如意。

不如意到什么程度？有一年，史思明背了一屁股官债，日子实在过不下去了，为了逃债，干脆跑路去了奚族的领地。奚人一向凶蛮残暴，他们的地盘没那么好进，史思明便被奚族游弈抓了去。游弈见他又瘦又丑，没什么钱财，就打算当场杀了。安禄山、史思明有一个共同点，就是勇于在绝境中寻求生机。比起安禄山孤注一掷的哀嚎，史思明的手段更险辣，他壮了壮胆，端起官架子跟奚人说："你别看我孤身一人，我可是大唐派来的和亲使。你要是杀了我，你们部族就大祸临头咯。"

奚人的游弈没见过什么世面，虽然满腹狐疑，却担当不起这么大的责任，只好把史思明护送去了奚王的牙帐。穷途末路的史思明非但没有在奚王面前露怯，反而越发据傲，在牙帐群臣面前，对奚王只是作揖，并不跪拜。

◎ *契丹、奚人生活*

奚王对此很恼怒，却不敢发作，当时的奚人正被朝廷打得部众四散，对朝廷颇为畏惧。这时的唐使就算再倨傲，奚王也拿他没奈何。无奈之下，奚王强压着怒火，用待客之礼好好招呼着史思明，衣食住行都尽可能满足他的要求。史思明好吃好喝享受了一段时间后，宣称要回朝复命，奚王又连忙派遣百名侍卫护送他，生怕他有闪失会令朝廷误解。

可史思明却不满足，他跟奚王说："大王你派的人虽然多，但我看了一下，都是些草包，进京面圣要坏事的。我听说大王麾下有一员良将琐高，怎么不让他入朝？"奚王生怕误事，只好满足他的要求，让琐高带牙帐三百精锐侍卫一起跟着他回中原。

从奚人盘踞的饶乐都督府回中原要经过平卢，史思明快到平卢时，遣人送了一封书信给平卢军使，信上说："奚人派遣琐高和精锐将士一起来平卢，号称是要入朝面圣，实际上是想趁机偷袭平卢军事要塞，希望军使小心戒备，先下手为强。"平卢军使裴休子一看，这还了得？赶紧叫手下精锐将士披挂整齐，刀枪在握，一同出城列队迎接"入朝"使节。

奚人本来还对史思明的身份有几分怀疑，毕竟他又穷又丑，实在不像个赐婚使，可看到唐军大张旗鼓到城外来迎接，立刻就打消了所有疑虑，在平卢军使裴休子的招呼下进城休息。

到了城中专门招待各地来宾的客馆，奚人放下所有戒备，等着品尝唐人热情的盛宴。没想到盛宴没等来，却等来了一群甲坚矛利的武士，把三百奚人侍卫杀了个干干净净，只剩下一个琐高捆了起来，当俘虏送去幽州请功。

这就是史思明得以发家的起点，靠着古代社会的信息不对称和自己擅长多族语言的优势，将奚、唐两方玩弄于股掌，虽手无尺兵、身无分文，却坑杀奚王牙帐三百精锐，骗得奚人良将琐高束手就擒。

史思明这一手，将双方的心理底线拿捏得异常精准老道，把阳奉阴违、两面三刀的手段也耍弄得炉火纯青。他的机智和狠辣，令人叹为观止。正因如此，他才被免去债务，收入军中，与安禄山一同做起了捉生将。

安禄山和史思明这一对搭档情同手足，各有所长。安禄山对营州附近山川水井的位置了如指掌，曾带三五个骑兵活捉了几十名契丹游弈；史思明素来狡诈狠辣，在乌知义麾下时，每次被命令去探查敌情，都能生擒俘虏回来。这两人一同在张守珪麾下效力时，更是如鱼得水，张守珪每给他们多些兵马，他们就能俘虏来成倍的敌寇，让张守珪喜出望外。

所以这两人的升迁速度也异常快，安禄山先升为偏将，结果所向披靡，无人能敌，加上他善于溜须拍马、琢磨人心，很快被张守珪收为养子，并因军功而加赏员外左骑卫将军，充职衙前讨击使。而史思明则因军功被奏封为折冲都尉，掌管折冲府事。

对这样的青年才俊，张守珪也有提拔之心，所以给了安禄山入京奏事的机会。这正是他年轻时被重用的契机，如果安禄山抓得住这次机会，同样可以平步青云。张守珪对安禄山的爱护可见一斑。不过，安禄山入京奏事没引起什么赏识，反而引来宰相张九龄的一句评价。张九龄对他的同僚裴光庭说：“日后乱幽州者，必此胡也。”

虽然张九龄一贯识人，可这话传入张守珪的耳朵里时，却被张守珪嗤之以鼻。为什么张守珪那么自信呢？原因很简单，安禄山这个人对张守珪异常的敬畏和尊重。安禄山天生肥胖，因为这一点常被张守珪当面嫌弃，安禄山畏惧张守珪的威望和权势，吓得经常不敢吃饱饭，生怕又惹得张守珪鄙视。能够让天生贪吃的安禄山每天不敢吃饱，可见张守珪在其心中虽然不至于是神明，也差不远。这样的人，只要张守珪在，就不可能有机会为乱幽州。

人才已经招揽妥当，兵马也训练好了，张守珪现在只需等边境出现险情，立下大功了。契丹在朝廷治下没多久，就又出了乱子。原本杀死可突干受封“北平王”、“检校松漠州都督”的李过折被他的部下涅礼杀掉，其儿子也只剩下跑去安东都护符避难的刺乾。

涅礼为了不激怒朝廷，也为这事上了书，说：“李过折这人凶狠残暴，让众人每天惴惴不安，被逼无奈才杀了他，请陛下恕罪。”唐玄宗对边疆羁縻部族秉承一贯息事宁人的态度，认可了这个继承事实，封涅礼做了松漠都督，但还是写了封敕旨批评一番：“你们这些番人一贯对君长不怎么尊敬，我早就知道了，不过李过折好歹是朕亲封的王，你觉得他不好就杀了，那这王位也太难坐了点。你今天能杀李过折，就不怕日后有人效仿，反过来杀了你？你也要早点提防，不要只顾着眼前开心。”

其实归根结底一句话，唐玄宗和朝廷重臣并不在乎谁做契丹王，只在乎这契丹王是不是对朝廷效忠。领会了这层意思，涅礼表现得非常积极。开元二十三年年末，突厥带兵东侵，妄图重新让奚族、契丹臣服于它，被涅礼和奚酋李归国一同击败。

尽管涅礼已经获得了朝廷认可，但他却没有放过李过折旧部。因为在开元二十四年，有一部分契丹和奚人再次起兵作乱。张守珪命令平卢衙前讨击使安禄山率军平叛，安禄山却毁了张守珪百战百胜的名声。或许是因为赫赫战功而轻视敌寇，也或许是急于表现自己领军作战的才能，安禄山这一次孤军深入，出师不利，被打得大败而归。

虽然安禄山是张守珪的养子，但其罪行按律当斩，张守珪为做表率，也不便包庇。为了给安禄山一条活路，只得将他捆起来，连同罪状一齐送去京城，等候发落。张九龄早已对安禄山有成见，直接批示：“当年司马穰苴大军出征，斩齐宠臣庄贾；孙武治军行令，杀了宫中嫔妃。古代的名将在确立威信严肃军法时，虽然是桀骜不驯的宠臣，也免不了被杀头，张守珪要是想保持军令严整，安禄山这个死罪，就万万不能免。”

但玄宗看了张守珪的奏报，知悉安禄山骁勇异常，起了爱才之心，觉得就此杀了有些可惜，下敕令免安禄山的死罪，削去安禄山的官职待遇，让他除去官袍，以平民身份在军中效职赎罪。张九龄在此事上不愿善罢甘休，坚持说："安禄山失军律，丧失部伍，法理上没有不杀他的理由。而且臣看他貌有反相，如果今天不杀，以后必为朝廷后患。"

唐玄宗对张九龄的固执尚可忍耐，然而对他坚持的理由就无法接受了："你可不能为了效仿王夷甫对石勒的先见之明，就把安禄山这种忠良枉杀了！"

王夷甫，就是晋朝名臣王衍，曾见到十四岁的石勒时就断定此人将为天下祸患，被世人称赞善于鉴人。唐玄宗出言嘲讽张九龄的判断，可见在此事上的坚决，最终安禄山还是被赦免了。

安禄山违反军法，却没有得到应有的处罚，固然是因为张守珪和玄宗爱惜他的能力和才干，但在幽州、平卢的将士们看来，就是另外一层含义了：只要你能捞到战功，即使是犯下大错，也可能会被赦免。简单来说，只要你有才能，就是有功则赏，有过则免。这么诱人的条件，使得边疆的将帅谁不想表现自己，博取更高的功名官爵？

这样的环境，难免会造成贪图军功、擅开边衅的恶劣结果。关于过度赏赐边臣造成擅开边衅的恶果，开元初期的名臣姚崇、宋璟等曾向玄宗谏言过。他们不仅反复上书劝谏，还在朝政的实际处理中坚定执行这一方针。开元四年（公元716年），从武则天时代就一直威胁唐朝边疆安全的突厥默啜入侵昭武九姓胡拔曳固，因为太过轻敌，被截击斩杀。这应该算是大功一件，当时在拔曳固负责事务的入番使郝灵佺把默啜的首级传送到京师，一门心思等着玄宗的赏赐。可当时的宰相宋璟却不以

◎ 唐玄宗

为然，他认为当时的玄宗才三十一岁，年轻气盛，如果让他沉浸在好大喜功、夸耀威武的恶劣习惯中，恐怕对国家不利，所以有意压抑这件事。一直到第二年，才勉强给赫灵佺区区右武卫郎将的封赏，气得赫灵佺郁忿不已，绝食而死。为什么这些名臣宰相那么压抑边将功赏，甚至气死为国效力的功臣也在所不惜？

贞观年间的名臣魏征的一段话非常明确地解答了这个问题。魏征曾谏言唐太宗："今若利其土地（高昌）以为州县，则常须千馀人镇守，数年一易，往来死者什有三四，供办衣资，违离亲戚，十年之后，陇右虚耗矣。陛下终不得高昌撮粟尺帛以佐中国，所谓散有用以事无用。臣未见其可。"

大唐的边疆区域，若是都收归州县管辖治理，那就要派遣士卒镇守。派遣军队要有衣粮酱菜之类的供应负担，还要损失足以为社会建设作贡献的劳动力，如此坚

持不了多久，边疆区域的人力、物力就会消耗殆尽。朝廷不能从边疆穷苦的地方获取一丝一毫的财富供养朝廷，却要付出中原地区的人力、财力去供养边疆，是把有用的资源投到了无用的行为中去，是极大的浪费。

用中原的人力、财力去开拓无用的边疆，在以治世为己任的文臣眼中相当不智。可到了开元后期，安禄山的免罪，却预示这种擅开边衅的行为即将挣脱牢笼。

六 妄开边衅盛世颓

开元二十四年的唐玄宗在位日久，渐渐自满，对政务越发倦怠。张九龄依旧无论事情大小，都要跟唐玄宗直言明谏，甚至据理力争，再加上口蜜腹剑的李林甫一直在玄宗面前中伤他，玄宗对他的不满日益加深。待到李林甫推荐牛仙客给玄宗时，玄宗对张九龄的百般阻挠已忍无可忍，遂解了其职。从此，朝堂上就只剩下口蜜腹剑的李林甫和唯唯诺诺的其他官员，再无人跟玄宗争执。

开元二十五年，张守珪找到机会领军出讨契丹叛乱的余党，在捺禄山大败敌军，俘获丁口、财货不计其数，却没有得到什么特别的奖赏。

开元二十六年，张守珪的两员裨将赵堪、白真陀罗假称奉命到营州视察，他们对时任平卢军使的乌知义有些不满，认为其对剿灭奚族叛众的工作很不积极，要求乌知义主动出兵到湟水北岸，趁秋收之际，破坏他们的庄稼禾苗，截击叛军余众。

乌知义在平卢军中日久，已经有些圆滑，认为敌情不明，贸然出兵未必能有好结果。可白真陀罗为求自身功劳，假称这是张守珪的命令，坚持如此。乌知义深知自己以前有临阵脱逃的不光彩记录，如果这次再违背张守珪的命令，必定会被斩杀以徇军法。百般无奈之下，只得出兵。

乌知义带平卢的骑兵越过湟水，对正在收割庄稼的奚人一通穷追猛打，倒也小有收获，但随后就有大股敌寇闻讯而来，四面袭击唐军。乌知义的部队招架不住，仓皇逃窜，被奚人杀伤不少，反胜为败。事情闹成这样，就有些难收场。一心想求功的白真陀罗显然有罪无功，平卢军使乌知义倒是对此次败仗没多大责任，但张守珪却摆脱不了御下不严的干系。

一心想靠军功重博相位的张守珪，对这种飞来横祸无法容忍，他利令智昏，将这一次失败隐瞒下来，在战报上将乌知义的败退描绘成大获全胜。功高望重的张守珪居然也重蹈薛楚玉的覆辙，幽州的军将和僚属对这一点诧异不已，导致这件事情闹得沸沸扬扬，直到被传入京城。

唐玄宗听到这个消息也非常吃惊，为了查证事实真相，他派遣当时的内谒者监（宦官官职）牛仙童去幽州调查此事。牛仙童到了幽州，张守珪早已备下厚礼。牛仙童见张守珪那么懂规矩，就跟张守珪一同合计，将整件事情全部归罪到自作主张的白真陀罗头上。张守珪为了避免事情越闹越大，干脆逼白真陀罗自缢而死。

事情到这一步，已经足以勉强糊弄过去。即使仍然有些疑点，但玄宗已经不想再追查下去了，只要能堵住悠悠众口，就无伤大雅，毕竟他还是不愿失去张守珪这个能干的将帅。可惜事不遂人愿，牛仙童因为备受玄宗宠信，给其他内侍宦官带来了压力，这些宦官联手一同告发了牛仙童收受贿赂的事情。

这下，牛仙童收受贿赂为张守珪遮掩的罪行再也瞒不住了。玄宗异常愤怒，命宦官杨思勖处决牛仙童。杨思勖是一个凶狠残暴的人，虽是个太监，却经常领兵征讨，且百战百胜。他曾将安南的叛匪杀得干干净净，全部封为京观（古代为炫耀武功，聚集敌尸，封土而成的高冢）。每次战胜，他都会把抓来的俘虏剥掉面皮、头皮，露出脑浆公开示众，吓得麾下将士无人敢正眼看他。

◎ 京观

把牛仙童交给这样一个人处理，显然下场极其凄惨。杨思勖先把牛仙童捆起来，打了几百军棍，打得血肉模糊、骨断筋折，然后再用尖刀活生生剜出心脏，最后把牛仙童的肉切成片，生吞了。

古人讲究死留全尸，以这样的方式惩罚牛仙童，可见玄宗对其恨之入骨。如果仅仅只是收受贿赂、隐瞒败状，应当不至于如此被玄宗憎恨，因为贪污巨万的赵含章、“反败为胜”的薛楚玉都没有受到如此严厉的惩罚。玄宗究竟为什么那么恨牛仙童？同样犯了罪的张守珪是否也会遭遇这样的惨状？

张守珪，没有被处死，仅被贬职为括州刺史。括州，今浙江温州、丽水一带，在盛唐已经不算穷，跟流放没有关系。虽然是有旧功抵罪，这处罚也异常轻。由此可见，唐玄宗之所以憎恨牛仙童，倒不完全是因为他收受贿赂帮张守珪掩饰罪行，而是恨牛仙童没能将这件事掩好，因其争宠，使得自己的爱将张守珪也被牵连进来，让唐玄宗没办法保全张守珪的将位和声名，所以才将其交给杨思勖这样的魔头处置。

张守珪被贬斥到括州，异常难受。他也察觉到了玄宗对他的格外关爱，想起自己为了追逐军功、相位而做的荒唐事情，毁了自己的一世英名，也让那些敬仰、爱戴自己的人失望了。想起这些，他心中郁愤难当，虽然屡次想继续戴罪立功，重新振作，却难逃心魔的纠缠，到任没多久，就背发毒疮，抑郁而死。

当时，著名诗人高适的族侄式颜正好被试图东山再起的张守珪招为幕僚，于是高适就赋诗一首。时人对张守珪的爱戴和惋惜之情，尽在其中：

宋中送族侄式颜

大夫击东胡，胡尘不敢起。
胡人山下哭，胡马海边死。
部曲尽公侯，舆台亦朱紫。
当时有勋业，末路遭谗毁。
转旆燕赵间，剖符括苍里。
弟兄莫相见，亲族远枌梓。
不改青云心，仍招布衣士。
平生怀感激，本欲候知己。
去矣难重陈，飘然自兹始。
游梁且未遇，适越今何以。
乡山西北愁，竹箭东南美。
峥嵘缙云外，苍莽几千里。
旅雁悲啾啾，朝昏孰云已。
登临多瘴疠，动息在风水。
虽有贤主人，终为客行子。
我携一尊酒，满酌聊劝尔。
劝尔惟一言，家声勿沦滓。

开元二十七年，东窗事发的张守珪因罪去职，唐玄宗命御史大夫李适之兼任幽州大都督府长史、知节度事。李适之是太宗年间废太子李承乾的孙子，性格粗疏，凡事不求苛细，却很精悍能干。他好饮酒，能饮酒一斗不乱，晚上摆酒设宴，早晨起来批判公务，工作效率丝毫不受影响。这样性情疏简的上司，让手下人感觉不受约束，办起事来轻松自如，也能够更好完成任务。当然，这也让那个畏惧张守珪到不敢吃饭的安禄山放开了手脚。

开元二十八年，安禄山被提拔为平卢兵马使。开元二十九年，安禄山加封特进，刻意逢迎当时的河北道采访处置使张利贞，并重金贿赂他身旁的亲信，让其在回京奏报时对自己的才能赞不绝口。唐玄宗听到这些虚妄的夸奖，额外提拔安禄山为营州都督、充平卢节度使，知左厢兵马使、度支、营田、水利、陆运副使、押两番、渤海、黑水四府经略使，顺化州刺史。从此，安禄山正式成为天下八大节度使之一，手握兵马、财权、人事等权力，开始了他在边疆节镇的胡作非为：

他先是重拾老友史思明的故技，经常骗已归顺朝廷的奚、契丹部族前来营州宴饮，然后把来参加宴会的两番抓起来杀个干干净净，上报说是自己的战功缴获。屡次三番之下，逼得已经和亲的契丹、奚杀掉朝廷赐封的公主，再举叛旗——这又成了他制造军功的机会。

安禄山贿赂勾结河北道的黜迁使席建侯，让席在玄宗面前将自己夸得公正无私、严正奉法；随后又抱紧右相李林甫的大腿，坑害排挤掉自己的顶头上司李适之，进而掠取了河北道、幽州的实际兵权。

他多次借联合用兵剿寇的名义扩充实力，试图吞并同僚如阿布思等人的兵马，造成边疆部族被迫与朝廷反目。

在玄宗和贵妃面前不惜形象，各种曲意献媚，甚至用三百五十多斤的肥壮身躯跳胡旋舞，只为求得更多权力和兵马。

……

诸多乱行让安禄山这个逢迎谄媚的胡儿，在垄断东北的军阀道路上渐行渐远。最终，天宝十四年十一月初九，身兼范阳（幽州）、平卢、河东三镇节度使的安禄山伙同各族兵马号称二十万，起兵反唐，攻入两京，将繁华至极的开元盛世变成了过眼云烟。

是对安禄山的放纵，酿成了这般苦果。有人将缘因归结于玄宗晚年志得意满，对政事的懈怠；也有人归结于杨贵妃媚上贪宠、唐玄宗无心朝政；甚至有人认为是杨国忠等人对安禄山的屡屡怀疑和逼迫，让安禄山走上了不归路。

这些都是造成安史之乱的重要原因，却不是真正的决定因素。

纵观开元年间历任幽州节度使，赵含章贪功冒进、贪污巨万，薛楚玉部署轻率、曲笔成败，张守珪渴求功名、晚节不保，安禄山巧言厚赂、聚兵谋反。这些节度使的行径已表明，在歌舞升平的开元盛世，屯聚重兵、垄断北疆的大唐边关重镇幽州，却并不能牢固地掌控在朝廷手中。

在信息落后的古代社会，交通不便，既要节省人力、财力避免国防事业成为社会负担，又要将渐成一体的边镇军权把持在君王和国家掌控之中，是非常难的事情。这就导致各位节帅独揽大权，使他们有收受贿赂、贪污盗窃、贪功冒进、伪饰边功等恶行的机会。朝廷虽然有采访处置使或黜迁使等监察官员发掘这些罪行，可监察人员也会被财富、功名连累，走上同犯的道路。

对开元年间日渐繁盛的大唐而言，生活上的安乐让帝王和两京百姓对边境的军事胜利越发渴望，经济和国势的增长也让他们不吝代价追求胜利，所以，他们忘乎所以地加强边疆军事势力，给予将帅更多权力。将帅名利双收，在朝堂上拥有更多话语权也是必然趋势，一旦有人居心叵测，就将给兵权倒挂的大唐带来致命伤。

张守珪当年孜孜不倦以功入相没有成功，继任者安禄山就转而以兵变篡夺天下。对功名利禄的追逐，千百年来的能人志士从来不曾停歇，也永远不会懈怠。一旦正常的体制不能给这些人合适的封赏，他们就会打破陈规，破坏制度，建立新的利益分配制度。基层人才的进取之路被严重堵塞，才是安史之乱的真正原因。

“福兮，祸之所伏；祸兮，福之所倚。”以开元盛世为镜，当知必有天宝之乱。中国历史上因此而引发的悲剧比比皆是，作为历史文化继承者的我们，万万不可遗忘祖先以血与火写就的教训。唯有居安思危，方能有备无患。

“三吏三别”之前的故事

灵宝惨败与潼关陷落

作者：廉震

很多年前的一个暮春，“诗圣”杜甫孤身一人逃离战火不绝的河北，沿着官道赶路，打算先借道关中，再越秦岭、大巴山道后与避祸蜀中的家人团聚。在某个阴暗的下午，诗人的内心也同天空中的层层乌云一般沉重。昔日商旅繁茂的大道上已经罕见行人，几支急匆匆驶过的车队也是为前线送粮饷或甲杖的。道旁本为路人遮阴避暑的杨柳，因被饥民剥去树皮充饥而全部枯死。

夜晚的集镇，万家灯火为森森鬼火所代替，杜甫想起前年从这条路上经过时，客商往来不绝，道旁人口繁密，而现在呈现在眼前的却是一片废墟。造成这一切的原因都是胡人将领安禄山发起的叛乱。战火烧遍了帝国北部，中国的经济文化重心也因此转移至南方。

战乱不仅毁了无数斗升小民的平静生活，更让帝王家蒙难——唐明皇最宠爱的杨贵妃命丧马嵬驿，玄宗与肃宗父子反目——正所谓“双悬日月照乾坤”。数年后，李隆基再次返回他所居住的大明宫，亭台楼阁还是那样雄伟壮美，然而，已身为太上皇的他，身影却不见往年的意气风发，只剩下苍老与孤独。

当然，此时的杜甫并不知道这些帝王事。他在考虑的是，如何平安完成归途。身上的鱼符和公文可以应付征夫拉丁的官吏，但孤身一人的诗人，必须躲避那些被打散的匪兵劫道。日暮时分，杜甫终于找到了可以借宿的人家——一户老夫妻，家中除了夫妻二人外，只有小孙儿与儿媳。入夜不深，官吏又来捉人服役。老翁虽然逃脱，但老妇却被抓去急应军役。

一男附书至，二男新战死。
存者且偷生，死者长已矣！
……
天明登前途，独与老翁别。

在杜甫写作这首《石壕吏》的前一年，也就是公元758年，郭子仪、李光弼等九位节度使为平息安史之乱，率兵20万围攻安庆绪（安禄山的儿子）所占的邺郡（今河南安阳），最终却惨遭败绩。邺城的大败让唐王朝慌不择路：将老人孩子送上战场，卑躬屈膝求回纥出兵平叛。此时的唐王朝再也不能恢复以前的强盛；藩镇割据之势已成，中央不但丧失了颜面与震慑四方的威仪，也丧失了至关重要的军事与经济实力。而这一切，都始于潼关失守。

可以说，潼关的陷落让唐帝国几代皇帝呕心沥血守护了上百年的盛世就此烟消云散，也让那个时代最伟大的城市——大唐京师长安首次为战火所蹂躏。潼关的陷落，或许也注定了长安将被数次攻破的命运。

— 潼关之险

士卒何草草，筑城潼关道。
大城铁不如，小城万丈余。
借问潼关吏，修关还备胡，
……
哀哉桃林战，百万化为鱼。
请嘱防关将，慎勿学哥舒！

潼关，号称关中平原的西大门，古为桃林塞，相传夸父追日时，弃手杖于此地遂成百里桃林高地。汉末三国时期，为西

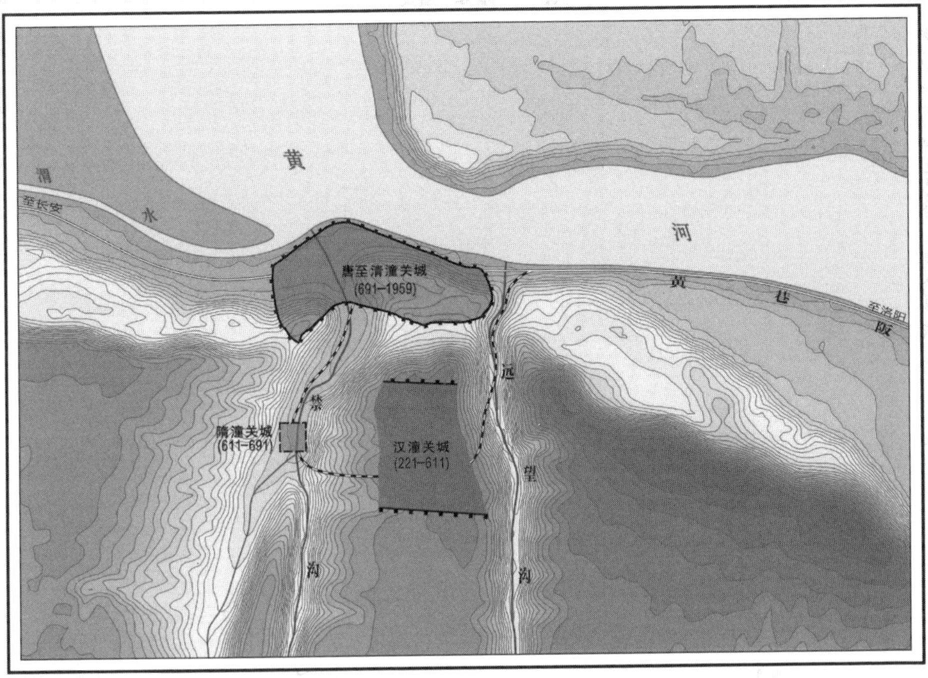

◎ *潼关历史变迁图（绘制：王晓明）*

制关中、抵挡来自凉州的马超，曹操特在关中平原东口营建了关城。

在此之前，秦汉只能东出函谷关才能沟通关中与中原。然而汉末时，马超起兵攻伐曹操势力所占之关中，曹操嫌函谷旧道狭窄，为满足日益增加的军需，故发动人员在秦函谷关侧面凿山开路，导致秦函谷关失去了控制道路的基本功能；再加上千百年来黄河流水对河岸的侵蚀，河岸滑坡形成新的通路，秦函谷关逐渐被废弃。在这样的背景下，为控制崤山道和钳制马超（控制崤山道最西端出口），曹操营建了在之后两千年间作为关中东大门的潼关。

南北朝末年，北周军队就是多次从潼关东征中原，攻灭北齐的；隋末统一战争，秦王李世民亲率大军东出潼关，战胜窦建德、王世充两大势力，一举克定崤山以东。潼关对关中本位政治势力来说，不但是安全的屏障，更是武勋的象征。

因此，我们可以清楚看到，潼关在军事上对唐王朝的意义有多么重大，唐王朝一定会尽全力增强潼关的防御力。三百里崤山最西端的潼关，其后便是毫无防备能力的关中八百里沃野。如果不能在潼关彻底阻挡住敌军的脚步，整个关中就会陷入战火，而关中核心——长安城自然也不能幸免。如果真的遇到潼关被破的局面，大唐朝廷只能紧急转移。渭水之盟之所以被李世民视作奇耻大辱，其根本原因就在于：城下之盟使关中变成了突厥兵锋下的鱼肉。卧榻之侧岂容他人鼾睡？！

然而，单从防御的角度看，潼关关城所处位置并非三百里崤山中最适合营建关隘的地点。秦代函谷关的位置可谓最好的防卫地点：背靠虢州（今河南灵宝市）为后盾，前有山河之险（由于黄河流水对河岸的侵蚀，造就了新的道路，秦代函谷关已失去作为关隘的作用，无法控制交通要

◎ 突厥骑兵

道）。甚至坐落在新安的汉函谷关的位置都比潼关好，它能为关中地区争取更大的防御纵深，将整个崤山山地彻底变为防御的后方。

但只看到关隘"塞"的一面是远远不够的，还应看到其"途"的一面。潼关修建之初最为重要的一个任务，便是在交通与后勤上支持曹操军在关中的战事。三国到北朝的数百年间，潼关不但完全控制了陆上道路，还控制了渭河——黄河水运。

潼关关城的存在，不但扼守住了陆路交通，同时也有效控制了风陵渡这个重要渡口。对金庸小说《神雕侠侣》比较熟悉的读者，应该不会对"风陵渡"感到陌生，这在历史上也赫赫有名。高欢攻伐关中利用过风陵渡，北周在晋南地区与北齐的一系列战役，更有赖于风陵渡作为重要的后勤节点。当然，无论是潼关还是风陵渡，在隋末大乱和唐统一战争中都发挥了巨大的作用。如果我们把视线再推向更加久远的时代，可以发现春秋五霸之一的秦穆公也与风陵渡有着不解之缘。泛舟之役中，风陵渡所在地是重要的转运中心，孟明视雪耻的王官之战，秦军也是在风陵渡一带渡河的。

隋唐开凿的大运河与今日的线路大有

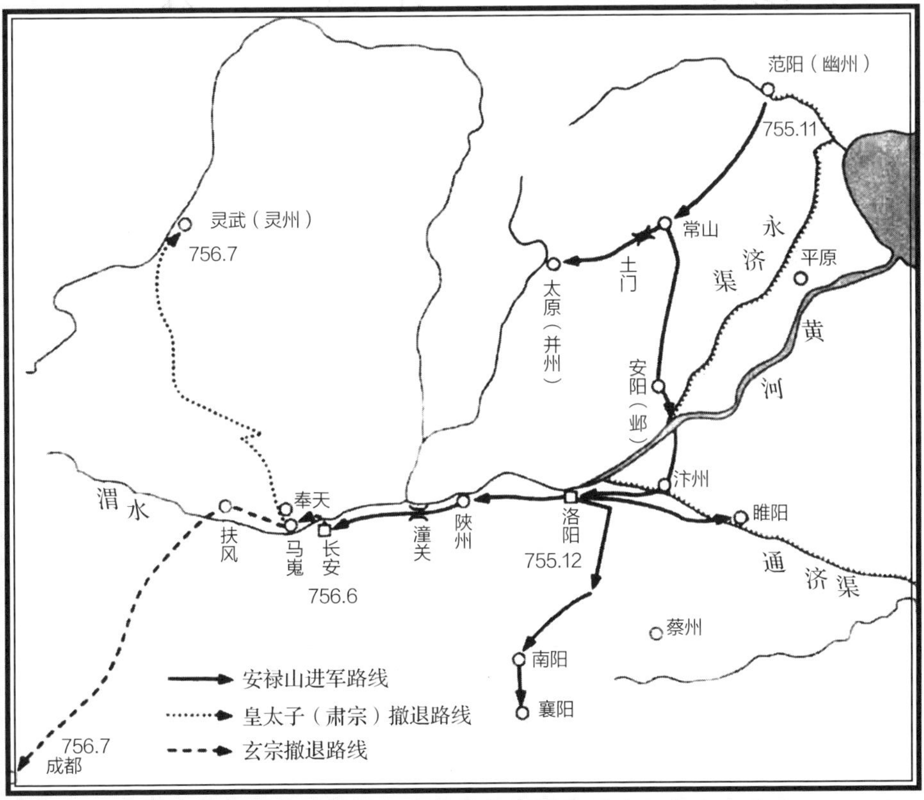

◎ 安史之乱叛军进攻路线图

不同，其主要的目的是为了向长安输送物资。首先，江南各地生产的物资被调集至扬州，在扬州进行编组后出发，沿着运河北上，过睢阳而后可以走汉水或继续北上汴梁。一般来说，通常走汴梁转运较方便，而后再逆流西行，将粮食物资储存在洛阳附近的含嘉仓（当时天下第一粮仓）。这也是隋炀帝比较重视东都洛阳的原因。后来，武则天时期的“就食洛阳”多半也是出于这个原因。含嘉仓的物资可选择陆路或水路路过崤山之地进入关中。延汉水输送的物资则在汉中暂时储存，与蜀地益州出产的物资调配，一起翻越秦岭再输送到关中。由此可见，除军事意义，潼关对唐帝国还有重要的政治和经济意义。

然而，唐天宝十四年，却有一个人试图撼动潼关这块“帝国之锁”。他就是——安禄山！史册对其出身的记载是“杂胡”，只知其母是突厥族女巫，不知其父是何人。安禄山号称盛唐时最会跳胡旋舞的胖子。天宝十四年十一月以前，谁要对唐玄宗说“安禄山有谋反的野心和迹象”，肯定会被当作笑谈。最受宠信的杨国忠出于私心，数次进言“安禄山必反”，玄宗认为这是将相不和，不予理睬。结果弄得所有“安禄山要造反”的话，对李隆基而言都是“狼来了”。

所以，安禄山叛乱的消息初到长安，唐玄宗还一度当是谣言。直到十一月十五日，确知安禄山已向南进军时，唐玄宗才从太平盛世的迷梦中惊醒，仓促部署防御安禄山。他先让名将封常清、高仙芝领兵御敌，无奈双方实力相差太大，唐军一路败退，洛阳失守，只得退守潼关坚壁不出。

安禄山叛军初期为何能摧枯拉朽?

当时，唐朝募兵总数约为四十九万，号称中国古代扩张转折点的怛罗斯之战，唐军兵力也不过“蕃汉三万”，即加上从当地强征的外族兵力，唐军总兵力也不过三万人，其中正规唐军不到两万人。考虑到唐军编制，远征怛罗斯的唐军应该是一个相对满编的“军”（一万两千五百人），以及一些辅助部队。而整个西域与北庭都护府仅各有兵力两万四千人。参考唐军编制方式，两万四千人是两个不满编“军”的野战军（由于西域战争频发，各部队难以达到满编）编制外加一定数量的驻守部队。在西域方向，唐军共有四个军，四万八千人。

而安禄山则有十五万人以上，占了唐王朝正规军总兵力的三分之一，还有半数的战马在他控制下。在兵力上，能与安禄山抗衡的只有河西陇右节度使，其部队是对付吐蕃人的主力，总兵力在十六万以上，但王忠嗣死后没有统一领导，安禄山充分利用了唐军布局的弱点打了个时间差。大唐最为精锐的安西军远在西域。剑南和岭南道的唐军实际上由于距离因素也是很难回防的。关中本身更是因府兵制度的瓦解，募兵困难，无兵可用。

叛乱前，安禄山做了大量准备，其准备之充分堪称“前无古人，后无来者”。安禄山先利用唐玄宗的信任，兼任了范阳、平卢、河东（遥领）三处节度使（由于东北边患较为严重，这三个地方不但兵力雄厚，士卒久习战事，有很强的战斗力，还招募了契丹、同罗、奚族等胡族士兵）。后来，安禄山又利用制度和唐玄宗的盲目信任，掌握了地方财权，更利用篡取的人事权将麾下统兵将领换为自己亲信，牢固掌握了统领下的军队指挥权。

安禄山掌握的唐政府正规军如下：范阳九万一千人、平卢三万七千五百人、河东大同军九千五百人，共十三万八千人。另外，尚有部分或可能全部掌握的正规军：河东天兵军、大同军以外兵力，约两万五千五百人。可见，安禄山掌握的唐王朝正规边军在十五万人以上。仅从这方面来看，历来造反者，无人可与安禄山相比。

那么，唐代节度使为何具有如此强大的实力？

节度使正式设置于睿宗时期，初期只是将之前不常设的“行军总管”之职与“都督州”建制固定化。节度使最初的任务是提高边境地区的军队战斗力，唐朝进入全面扩张期后，由于长征之兵日益增多，节度使的职权也逐渐发生了变化。

节度使本来设置于边境地区，目的是防御外来强敌，保障边陲安全。玄宗开元年间，全国亦只有安西（驻地在今新疆维吾尔自治区库车）、北庭（驻地在今新疆吉木萨尔破城子）、河西（驻地在今甘肃武威）、朔方（驻地在今宁夏回族自治区灵武）、河东（驻地在今山西太原西南）、范阳（驻地在今北京）、平卢（驻地在今辽宁朝阳）、陇右（驻地在今青海乐都）、剑南（驻地在今四川成都）等节度使和岭南五府经略使（驻地在今广东广州）。

单从表面看来，节度使制度与东罗马帝国鼎盛时期实行的总督军区制有相似之处。两者都是在边疆地区加强军事长官权利，划分边境军区，地方军依靠地方财

◎ 唐代骑兵形象

力支持，兵员也均在当地征募。

总之，节度使不但拥有战时直接指挥部队的军令权；更掌握着包括自主征募士兵、扩充编制、打造兵器、后勤补给、物资调集等兵政权。宋代吸取前朝藩镇割据的教训，以枢密院统军令权，兵部掌兵政权；明代则以大都督府（后因大都督府权利过盛，皇帝自觉难以统御，遂分化为五军都督府）执掌军令权，兵部负责兵政权；而现代国家，兵政权掌握于文官负责的国防部，军令权则由军人组成的总参谋部来掌握。

节度使制度最大的弊端在于，他不仅掌握着地方的军事权，还掌握着地方行政、财政、司法、人事等本应属于地方政府的权力。可以说，节度使治下的基本是一个独立王国。当然，这些权力也是节度使们在一个比较长的时期内逐渐合法或非法取得的。

但真正使节度使失去控制的原因是，李隆基破坏了原可制衡节度使的制度。节度使的任期由固定年限逐渐变成了终身任职，导致节度使可在地方经营自己的势力，掌握军权、财权、政权。

在面对有较大边防压力的边境州府中，这套方法能有效抵御外敌入侵。边疆军事长官权力集中，有能力加强边防军团的战斗力（兵力、武器装备方面）。地方军事实力较强，可以随时应对外敌的大举入侵。藩镇在其发挥作用的百年内，一直能够有效对付边疆民族的入侵。但随着募兵制的产生，问题也就出现了。因为在征召士兵看来，军饷是节度使发的，节度使是他们的衣食父母，是他们效忠的对象，他们自然会毫不犹豫执行节度使的命令。

然而，藩镇节度使权力太大，中央很难制约他们，而且，权力生腐败和野心，虽然节度使起先都是绝对的忠臣，但政治斗争中并无忠臣一说！再忠于朝廷的人，也会变为只知维护自己利益之徒。一旦节度使认为自己有能力和中央对抗，往往都会反叛！在封建社会，造反这件事不是看将领有没有想法，而是看将领有没有这个能力。即使将领自己不想造反，也很有可能为形势所迫而造反。其实，制度缺陷才是安史之乱的根本原因！

◎ 唐代穿绢甲的武士陶俑

天宝十节度使

范阳节度使，临制奚、契丹，治幽州（天宝时为范阳郡），统辖经略军、静塞军、威武军、清夷军、横海军、高阳军、唐兴军、恒阳军、北平军，管兵九万一千四百人。天宝时，节度使为裴宽、安禄山。

平卢节度使镇抚室韦、靺鞨，治营州（柳城郡，今辽宁朝阳），统辖平卢军、卢龙军、榆关守捉、安东都护府，管兵三万七千五百人。天宝时，节度使为安禄山。

河东节度使防御突厥，治太原府（今山西太原西南晋源镇），统辖天兵军、大同军、横野军、岢岚军、云中守捉及忻州（定襄郡，今山西忻州）、代州（雁门郡，今山西代县）、岚州（楼烦郡，今山西岚县北）三州郡兵，管兵五万五千人。天宝时，节度使为田仁琬、王忠嗣、韩休琳、安禄山。

朔方节度使捍御突厥，治灵州（灵武郡，今宁夏灵武西南），统辖经略军、丰安军、定远军、东受降城、中受降城、西受降城、安北都护府、单于都护府，管兵六万四千七百人。天宝时，节度使为王忠嗣、张齐丘、安思顺。

河西节度使断隔吐蕃、突厥，治凉州（武威郡，今甘肃武威），统辖赤水军、大斗军、建康军、宁寇军、玉门军、墨离军、豆卢军、新泉军、张掖守捉、交城守捉、白亭守捉，管兵七万三千人。天宝时，节度使为王倕、皇甫惟明、王忠嗣、安思顺、哥舒翰。

安西节度使，又称四镇节度使、安西四镇节度使，抚宁西域，治龟兹城（今新疆库车），统辖龟兹、焉耆、于阗、疏勒四镇，管兵两万四千人。天宝时，节度使为夫蒙灵曜、高仙芝、王正见、封常清。

北庭节度使，防御突骑施、坚昆（黠戛斯），治北庭都护府（治庭州，今新疆吉木萨尔北破城子），统辖瀚海军、天山军、伊吾军，管兵两万人。天宝时，节度使为来曜、王安见、程千里、封常清。

陇右节度使备御吐蕃，治鄯州（西平郡，治今青海乐都），统辖临洮军、河源军、白水军、安人军、振武军、威戎军、莫门军、宁塞军、积石军、镇西军、绥和守捉、合川守捉、平夷守捉，管兵七万五千人。天宝十三载又于鄯、廓、洮、河四州之西增置宁边、威胜、天成、振威（吐蕃雕窠城）、神策、金天、武宁、曜武八军。天宝时，节度使为皇甫惟明、王忠嗣、哥舒翰。

剑南节度使西抗吐蕃，南抚蛮僚，治益州（蜀郡，今四川成都），统辖团结营、天宝军、平戎军、昆明军、宁远军、澄川守捉、南江军及翼州、茂州、维州、柘州、松州、当州、雅州、黎州、姚州、悉州等州郡兵，管兵三万九百人。天宝时，节度使为章仇兼琼、郭虚己、鲜于仲通、杨国忠。

岭南五府经略使绥静夷僚，治广州（南海郡，今广东广州），统辖经略军、清海军，直辖广管诸州、兼领桂、容、邕、安南诸州郡兵，管兵一万五千四百人。天宝时，裴敦复为五府经略使，至德元载改为节度使。

从节度使的设置上，我们也能看出唐代的军事布局和用兵方向：

第一个要点（平卢、范阳、河东三镇）——北方东线，设立初期是应对东突厥与高句丽，太宗和高宗击破他们后，该方向的主要任务逐渐变成应对新兴的契丹势力。顺便提一句，契丹在唐朝已十分兴盛，武后时代曾给过唐军重击，安禄山的“第一桶金”也是从契丹人身上获得的，契丹人后来也差点在战场上杀死安禄山。

第二个要点（北庭、安西、河西、陇右四镇），北方西线存在最基本目的是守卫长安——关中以西的战略要地，主要目的是争夺对西域贸易要道的控制。前期主要敌人是突厥势力，后期为吐蕃。某种意义上讲，唐建都长安，是由扩张规划决定的——建都长安才能方便争雄西域。值得注意的是，河西与陇右两镇兵力十分雄厚，远强于安西、北庭（当然，这也与补给难度有关，陇右背靠关中，人员与物资调运方便；安西只能依靠当地的产出，想从关中千里转运是非常不现实的）。可以推断，天宝年间，唐朝西方战线的主要思想是防御，而不是进攻。

第三个要点（剑南、岭南），西南战线主要目的还是防御吐蕃从高原直下蜀地，由此可见此时的吐蕃何等兴盛，竟然需要大唐从两个方向上防备。吐蕃能如此兴盛与“圣君”李世民不无关系——文成公主进藏时带去的大量先进技术，让吐蕃的技术发生了巨大变化。似乎事情总是这样，中原王朝将先进技术输送给四方蛮夷，以为可以依靠文明教化四方，但蛮夷们掌握了先进生产与军事技术后的第

◎ 吐蕃甲胄

一件事就是入侵中原。对于中原王朝极力推广的儒家思想，他们只学习了如何加强自身集权统治的内容，而没学习“恭俭礼让”那部分，更不会做到儒生们所期盼的“知恩图报”。

第四个要点（朔方）关中北大门，从秦国设九原郡防备匈奴到汉武帝在“河南地”营建朔方，定都长安的中原王朝都极力维持自己在河套平原的统治，盖因此处对守卫关中地区有重要的军事意义。汉初时匈奴骑兵就是从这里出发，“一日奔驰三百里”突袭关中，甚至焚烧了皇家园林甘泉宫。守卫住朔方，中原王朝就等于在草原插进了一把刀子，强盛时，这里是征伐草原的出发点；衰落时，这里是守卫中原（燕云以西战线）的第一线。

因此，从某种意义上来说，安史之乱就是唐帝国东北边防军和西北边防军的对决。

二 老将哥舒翰

面对叛军咄咄逼人的攻势，“帝国之锁”的防卫工作却是一位因中风而半身不遂的老将负责，他就是哥舒翰。

哥舒翰作为一名老将，在指挥上有着丰富的经验，曾有“北斗七星高，哥舒夜带刀”的美誉。但哥舒翰好饮酒，且饮酒无度，醇酒美人时时相伴，以至身体虚弱。天宝十四年二月，在他入朝面圣的路上，行至土门军时，因为洗澡导致突然中风，昏迷很久方才苏醒。之后，落下半身不遂的后遗症，回京以后，只好闭门不出。

唐玄宗为何选择一位已经半瘫痪的老将来守卫重中之重的潼关，甚至还让他出征攻击叛军呢？莫非武功赫赫的大唐再无可用之将了？

安禄山突然举起反旗，一举占领河北之地。此时，唐朝军事部署的特点是“守外虚内”，内地根本没有一支可以阻挡叛军的部队。唐玄宗仓促布置防御，由于均田制败坏，常年对外征战，关中府兵早已破坏；彍骑等募兵制中央军，由于兵员素质问题，战斗力早已衰落。

此前，高仙芝得到皇帝赐予的禁中钱，招募了关辅新兵，外加原有飞骑、彍骑及朔方、河西、陇右等兵，计五万人，出镇陕县。但封常清的洛阳失守，高仙芝撤往潼关后，李隆基接受不了这样严重的挫折，听信宦官边令诚的诬陷，派人将封常清、高仙芝斩首示众。就这样，朝廷丧失了两员经验丰富的大将，为后面的惊天祸患埋下了伏笔。而新一辈名将李光弼、郭子仪等人，要么陷入与叛军的死战，要么必须防守要地（晋阳），根本无法抽身。

从这里我们可以看到：李隆基非常计较城池土地的得失，并不关心军队的损失情况。毛主席曾经说过：“不在一城一地的得失，而在于消灭敌人的有生力量。存人失地，人地皆存；存地失人，人地皆失。”

这么浅显的道理，边关将领都懂，为何唐明皇不懂？

个中原因，其实上文已经提过。安禄山的十五万精锐大军，一路所向披靡尽得河北州郡，而唐政府此时在内地却没有多少可用的军队。岭南的部队无法回调中原；安西、河西的精锐兵力薄弱，外加路途遥远更是难以指望。而且，当时谁都没有想到战争会持续八年之久。之后，西域唐军被尽数调回，在一定程度上造成西域力量真空，导致唐帝国失去了对西域和中亚的控制。由于缺乏兵力，唐明皇对丧失城池变得十分敏感。

在如此局面下，哥舒翰接受了皇帝的任命。同时，唐玄宗还命令以田良丘充任行军司马，马军指挥王思礼、步兵指挥李承光等人担任副将，领军二十万，赴潼关拒敌。因身体原因难以处理日常军务，哥舒翰遂委任行军司马田良丘主持大局。田良丘不敢独断专行，就让王思礼主管骑兵、李承光主管步兵。偏偏王思礼和李承光素来不和，常常争执不下，不肯好好配合，致使军中号令不一。哥舒翰忧心战事，为了尽快增强新军战斗力，不得已加大训练力度，但统军“严而不恤”，导致唐军士卒不满，士气低落无斗志。幸运的是，依托潼关天险，唐军尚可一战。

从军事地理的角度来讲，古代的首都很难防守，最好不要使都城面临守城战。最佳的方案是拒敌于门外，即利用关隘地形，将敌军彻底阻挡在京畿重地外。因为封建王朝的都城所在地需地势开阔、土地肥沃、农业发达，能够承载一定人口；同时，水陆交通要方便，利于人员和物资的流通。所以，古代都城多地处某一平原的中心地带，又多临近河流，水陆道路网密集。封

◎ 敦煌壁画《张议潮统军出行图》

建国家京畿之地的一个重要功能便是作为统治根基，以相对优势的经济、军事、政治实力"压服"地方。

李唐王朝的统治根基为：以长安为核心的关中沃野和以晋阳为核心的河东之地。一处是关陇军事贵族集团（李家正是其中最重要的一支力量）的根基，一处是李渊起兵前就苦心经营的大本营。从军事上看，关中同时是北方防线和西方战线（与吐蕃等势力争夺西域要道）的大本营；晋阳则是唐王朝北方防线的两大关键支撑点之一（另一个关键支持点就是安禄山所盘踞的范阳，即今天的北京），更是关中势力插入山（崤山）东的一支楔子。从军事地理的角度来讲，关中与河东两地也是互为表里的：失去关中的河东势力难以独支，还会多面御敌；失去河东的关中不但东出无门，还要防备黄河沿线，疲于奔命。

虽然中宗以后唐王朝在财政上越来越依赖南方的物资，然而，作为财赋重地的江南却不能称为其根基——江南的财赋有赖运河漕运，易被切断，且不能动员强大且忠心的军队支援中央。更何况李唐王朝没有设立足够强大的行政中心统御江南。世上虽有"扬一益二"之说，但却是根据商业繁华程度而言的，而不是政治地位。

这里值得详细说明的是：很多封建王朝均源自乱世中的某个割据势力，历经残酷的统一战争后从诸多势力中脱颖而出的。对成功的割据势力而言，其根据地必须满足以下几个要求：粮食产量充足、人口充足、手工业发达，这三者的关系不但是递进的，更是互补的。这几个要求反映在地理上，就是一个适合农业发展的平原地区：农业发达，就能支撑足够多的人口，组建用于统一战争的军队；剩余劳动力充足，手工业才能发达，才能为军队提供兵器装备；经济发达后才能发展文化，为国家提供人才。但仅拥有一个平原是不够的，还需要一定的地利：保证该政权的兵力不会为漫长的防线羁绊，面临外敌时疲于奔命；能够将更多的军力投入统一战争。

这个根据地也就是封建王朝统一后的京畿之地。就认同感与忠诚度而言，京畿之地才是其最大的依仗。比如，刘邦建都长安是因为关中之地，朱棣迁都北京不只是出于"天子守国门"[①]，更多还是因为北京作为自己的封地，经过多年经营后已心腹遍地。

战国七雄中的秦国就是典型的例子——依山河之险且有强兵。而齐国与韩、魏则是一个先天条件不足的反面例子——国境线缺少地利可用。孙膑曾言，齐国的战略应为"必攻不守"，正是针对这一情况——攻势防御，将战争限定在己方可以接受的地域。

俗话说"得中原者得天下"，这句话从军事角度来解读应该是这样的：如果有足够的军事实力控制中原之地，就有了战胜其他割据势力的军力。要知道，中原地

① 天子守国门并非明朝独有，汉唐定都长安实际上也采用了这一策略。对封建国家而言，必须维持一个中央重兵集团和若干边境重兵集团。天子守国门的核心是将中央重兵集团和某一支边境重兵集团合一，这样既节省了很大一部分军费，还能强化中央兵力，震慑地方。

势平广，乃四战之地，民力充足、物产丰富。得中原者得天下——“得中原”并不是“得天下”的必要条件（反面的例子比如王世充、朱温、李存勖），而是某一割据势力自身有能力“得天下”的充分条件（比如隋末李唐灭王世充）。

因此，当敌人兵临都城时，帝国中央机动军团往往已遭重创。无论是皇帝、政府官员，还是一般百姓们，内心都充满了恐惧，很容易在敌方武力恫吓下丧失坚守的信心，或弃城逃跑，或投降以避免遭到屠城。从经济的角度来看，如果敌人已至京师城下，则京畿富庶之地将遭到严重破坏。比如西周末年犬戎入侵，因为丰镐王畿已彻底成为战区，无法给予中央政权在财力与人力上的支持，周平王不得以东迁洛邑。

要想守住这样的政治经济要地，核心在于守住周边作为防卫支撑点的城市与关隘。且守城的核心思想不是闷守——守城要诀是使敌人丧失继续围攻下去的能力与决心。这就需要大量杀伤敌方人员、消耗敌方物资、破坏敌方士气；同时也要减少己方在这方面的损耗。因此，守城的一切安排与行动都必须围绕这个任务来进行。消耗敌方物资最好的办法就是，主动寻找和破坏敌方的储备。

出城逆袭的目的是主动去破坏敌方营地中的军需储备，限制敌方在己方领地中的抄略行动。与多数人的印象相反，除非深入不毛，进攻方在战区内消耗的物资大多依靠抄略获得，而非依靠后方输送。当进攻方大部分物资需要依靠后方输送时，则到达了军事上的“进攻顶点”。铁路公路运输发达的现代，大部分人均难以理解古代在技术条件的制约下，物资（尤其是粮食）在转运途中的消耗是多么巨大。随着运输距离的增长，运输效率会急剧降低，十八日行程需要的运粮民夫和士兵比为1:1，二十六日行程是2:1，三十一日行程则是3:1。《秦汉军队后勤保障问题研究》一书中对陆路转运粮食的的情况做了比较清楚的论述：正常情况下，路途中消耗的粮食与运抵粮食的比例在30:1左右，而在某些情况下——汉武帝远征漠北，这一比例甚至达到190:1！如此巨大的消耗，使得几乎所有兵书都有同样一句教导：“因粮于敌。”

杀伤敌军人员最好的办法就是引诱对方进入己军陷阱——发挥己方的有利地形，例如城中的瓮城或者城外适合伏击作战的地域。进攻方遭受极大损失后军心动摇，不得不放弃围攻。南北朝时代的玉璧之战就强有力地证明了这一点，战国时代墨子和公输班的攻防演示也是这种态势的模拟。冷兵器时代，首都通常无法坚守的一个重要原因就是防守方没有信心对进攻方造成足够的损失——中央重兵集团已被歼灭，无可战之兵——且自身在经济、政治上的损失过大。

同时，守城成功也依仗野战部队的存在。短促反击需要有能野战的精锐部队，敌军围攻失败后撤退之际也需要野战部队追击敌军。攻守结合才能立于不败之地——“大抵战兵在外，守军乃敢坚壁”。守城最初的目的就是为了节省守备所需兵力，充实野战军团，使之可以运用在关键场合；利用地利的目的也在于此。

综上之言，守卫封建帝国都城的重任，必须交给位于都城纵深之前、防卫线重点上、享有地利的军事重镇。位于首都之前的军事重镇在历史上有很多，而且一个首都对应的军事重镇并不只有一个：函谷关之于咸阳，潼关之于长安，大同、山海关之于北京，京口、采石之于建康，河阳、虎牢、新安函谷关之于洛阳，扬州之于南京。这些军事重镇都需要重兵固守。如果没有这些重镇，则需要许多机动兵来防卫京畿地区，北齐、北宋国防失败就在于此。

这里不得不提到日后发生的一个特例，明正统十四年（公元1449年）的北京保卫战。当时，作为中央直属机动军团的三大营精锐尽数葬送于土木堡，文人出身的兵部尚书——于谦临危受命。他以北京城中留守的守备兵力和各地陆续赶到的援兵，成功守卫了大明帝国的京师北京，阻止了"靖康之耻"再度上演。

己方精锐尽丧，敌方得胜之师凭锐气直抵京师城下。纵观历史，这样的形势可以被称作无法挽回的危局，但于谦和他背后的明朝做到了。我们需要认真分析其中的原因。

从战略上来看，北京外围长城防线据点的坚守，虽然未能阻止瓦剌骑兵的进攻——也先大军绕过宣府、大同防线，紫荆关失陷——但为于谦调集兵力、组织北京保卫战争取了宝贵的时间。于谦利用这段时间整顿来自土木堡的溃兵、征募新兵，部分重建了在土木之变中被歼灭的三大营，转运了通州的粮食（这一点相当重要），在北京城内外均建立了防守阵地；同时在全国范围内，紧急征调援军勤王。

从战术角度而言，北京保卫战也体现了于谦对兵法的灵活运用：在德胜门外，利用民居建立以火力陷阱为主的防御工事。于谦先派遣小股骑兵佯败诱敌。也先中计，亲率大批部队穷追不舍。等也先军进入埋伏圈后，于谦一声令下，明军开始反击。神机营火器齐发，铅弹和羽箭如飞蝗般地射向敌军，明军前后夹击，也先部队大败而归。也先的弟弟孛罗、平章卯那孩等将中弹身死。

之后，也先转攻西直门，明军利用城墙上火力奋战击退。瓦剌军又改为进攻彰义门（又名广安门）。于谦命令守军堵塞城外的街巷，在重要的地带埋伏火铳手、短枪手，又派兵在彰义门外迎战。明军前队用火器轰击敌军，后队由弓弩压阵跟进，击退了瓦剌军的进攻。

于谦的守城思想是消灭敌人有生力量；主动派出小队精锐骑兵阻止瓦剌骑兵

◎《北京保卫战》油画

在京师劫掠物资，同时重视新式武器的作用。在防御布置上方便火器发挥其优势，强化了火器的作用。更重要的是，于谦在防卫北京城时，并没有采用死守城池的策略，而是重视城下野战，在火力配合下，以野战大量杀伤敌军。总体上，这极大消耗了敌军人员与物资，并在士气上打击了敌军，深刻揭示了守城作战的原则。

还有一点很容易被大家所忽略——北京城本身就是作为长城防线东线重要据点而建立的，城市建设也是围绕防御展开的，即天子守国门。当然，在林立的城楼与厚实的城墙下，北京城防不是没有缺陷的。通州顺义是防御整个京畿之地的“羽翼”，羽翼一去，北京则成一座孤城。

相对而言，瓦剌大军虽然兵临城下，但他们并没有彻底瓦解京畿地区的防御体系，通州等地尚在明军的控制下。这里提一个反例，山海关大战后的李自成立即放弃北京、逃回陕西最重要的原因是丧失了野战集团，京畿之地并未归心，自然不敢守城而战。

至于天宝十五年的潼关之战，其前期战略态势更类似北京保卫战。当时，安庆绪攻潼关不克，叛军被哥舒翰困在潼关数月，不能西进。安禄山见强攻不行，便命崔乾祐将老弱病残屯于陕郡，欲诱唐军出关弃险野战。五月，玄宗听闻叛将崔乾祐传出的谣言——“兵不满四千，皆羸弱无备”，于是遣哥舒翰出兵收复陕洛。

哥舒翰上书表奏，劝诫道：“贼既始为凶逆，禄山久习用兵，必不肯无备，是阴计也。且贼兵远来，利在速战。今王师自战其地，利在坚守，不利轻出；若轻出关，是入其算。乞更观事势。”所要表达的意思只有两个：敌军兵力空虚的消息是虚假的，潼关的唐军现在战斗力很差，只能防守，无法进攻。

郭子仪、李光弼也认为潼关只宜坚守，不可轻出。他们主张引朔方军北取范阳，覆叛军巢穴，促使叛军内部溃散。

数月后唐肃宗在灵武即位时，他的重要谋臣李泌也曾给出过类似的研判：叛军猖獗必不久，其原因有二，一是参与叛乱的多是异族人，华人寥寥，这说明安史叛乱没有得到中原人的支持；二是叛军把掠夺到的财物全部送回自己偏居一隅的老巢范阳，可见叛军根本没有一统天下的雄心。因此，平叛的方略应该“诏李光弼守太原、出井陉，郭子仪取冯翊、入河东，则史思明、张忠志不敢离范阳、常山，安守忠、田乾真不敢离长安，是以三地禁其四将也”。他反复告诫肃宗“无欲速”，要着眼于长久，目的是要把叛军赶出老巢，一网打尽，不留后患。

这一判断与潼关失陷前李光弼、郭子仪谏言中的策略不谋而合。实际上，出潼关收复洛阳等地这一战略，还有非常重要的军事和政治意义。首先，如果能收复洛阳，关中则会安全很多，不用担心叛军会随时破门而入。其次，收复洛阳可以将战线拉平，震慑不安分者。但问题是，当时的战略态势和军事基础无法实现以上两个目标，这也是哥舒翰、郭子仪、李光弼乃至李泌所一直强调的。

可哥舒翰、郭子仪、李光弼这些富有

建设性的意见却被宰相杨国忠否定了。因为杨国忠怀疑哥舒翰坐拥大军于潼关，想联合太子的势力一起对自己发难。杨国忠的这一判断，可能来自于他与军队系统势如水火的自我认知。被叛军势力和朝廷将领共同嫉恨的臣子，杨国忠算第一人。

安禄山起兵造反原因之一，就是与杨国忠有尖锐的政治矛盾，他们是打着诛杀杨国忠的名号攻城略地。唐王朝平叛军将领也对杨国忠充满怨恨，不但因为其主政时期削弱军方势力，大肆插手军队内部，也因为他是导致高仙芝、封常清之死的间接凶手。最后，哗变的大唐禁军完成了叛军和朝廷将领们一直以来的愿望——杀掉杨国忠。马嵬驿之变，表面上是一场士兵哗变，实质上是太子李亨，宦官李辅国、高力士等策划的一场争权斗争。李亨自天宝五年（746 年）遭到李林甫和杨国忠打击后，极为孤立。杨国忠任宰相后，太子又连遭倾轧。安禄山叛乱时，玄宗本想让太子李亨接替皇位，由于杨国忠及其姐妹反对而未成。后来，朝廷打算“弃京幸蜀”。如果到了蜀中，李亨在杨国忠势力的控制下就更无出头之日了。因此，太子李亨主

◎ 现代画作《马嵬坡》

谋除掉了杨国忠。

在潼关失陷前的那段时间里，与太子李亨的政斗，也使杨国忠非常担心哥舒翰会与太子联合。其实，杨国忠一直与哥舒翰非常要好。可哥舒翰在驻守潼关之初，以假书信使安思顺获罪被杀，家人流放岭南。哥舒翰的这种阴狠毒辣，让素以为了解其行事作风的杨国忠，感到前所未有的意外和惊恐，生怕自己成为其下一个目标，导致两个人关系破裂。杨国忠的恐惧不是无中生有，因为哥舒翰的部将个个做梦都想杀掉杨国忠，经常劝哥舒翰除掉他。比如，哥舒翰的部将王思礼就曾计划在潼关诱杀杨国忠，甚至劝哥舒翰效仿七国之乱时汉景帝诛杀晁错，直接以潼关大军勤王长安，要求唐明皇下诏诛杀杨国忠。只是，哥舒翰认为这样做会成为安禄山第二，并不答应罢了。

因此，杨国忠出于自保决定误导唐玄宗，强令哥舒翰出关。他劝说唐玄宗："哥舒翰按兵不动，会坐失良机。"玄宗轻信谗言，使连续派遣中使催促哥舒翰出战。史书称唐玄宗多次下诏，"使者项背相望"，与宋高宗赵构发十二道金牌召回岳飞的行为颇有"异曲同工之妙"。

以上这些都是史书交待了的原因。各方势力逼迫唐军轻出潼关，背后还有十分深刻的经济原因。我们来看一组数字：唐太宗时，高级文武官员仅642人，唐高宗初增至13465人，唐玄宗时又增至17686人。官员数量的增长意味着，长安城的官员家属数量也呈几何增长；府兵制破坏后，护卫长安城的十几万中央禁军全靠国家财政拨款；大军在陇右、河西等地与吐蕃抗衡，也需要大量粮饷；加上天宝年间达官贵人普遍生活奢靡，导致一年输送进关中的数百万石粮食依然不够消耗。

关中粮食消耗的急剧增长，使得唐王朝越来越依靠从关中以外地区输送来的钱粮物资。潼关与风陵渡在经济与财政上的意义就愈发重要，毕竟古代输送物资最省事的办法就是水运（罗马帝国的维持就仰仗了地中海便利的水运条件，隋炀帝开大运河也不光是为了享乐）。

那时，漕运是将粮食集中于洛阳附近的含嘉仓，然后陆路运送至关中。安史之乱前，漕运主走汴河线，经开封入黄河再转渭河入长安。安史之乱后，紧急启用经汉水上溯转旱路入长安的线路。唐德宗建中削藩时，这两条线路遭到藩镇兵力的直接威胁，唐王朝的命脉差点被掐断。幸亏唐军不久就夺回徐州控制权，西线梁崇义也被消灭，局势才迅速朝唐朝有利的方向好转。

唐帝国长江以南的财货通常先聚集于扬州城，再由扬州运送至开封以北。从扬州到开封，

◎ 出土的唐代彩绘皮甲片

淮河以南的线路比较安全，淮河以北的线路因三天两头遭遇兵乱而面临被掐断的危险。幸亏从淮河到开封河道密布，有很多条水路可以走，如果主干线汴河被掐断，通常会紧急开挖或启动别的应急方案。

这里我们可以看到：叛军将唐军压制在潼关内，切断了漕运物资经洛阳至长安的通道，大量物资只能转道秦岭，大大增加了运输难度和成本，也造成输送到长安的物资急剧减少，这让整个大唐朝堂十分担忧。不仅皇帝想尽快收复洛阳，恢复原有运输途径，朝中大臣们也迫切希望打通潼关交通线。这才是哥舒翰被迫出潼关的根本原因。

再说一句题外话：日后，张巡死守睢阳的意义也在于此。大运河北上干线必过睢阳，谁能控制睢阳，谁就能掌握大运河。安史叛军为了掐断唐政府最重要的财源，不惜代价多次围攻睢阳。占领睢阳不但能够能掌握大运河，还能进入江南之地，彻底改变与唐政府在经济上的力量对比。如果叛军更有实力、内部更团结、懂得治理民政，很有可能形成新的“东西朝”。

二 灵宝惨败

强令之下，哥舒翰引师出潼关一路东进，至六月四日已出关七十里，约三十一公里。从地图上看，哥舒翰大军进入了崤山谷地中比较宽阔的地方，史书称之为“灵宝之西原”。在双方看来，此地正是上佳的用武之地。叛军将领崔乾佑在明面摆开阵势，扼守险阻，阻挡朝廷平叛大军进入中原之地。

一开始，哥舒翰还很谨慎。他率领的唐军前锋，已于六月四日驻扎在灵宝西原。然而他一直等到六月八日大军全部到达西原完成初步整顿后，才发起对叛军的攻击。哥舒翰的谨慎源自“知己”：己方士兵多为新兵，兵力庞大但战斗力不足，称得上精兵的只有王思礼统领的五万骑兵，但他素来与统领步兵的李承光不和。哥舒翰不愿出潼关，也是考虑到这二将不和。在关内时，二人间的不和影响尚不大，若要出征野战，则可能导致大败。

史载：“官军南迫险峭，北临黄河……翰与良丘登北阜，以军三万夹河鸣鼓。”到达战场的唐军水陆并进，以船运载军械粮草随大军出征。主力部队在灵宝西原上列阵。黄河北岸有处高地，视野十分开阔，便于观察战场情景，也利于指挥全军，所有唐军将士都能看到哥舒翰的指挥信号。于是，哥舒翰另三万士兵在这处高地立旗鼓，建帅旗，以此为指挥所。

哥舒翰命王思礼率精兵五万在前，李承光率众十万随后。从这可以看出哥舒翰在指挥上的老道。这二人不和，战场上难免会有些不配合。王思礼部骑兵较为精锐，让其在前冲杀，则不用担心他先扔下李承光的步兵离开战场。而李承光十万步兵在后，则可在王思礼受挫后撤时，建立稳固的战线以防崩溃。当然，哥舒翰把步兵放在后面更主要的原因还是他根本不放心这些新兵的战斗力。步军在前，如果让叛军击破前阵，后阵恐怕也会动摇，然后崩溃，将战斗力本来完整的骑兵一起裹挟溃退。

战前，哥舒翰曾与部将一起乘船前进观察叛军的布置。然后，他让船停靠在黄河北岸，自己登上高地，进入指挥位置，再次观察敌军布置。

对面的崔乾佑是安禄山的骁勇之将，手上兵力不多，但握有安禄山留下的两支精锐部队——五千精悍陌刀手和同罗族精骑。如何用好这两支精锐，是他需要仔细考虑的问题。

会战初期，崔乾佑所有的战术安排都是围绕诱敌而展开的。初阵，崔乾佑将军中数十老弱放在最前列，并故意将阵布置得乱七八糟。各部看上去没有统一指挥，根本无法应对唐军前阵的骑兵。这与兵法原则相悖离，叛军前阵的士兵按照“什”、“伍”这种单位编组在一起，进退不明、旗帜繁乱。

如此拙劣的布阵，让初次上战场的唐军士兵们，心情变得轻松了很多。唐军各级军官也开始轻敌，有的军官甚至喊着“禽贼乃会食”的口号。但春秋时期，第一次喊出这个口号的齐军就败给了被他们轻视的晋军。

这样的布阵，身为统帅的哥舒翰也觉得非常奇怪，他猜测不出崔乾佑的意图是什么，只得先令骑兵进攻，试探敌军虚实。

战旗招展，鼓号齐鸣，王思礼的骑兵便长驱直进，杀入了叛军烦乱的军阵中。精锐的骑兵在冷兵器战场上堪称王者，这次也不例外，叛军被杀得连连后退。但哥舒翰心中的疑惑越发重了，叛军怎会如此不堪一击？

崔乾佑很快就回答了哥舒翰的疑惑——用最直接、最血腥的方式，他的第一个杀招即将显露在缺少战斗经验的唐军面前。崔乾佑令身披坚甲的五千壮士养精蓄锐，等待唐军冒失地闯进阵来。这些叛军精锐所依仗的就是著名的陌刀。

如果要投票选出一种唐代最负盛名的兵器，陌刀的得票肯定位列榜首。“陌刀，长刀也，步兵所持，盖古之断马剑。”陌刀之名屡次出现于《唐六典》、《旧唐书》、《通典》、《太白阴经》、《武经总要》等古籍中。名将李嗣业以擅使陌刀而彪炳史册——“挡嗣业刀者，人马俱碎”，生动描绘了李嗣业高超的武艺与陌刀巨大的威力。但颇为尴尬的是，现代人由于缺乏有力的考古证据与出土实物，并不清楚陌刀的真容。陌刀的真正形制，一直是古代军事爱好者争论的热门话题。

除唐代壁画中的长兵器被人误认为是陌刀外，日本的平成大直刀也被误认为过。平成大直刀，一口供奉于日本寺庙“鹿岛神宫”的传世名刀，以“黑漆平文大刀”（又名平国剑）为原型，制成于平成十三年（2001年）。无论是传世黑漆平文古刀，

◎ 唐代壁画中曾被误认为陌刀的长弓弓体，这种出现在唐代皇室诸位贵族墓葬壁画中仪仗图的兵器，吸引过无数人的目光。由于其平直狭长的造型，曾有人臆断其是未出鞘的陌刀金属部分。使用时，可以接上木柄来挥舞，但这种臆想显然未考虑过连接处是否牢固的问题。

还是现在的平成大直刀，形制都颇为奇特，是短兵器的造型，而不是可以随意挥舞的长兵器造型。刀全长 2.56 米、刃长 2.23 米、手柄长约 30 厘米，只能像使用一般刀剑时那样双手握持。作为原型的“黑漆平纹大刀”在 9 世纪锻造完成后就供奉于寺庙，

◎ 这两幅也是出自唐墓的壁画，曾被误认为是陌刀的长弓弓体再次出现了，而且形制更加清晰。但这种兵器并没有人们之前认为的那么长，而且两侧线条还带有一定弧度。结合图片，我们可以注意到每个使用这种兵器的士兵都携带了箭袋——显然，图中这种兵器只是卸下弓弦的步兵用长弓。另外，参考《新唐书·卷二十三》中的记载："第一麟旗队，第二角端旗队，第三赤熊旗队，折冲都尉各一人检校，戎服大袍，佩弓箭、横刀……又有亲、勋、翊卫仗，厢各三队压角，队皆有旗，一人执，二人引，二人夹，校尉以下翊卫以上三十五人，皆平巾帻、绯裲裆、大口绔，带横刀。"本文提到的唐墓壁画多为"仪卫图"，反映的是唐代军队的仪仗警卫装备。这段文字正是对唐代仪卫装备的介绍，可以看出，作为仪卫出行的唐军士兵是不会携带陌刀这一兵器的，进一步证明壁画中这种兵器是弓，而非陌刀。

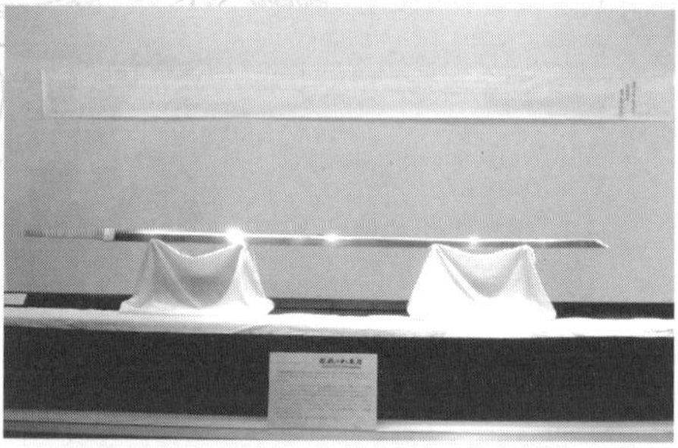

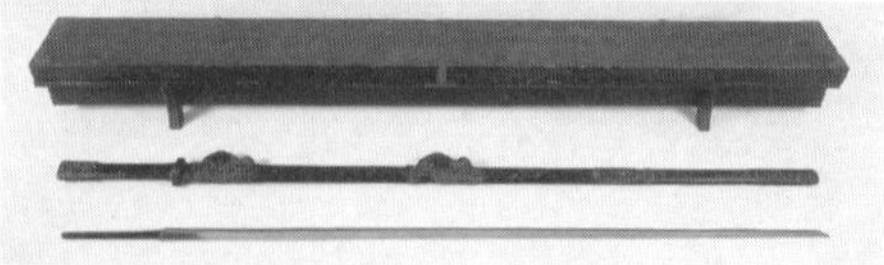

◎ 平成大直刀及其原型"黑漆平文大刀"

可以认为这把刀并没有上过战场，仅是敬神贡品礼器，并非实用兵器。同时，值得注意的是，这样的兵器无论是从长度还是重心位置，都不便使用。因此，称雄古战场的陌刀，绝对不会是平成大直刀这样的。

还有一种猜测源自《免胄图》和古籍的一些记载，并参考了另一种传世实战古刀——明代御林军大刀。

阚棱，齐州临济人。善用大刀，长一丈，施两刃，名为拍刃（就是陌刀），每一举，辄毙数人，前无当者。

——《旧唐书·卷六十》

行俭行至朔州，知萧嗣业以运粮被掠，兵多馁死，遂诈为粮车三百乘，每车伏壮士五人，各赍陌刀、劲弩，以羸兵数百人援车，兼伏精兵，令居险以待之。

——《旧唐书·卷八十八》

贼徒多醉，光远领百余骑持满扼其要，分命骁勇持陌刀呼而斩之，杀贼徒二千余人，虏马千疋，俘其渠酋一人。

——《旧唐书卷一百一十五》

步卒二千以陌刀、长柯斧堵进，所向无前。归仁匿兵营左，觇军势，王分回纥锐兵击其伏，嗣业出贼背合攻之，自日中至昃，斩首六万级，填涧壑死几半，贼东走，遂平长安。

——《新唐书卷一百三十八》

沧、赵已隐，史思明引众传城，兴擐甲持陌刀重十五斤乘城。

——《新唐书卷一百九十三》

从上述文字可以看出，陌刀是一种两面开刃、全长一丈左右，因全钢铁制而比较沉重的长刀，供单兵使用。在战阵中，陌刀还经常和长柯斧一起使用，两者应有互补的作用。所有记载都突出描述了陌刀惊人的劈砍能力。从这些资料，我们可以推出一个重要信息：为方便两手操作，陌刀的柄比较长，重心设计十分利于劈砍。我们在古画《免胄图》中能看到这样一种兵器：全长3米、造型细长、两面开刃的长刀，手柄采用了长兵器的模式，且刀刃体也较单手刀要长出许多。锻造如此长的钢铁长刀，无论从人工（锻造难度高，必

◎ 宋代古画《免胄图》局部，图中这种长刀可以确定是实战兵器，应该为陌刀或由陌刀发展而来的长刀。

须由技艺较高的铁匠来锻造）还是材料（需要使用大量优质钢材来锻造）上来讲，花费都十分昂贵。而且，非豪勇之士很难发挥陌刀惊人的威力。可以说，对唐末五代的各方割据势力而言，陌刀是一种极不“经济”的兵器，或许这也是陌刀被淘汰的原因。

然而，陌刀的设计思想还没有完全被淘汰，宋代也存在使用型的长刀——扎马刀（并非偃月刀这样的礼仪用器）。明代的御林军大刀可视作进行了一定演化后的陌刀。御林军大刀重量仅 4 公斤，远远轻于史册对陌刀的描述。当然这也只是一种猜测，毕竟没有明确的考古实物可以证明。远早于隋唐的汉代有大量铁制兵器如矛头、铁戟、缳首刀和长剑出土，稍早一些的南北朝也有大量兵器和盔甲的出土实物，稍晚一些的宋元甚至还有部分兵器传世至今（特指在民间流传，并非出土文物），现存的明清时代各种冷热兵器更是数不胜数，唯独隋唐时代的兵器非常少，不得不说是一个巨大的遗憾。

虽然陌刀的形制不可考，但陌刀的用法却可以确认，那就是在混战中对抗失去速度的骑兵。

刚刚冲过叛军散乱前阵的王思礼部骑兵，速度已经降了下来，队形也不再齐整，这正是陌刀手最喜欢的目标。崔乾佑的狠毒可见一斑：为了对付哥舒翰旗下战斗力最强的骑兵，不惜以己方数千老弱士兵为诱饵，使唐军骑兵上钩。在陌刀阵的攻击下，唐军骑兵伤亡惨重，只得退下让步兵上前进攻。

就这样，崔乾佑的陌刀手不但打退了唐军骑兵的进攻，还在唐军步兵的围攻下，实现他另一个计划。叛军精锐逐渐让开东边的山路（函谷关旧道）路口，背靠山岭向南边转移，另外一些叛军则从山道逃跑。看到东进的通道被打开，唐军对败退的叛军发动了追击。

被诱进隘路的唐军前军在前进中遭遇埋伏。叛军伏兵突然从山上投下滚木檑石，唐军士卒因隘道拥挤难以散开，死伤甚众。这时，崔乾佑又使了第二个杀手锏——同罗族精骑。同罗族本为铁勒族的一支，贞观二年内附唐朝时，本族已有三万

◎ 陌刀形制的一种猜测

◎ 传世的明代御林军大刀

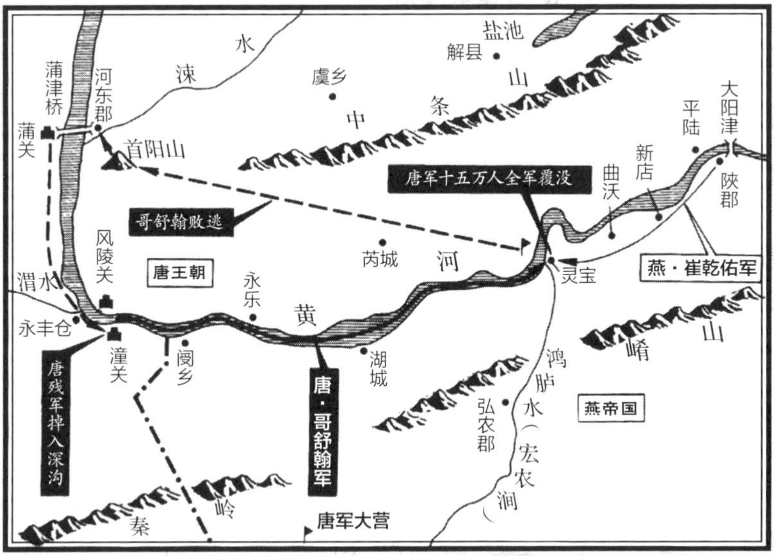

◎ 会战过程示意图

精兵。据说，安禄山最为精锐的“曳落河”骑兵主体就是由同罗族人组成。

在崔乾祐的命令下，同罗精骑完成了从南面山谷的迂回，即将对唐军背后发起冲击。看到烟火在东方冲天而起，同罗骑兵统领知道，冲击的时刻到了。崔乾佑曾事先约定，他率领步兵将唐军引入峡谷后会在适当的时机释放烟火，南山后的骑兵看到烟火后就进行冲击。

此时，唐军前军还被堵在狭窄的山路前进不得。哥舒翰下令用羊皮毡帐蒙住马车，在上面画龙虎图案，饰金银爪目，意图强行冲出一条路来。然而，崔乾佑早有准备：在谷口堆了大量柴草，放火阻挡毡车的前进。大火很快蔓延开，不仅封住了唐军前进的唯一通道，唐军马车被点燃，连同山上的林木也被大火烧光。午后，战场上刮起了强烈的东风，风助火势，将滚滚浓烟吹向唐军阵地。唐军士兵被烟熏得睁不开眼，看不清目标，以为叛军在浓烟中，便乱发弩箭，直到日落才知中计。

此时的灵宝西原在崔乾佑的掌控下成了一个牢笼。尽管总兵力远远小于唐军，叛军却做到了秦军在长平做的事情——在地利的帮助下，以不占优势的兵力围困敌方大军。现在的唐军如同被关进牢笼中的一群野牛：前方精锐受阻无法前进，越来越多的士兵挤进狭窄的峡谷，后军则被狼群一般的同罗族精骑驱赶，退路被断。在拥挤中，唐军各部建制逐渐被打乱，兵将之间失去联系。唐军从有组织的军队变成了踩踏事件中的混乱人群。

那些还没有被冲乱的唐军部队也因拥挤，士兵没有空间挥舞手中的兵器，失去了杀出血路的机会。这样的情景，坎尼会战最后一个阶段也出现过。哥舒翰一直怀疑后军不是没有道理的，这些全是新兵的部队，面对骑兵突袭时的战斗力太差了。

很快，崔乾佑布置在唐军前方的伏兵便协同唐军后方的同罗骑兵发起了对唐军的全面反击。面对从两个方向一起杀来的敌军，西原的唐军如同被狼群驱赶到悬崖边的羊群——前后受击，乱作一团，有些心思活泛，比较熟悉周围地理的唐军士兵就丢下盔甲和兵器，向西或者向南奔跑。一些幸运者成功穿过同罗骑兵的战线，跑进了山林，然后寻找山中小路逃回了关中。

那些离河岸较近的士兵们则慌不择路地往南边跑，城濮之战出现过的情景此时在黄河岸边再度上演。溃逃的士兵争先恐后爬上运输船，以求逃离战场，多艘船只因不堪重负在湍急的河水中倾覆沉没。还有些士兵甚至将盾牌等其他能飘浮的物品捆起来当皮筏，以枪杆为船桨，想逃到黄河北岸。更多的则被挤入黄河淹死了，绝望的号叫声惊天骇地，一片惨状。

日暮时分，西原的唐军终于冲破了同罗骑兵在西方的封锁线。唐军残兵摸黑逃

◎ 大明宫遗址

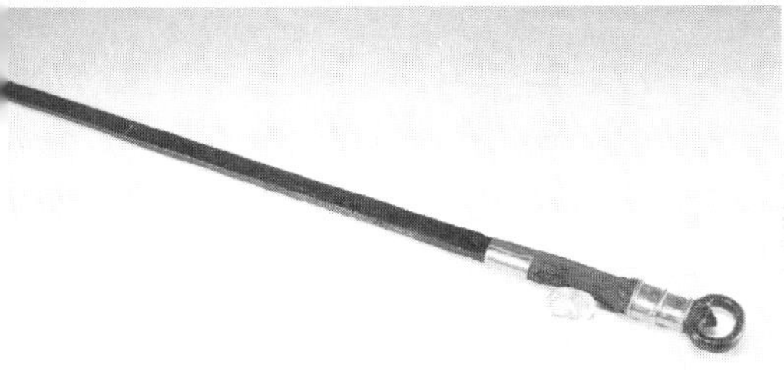

◎ 窦缴墓出土的唐代仪刀

亡，有不少人死在了关隘前面——潼关前有三道深壕，黑暗中，大量士兵被挤入壕沟摔死了，还有些被踩死了。三道壕沟都被唐兵的尸体填得满满的。

面对大败，哥舒翰在数百亲卫骑兵的保护下退回了潼关。随后，一些唐军军官带着自己的残部也逃了回来。经过清点，回到潼关的只有八千余人。大部分人葬身灵宝西原，还有一些被吓破胆的幸运儿逃回家去了。

崔乾佑率胜利之师进攻潼关。蕃将火拔归仁等人劫持了连同哥舒翰等数十位不愿投降的唐将后，献关向叛军投降。哥舒翰问他们为何向叛军投降。火拔归仁这样回答：“公以二十万众，一日覆没，持是安归？公不见高仙芝等事乎？”

存者无消息，死者为尘泥。
贱子因阵败，归来寻旧蹊。
……
县吏知我至，召令习鼓鞞。
虽从本州役，内顾无所携。
……
永痛长病母， 五年委沟溪。
生我不得力， 终身两酸嘶。
人生无家别， 何以为蒸黎！

从战场九死一生逃回家的老兵回到家乡却发现已无家，老母长逝，邻里百户已无一家。战事甚急，刚逃回家的老兵又被官吏强征入伍。老兵对自己的生死已看开，唯独叹息，无家又要别离。自己不知将葬身何处，而自己的母亲也无人埋葬。

这就是杜甫“三吏三别”之前发生的故事。

黑火药时代的最后狂想

19世纪过渡时期的步枪简史

作者：南山

自13世纪出现手持式管形火器后，枪械经过火门枪、火绳枪、燧发枪、击发枪四个阶段后才进入快速发展期，这段技术突飞猛进的时代被称为步枪变革的年代，也就是通常所说的过渡时期（1855—1888年）。在这段时间里，步枪的发展呈现出百花齐放、百家争鸣的情况。这是一个变革的时代，也是一个丰富多彩的时代，从未有如此多的步枪在短短几十年里争相出场，各领风骚。在此之前，燧发前装枪及其改进型火帽前装枪一统天下两百年，在此之后，是旋转后拉枪机步枪占据了绝对优势地位。只有在这个历史惯性和技术进步冲撞得如此激烈的过渡时期，枪械设计师们才发挥各自的想象力，创造出了如此多种类的步枪。

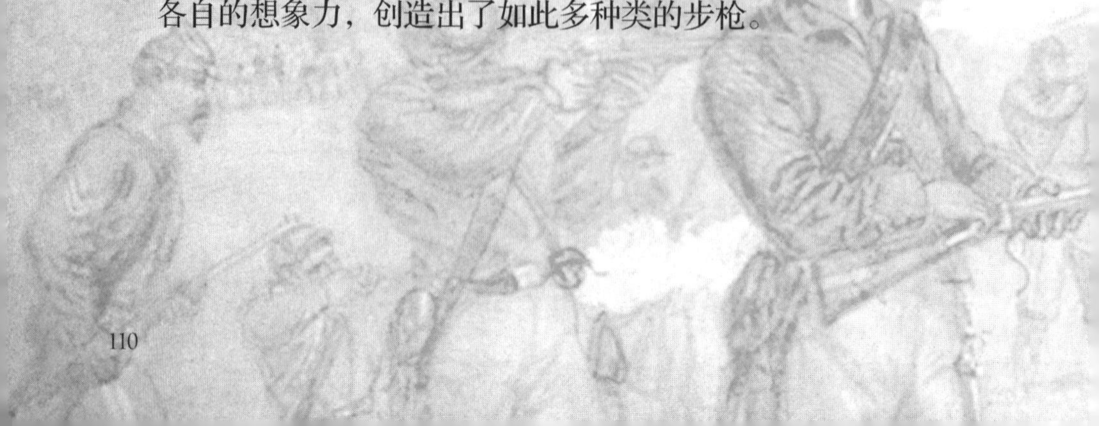

在介绍过渡时期的步枪前，我们先简单回溯下枪械的发展史：最早出现的火门枪采用明火引燃引信发射，中国最早的是元代的铜火铳，西方则是马达法(Mardafa，阿拉伯语中对步兵使用的一种手炮的称呼)。之后，欧洲人结合点火机构与火铳，发明了火绳枪(Matchlock)。这种步枪使用简单的C型弯钩，一端夹住火绳，一端固定在枪托一侧，可以绕轴转动。火绳采用化学处理，能够缓慢燃烧。发射时扣下扳机，火绳向下运动，点燃药池里的火药，继而通过传火孔引燃枪膛里的发射药，这样，枪手可在举枪瞄准的同时射击。火绳枪有个很大的缺陷，就是使用带明火的火绳引燃，使用时必须小心，不但需小心自身携带的火药，还要小心旁边射手身上的火药。因此，火绳枪射手的队列不能密集。火绳枪装弹较慢，这极大影响了火力密度和射速。夜间，火绳的亮光极容易暴露目标，据说，火绳燃烧的气味也会被某些嗅觉敏锐的人觉察到，因此特别不适合伏击、偷袭之类的战斗。日本电影大师黑泽明的经典力作《七武士》里就有这样一个桥段，久藏嗅到空气中火绳燃烧的味道后，发现了埋伏的山贼。

接下来出现的是簧轮枪，靠发条驱动

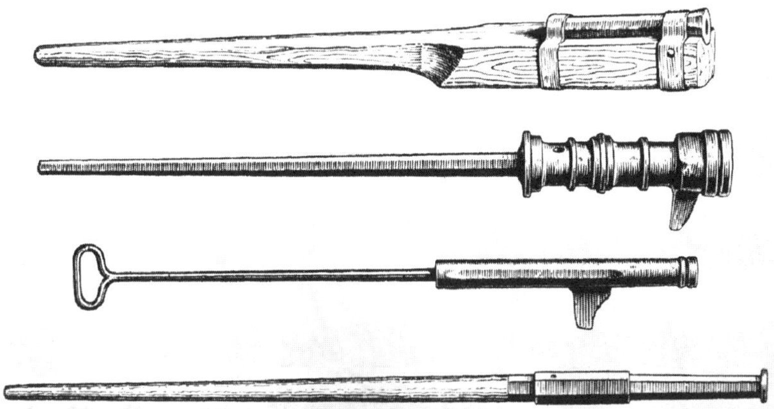

◎ 火门枪

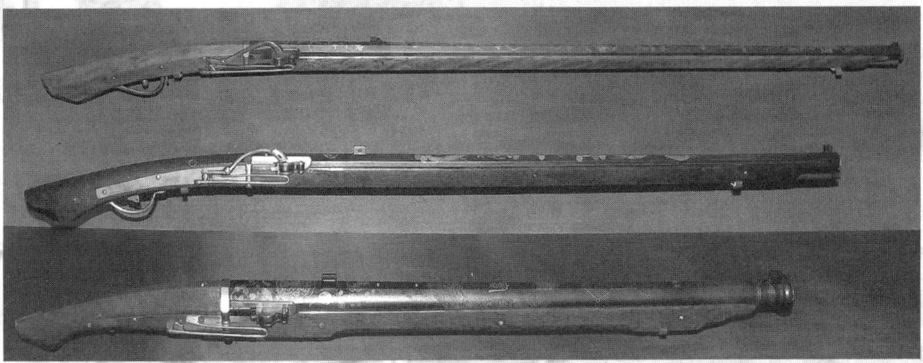

◎ 火绳枪

◎ 火绳枪运作原理图

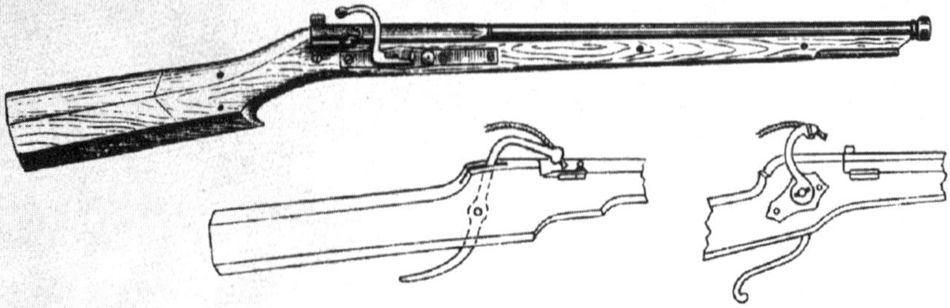

的钢轮与黄铁矿石摩擦产生火花，从而点燃引火药。簧轮结构既复杂又昂贵，因此很快被燧发枪取代，燧发枪有几种结构，17 世纪初法国人马林·布尔吉瓦设计的燧石发火（Flint lock，击铁和药池盖联动式）结构成为最成功的设计，一直被使用到击发枪出现。

燧发枪使用更强力的板簧驱动击铁，通过击铁上夹着的燧石与药池上方的火镰钢片敲击产生火花，点燃药池里的引火药。燧发枪的扳机力和扳动击锤花费的力气比火绳枪都要大，相对火绳枪的优势也很明显。使用燧发枪时，不仅不用担心夜晚有燃烧火绳的光和气味，而且队形可以更密集，射速也更高。燧发枪与法国巴荣纳城发明的刺刀结合后，步兵的武器被统一成一种，长矛被取消，阵列纵深被压缩——传统的方阵变为横队和纵队，冷兵器以来的战争方式彻底变了。与火绳枪只有 50% 左右的点火成功率相比，燧发枪的点火成功率有 85%。17 世纪初出现的纸包子弹与燧发枪结合，让燧发枪的射速进一步提高。

◎ 燧发机

纸包子弹用纸质药筒将火药和子弹包装在一起，使用时咬开子弹的反端，将火药倒在药池和枪管里，弹丸和包装纸用通条塞入枪管捣实，包装纸还能起到一定闭气作用。咬开子弹包装的一个小副作用就是，士兵们在战斗中会变成满嘴乌黑的乌鸦。

1793 年，苏格兰牧师亚历山大·约翰·福赛斯在试验中提炼出一种灰褐色晶状粉末，即雷汞。雷汞非常活跃，受到轻微撞击就会发生爆炸。1807 年，福赛斯与詹姆斯·瓦特合作，制造了第一支击发枪。接着，福赛斯创立了福赛斯枪械公司，生产名为香水瓶的击发枪。香水瓶击发枪采

◎ 纸包子弹的演变

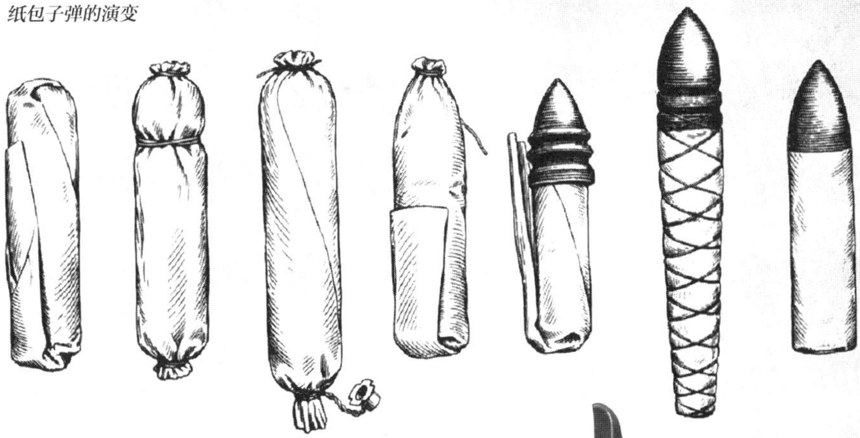

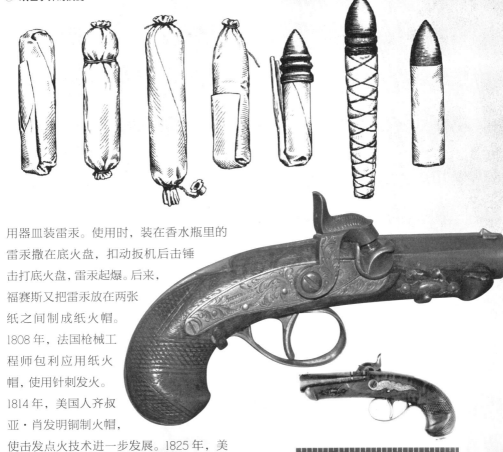

用器皿装雷汞。使用时，装在香水瓶里的雷汞撒在底火盘，扣动扳机后击锤击打底火盘，雷汞起爆。后来，福赛斯又把雷汞放在两张纸之间制成纸火帽。1808年，法国枪械工程师包利应用纸火帽，使用针刺发火。1814年，美国人齐叔亚·肖发明铜制火帽，使击发点火技术进一步发展。1825年，美国人德林杰发明了使用火帽的击发手枪，德林杰手枪成为最早成功的击发枪，并因是杀死林肯的凶器而名声大噪。

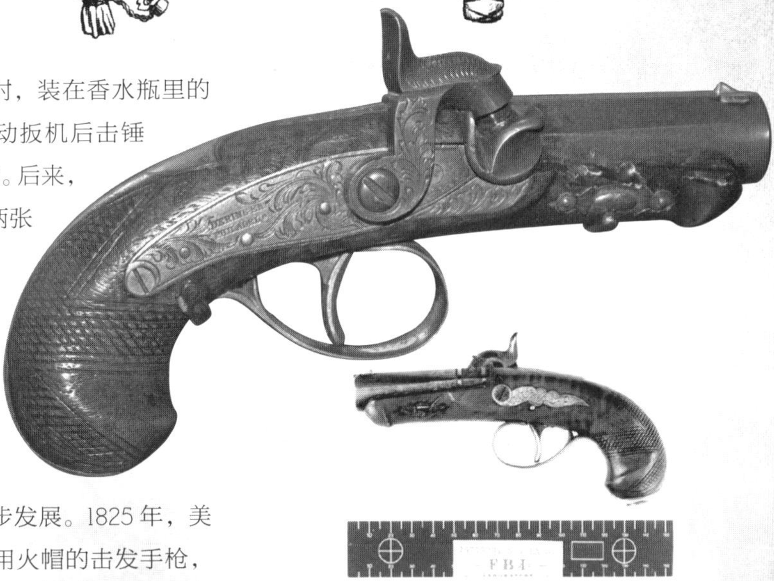

◎ 刺杀林肯的德林杰手枪

击发枪的发火率比燧发枪提高了一大截，从每7次射击就会出现1次瞎火提高到每200次射击才会出现1次瞎火。因为不需要再向药池倒发火药，也就不用关药池盖，击发枪的射击步骤比燧发枪减少了，射击速度因此提高。此外，火帽对天气的适应性也更好，风雨对枪械使用的影响降低了。比如在三元里抗英斗争中，滂沱大雨里英军派出的就是使用贝克式击发枪的连队来解围。击发枪的出现刺激着枪械迅速发展，膛线与火帽的结合进一步提高了步枪的射击精度和射程。圆锥形的米涅子弹把线膛枪的射击速度提高到滑膛枪的水平。精度上，线膛枪比滑膛枪有质的飞跃，200码距离上，线膛枪精度是滑膛枪的2倍，300码处是滑膛枪的5倍，

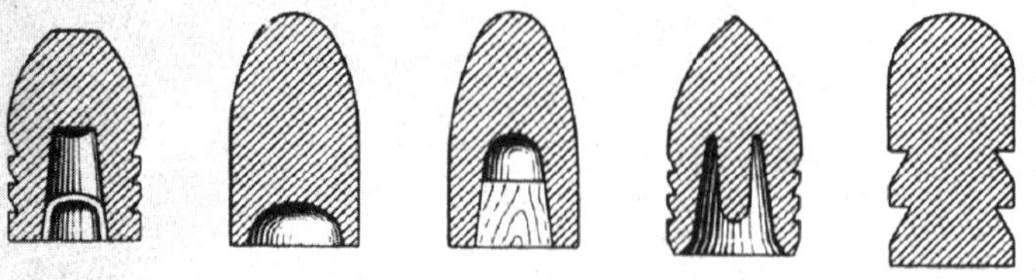

◎ 各种前装线膛子弹

400码处是10倍，甚至在800码处，线膛枪还可以射击连横队目标。克里米亚战争中，使用米涅弹的英法和撒丁军队击败了使用滑膛枪的俄军，显示出前装线膛枪的巨大优势。但当时风头正劲的米涅步枪已落后，后装步枪出现并成熟起来，枪械发展进入了一个新的阶段——过渡时期。过渡时期初期就迎来了一场血腥的战争：南北战争。

◎ 南北战争中使用过的恩菲尔德M1853、斯普林菲尔德M1861、雷明顿M1863、M1855 US骑兵短枪、柯尔特3号转轮手枪、亨利1860杠杆步枪。

一 子弹和步枪带来的新时代

在了解步枪发展前，先了解一下过渡时期的子弹。与先有鸡还是先有蛋的争议不同，步枪和子弹的发展肯定是先有弹才有枪。事实上，关于枪弹，有这样一种说法：枪械设计就是为了更好地发挥子弹的威力。最初的定装子弹将前装枪使用的纸包子弹和底火简单结合起来，击发药在子弹的中部，改进型的夏斯波步枪弹则布置在底部。1828年，巴黎著名的枪械工程师勒富夏（Casimir Lefaucheaux）发明了针刺发火枪弹（pinfire）。刚开始，这种针刺发火枪弹的弹壳是纸质的，只有底部是金属的，勒富夏将击发药装在底部。尽管这种枪弹比全部是纸壳的枪弹进了一步，但其还是属于纸壳枪弹。后来，他使用了全金属弹壳，这种弹壳很奇特，弹壳壁上伸出一根金属针，击锤通过打击金属针撞击击发药，这就是带针枪弹或针刺发火枪弹。

1835—1847年间，法国枪械工程师福芬拜发明了将击发药装在弹底缘周围、

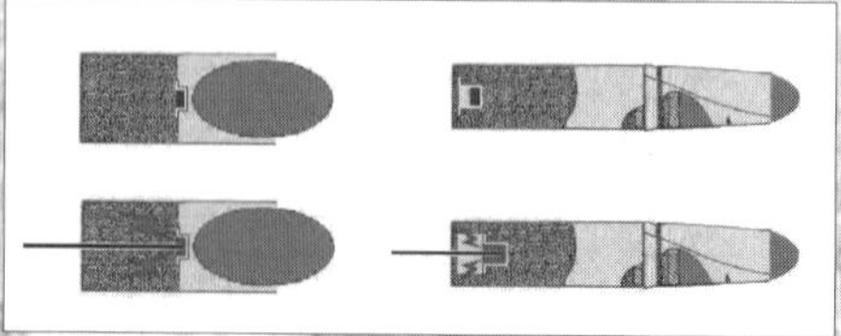

◎ 德莱塞步枪弹和夏斯波步枪弹（法）

◎ 勒富夏弹

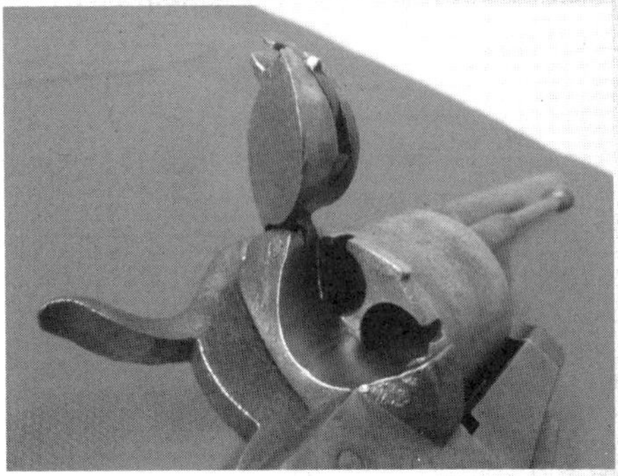

◎ 勒富夏弹及转轮手枪

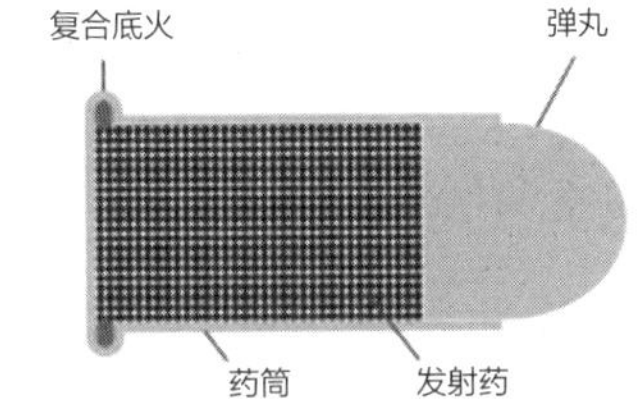

◎ 凸缘式底火枪弹

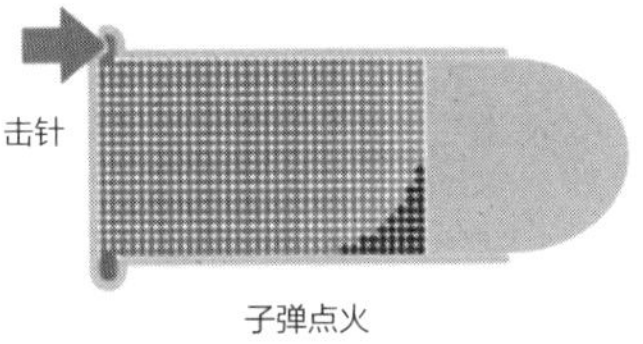

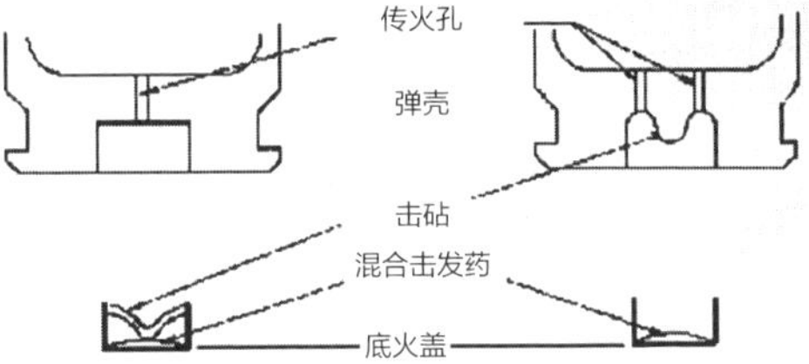

◎ 伯克塞式和伯丹式底火

击针撞击底缘即可发火的底缘发火枪弹。1866年，伯丹和伯克塞分别在美国、英国发明了中央发火式底火，即伯丹式底火（BERDAN PRIMER）和伯克塞式底火（BOXER PRIMER，或翻译为拳师式底火）。这些发明为后装步枪的出现准备了技术基础。值得一提的是，伯丹式底火虽然是在美国发明的，但它在欧洲却非常流行，伯克塞式底火虽然在英国发明却更受美国人喜爱。因为伯克塞式底火更方便自己复装弹药，只需要用冲子一顶底火就能取下；伯丹式底火则需要专用设备才能拆除底火，而且很容易伤到击砧。喜欢动手重装弹药的美国人自然更欣赏伯克式底火枪弹。我国国内曾常见的猎枪弹使用的也是伯克塞式底火。在勒贝尔步枪弹出现前，枪弹使用的还是黑火药发射药，裸铅弹头。裸铅弹头穿透力差但杀伤力高，由于弹头钝圆，因此可以应用于管式弹仓①。

通过子弹，简单梳理过渡时期的各种

① 管式弹仓由于子弹排列方式为纵向，位于后方的枪弹弹头尖部可能会在供弹弹簧压力下击发前弹。因此，进入尖弹时代后，步枪就不再使用管式弹仓，但在平头猎枪弹和0.22口径步枪中仍然有管式弹仓的身影。

◎ 怎么拆除伯丹式底火

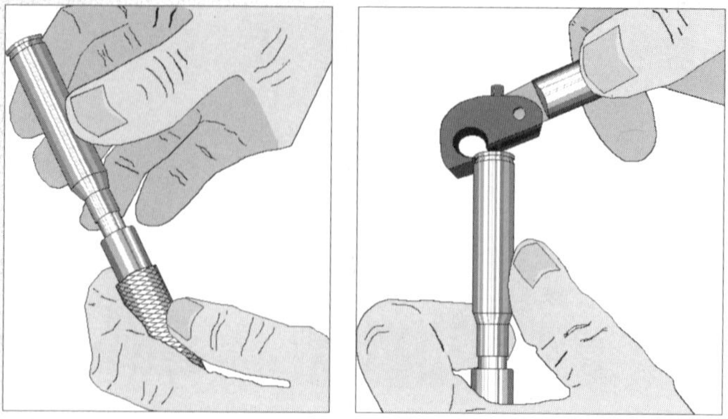

◎ 毛瑟11mm黑火药弹和7.92mm无烟弹

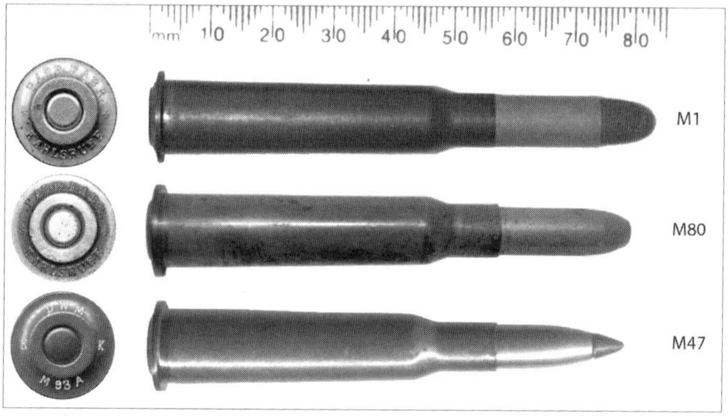

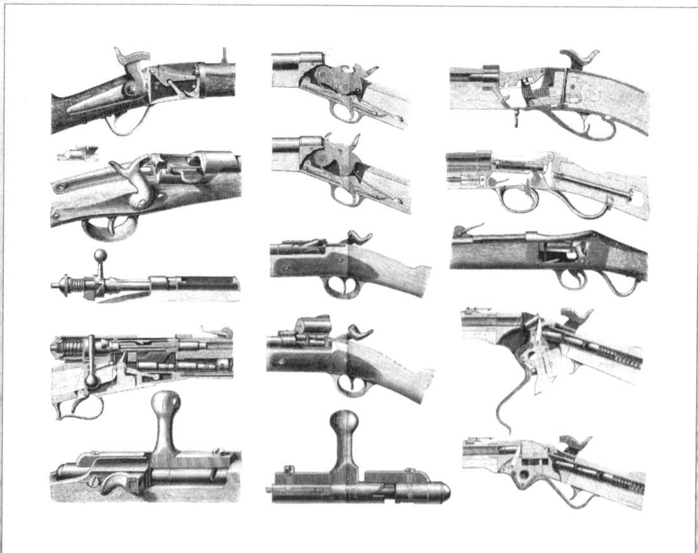

◎ 手动后膛步枪的主要款式，包括皮博迪步枪、沃恩德尔步枪、维特利步枪、维特利-威利兹步枪、雷明顿步枪、士乃得步枪、皮博迪-马提尼步枪、亨利-马提尼步枪、斯潘塞步枪、毛瑟M71步枪、毛瑟71/84步枪、曼利夏M88步枪、Schweizer Gewehr M89步枪、莫辛纳干步枪、勒贝尔1886步枪、李-迈特福德步枪、88委员会步枪、李海军步枪、西班牙毛瑟M93步枪、曼利夏M93步枪、毛瑟98步枪。

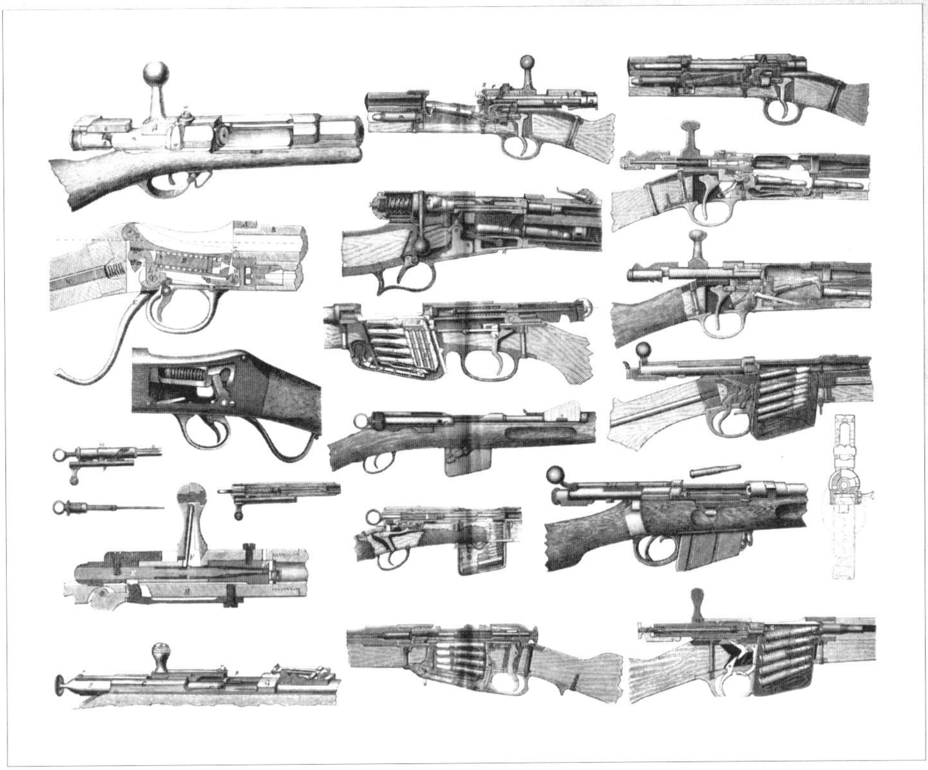

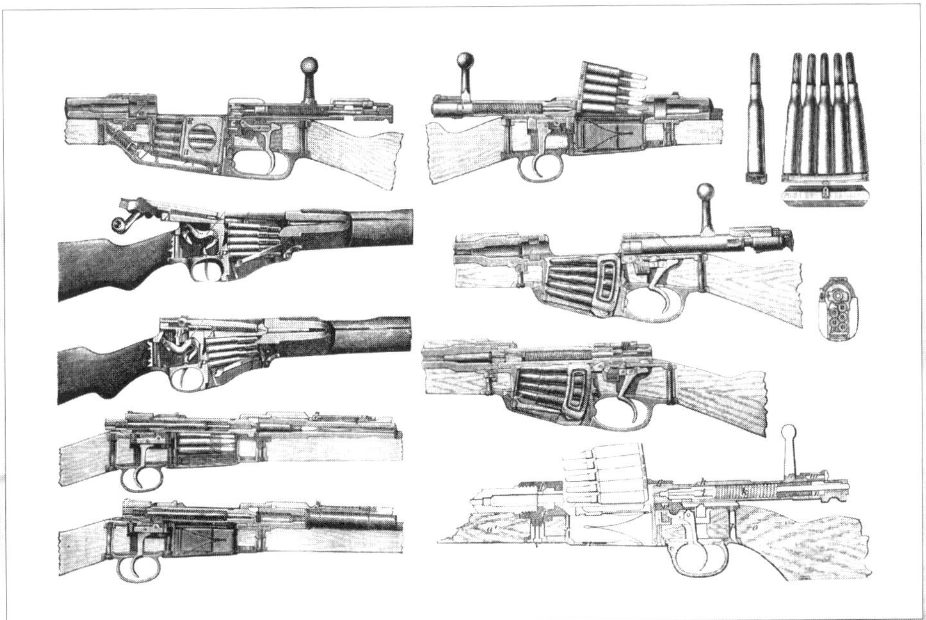

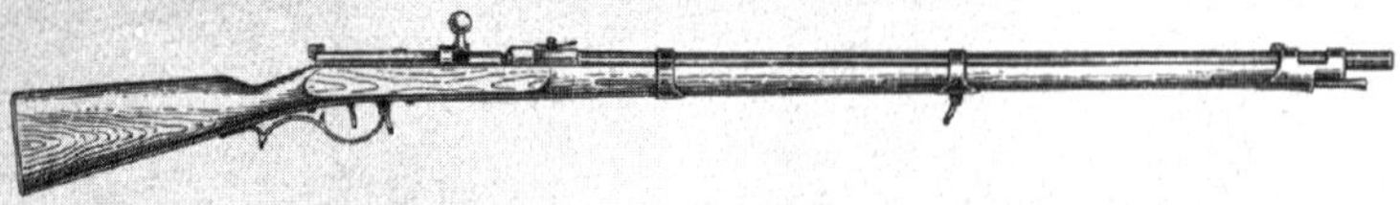

◎ 德莱塞击针步枪

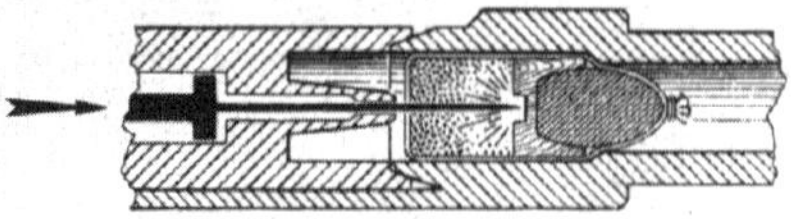

步枪，我们就会发现其中出现最早的其实是旋转后拉式步枪。德莱塞击针步枪是在让·塞缪尔·泡利（Jean Samuel Pauly）的发明基础上由约翰·尼古拉斯·冯·德莱塞（Johann Nikolaus von Dreyse）在1824年设计制造的。使用时，射手从后方将子弹推入枪膛，扣动扳机时击针刺破弹壳，撞击位于中部的底火，引燃发射药，将子弹射出枪膛。因为发射时击针穿破弹壳底部，所以叫作针刺发火枪。这种非金属定装弹步枪打开了一个时代的先河，从后方装填的步枪不仅射速比前装枪快，而且与需要将步枪竖起装填的前装枪相比，后装步枪可以在移动或卧姿、跪姿射击时装填子弹。

新式枪械再次改变了战争的方式，在普奥战争中，装备德莱塞击针步枪的普鲁士军击败了奥地利军队。新式步枪让普军总参谋长毛奇相信，一场武器杀伤效果的革命正在进行，他曾这样写道：“很明显，阵地攻击比防御更为困难，防御战斗的第一阶段往往具有压倒优势，巧妙进攻的任务也包括迫使敌人攻击我方选择的阵地。当敌伤亡惨重、士气低落、疲惫不堪时，我们就进行战术进攻……我们的战略必须是进攻性的，战术是防御性的。步枪在1864、1866和1871年的战争中造成85%~90%的伤亡，这与19世纪初期的情况明显不同。步枪超过大炮，成为主要的杀伤火力。德莱塞击针枪存在严重的漏气现象，火药燃气能够直接与击针接触，对击针有腐蚀作用。1857年，法国圣埃迪安兵工厂工程师安东尼·阿方索·夏斯波（Antoine Alphonse Chassepot）发明的夏斯波步枪枪机上附有橡皮圈，射击时能起到一定闭气作用，在精度和射程方面比德莱塞更优良，但仍有漏气现象。泄露的燃气对射手存在威胁，每次射击后橡胶都会因为燃气作用收缩变硬，因此橡胶圈需要经常更换。”

其他主要步枪有1848年出现的落下式枪机步枪，落下的枪机配合金属弹底更能有效实现闭气，能让步枪使用更大威力的步枪弹；然后是1860年前后出现的各种

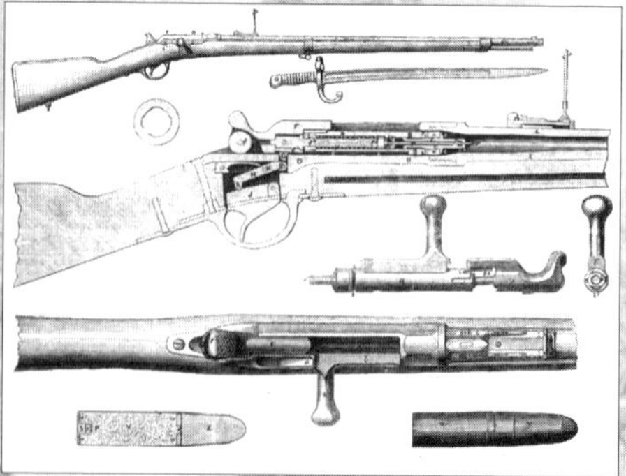

◎ 夏斯波步枪的结构

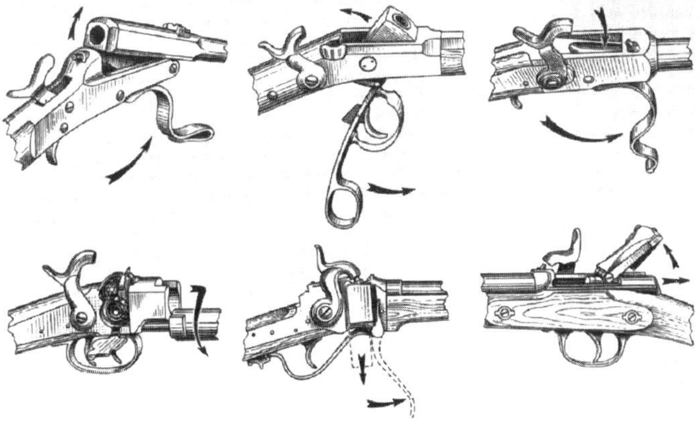

◎ 几种后装步枪结构，按照从左到右、从上到下的顺序，依次为撅把式（Break-action，也就是猎枪中常见的撅把式结构）、霍尔式、皮博迪、枪管偏转式、落下式枪机的夏普斯、活门式步枪。

活门式步枪；1860 年出现的杠杆式步枪；1862 年出现的皮博迪起落式步枪；1863 年出现的枪机下转式步枪。除了这几种外，还有几种较少见的，比如霍尔式、卡曼尔莱德式（kammerlader）、枪膛上升式（Rising Breech）、奥匈的 M1867 沃恩德尔 - 霍布（Werndl-Holub）步枪。

◎ 卡曼尔莱德式步枪

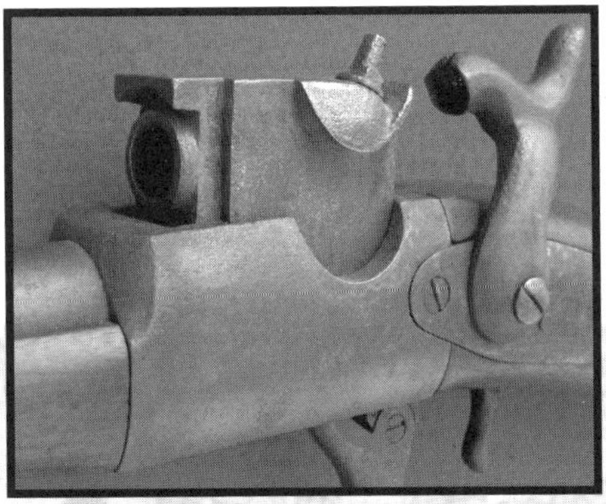

◎ 枪膛上升式步枪

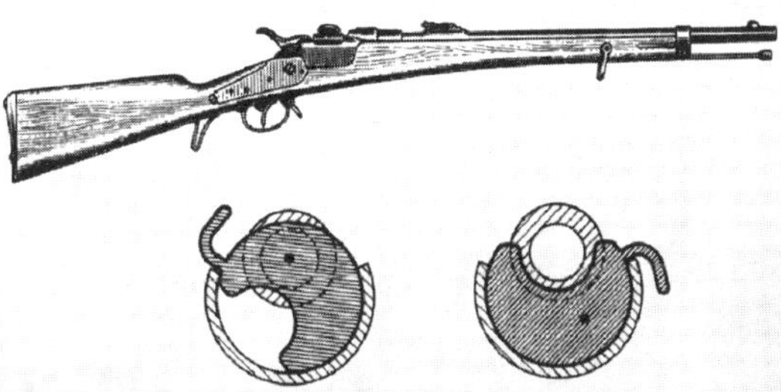

◎ 沃恩德尔-霍布步枪

二 落下式枪机步枪（Falling block action）

我们最先要介绍的是落下式枪机步枪。落下式枪机步枪从结构上看，与之前的霍尔式枪机和之后的起落式枪机步枪有相通之处，他们的关系也很密切。但落下式枪机的枪机结构为滑动式，枪机在杠杆作用下上下滑动，向下拉动杠杆枪机向下运动，枪膛露出，此时可以装弹；杠杆向上收起，枪机向上滑动实现闭锁。而与起落式枪机相比，落下式枪机的长度更小，整枪的长度也相应缩短。落下式枪机步枪流行一时，包括夏普斯步枪。

◎ 夏普斯步枪

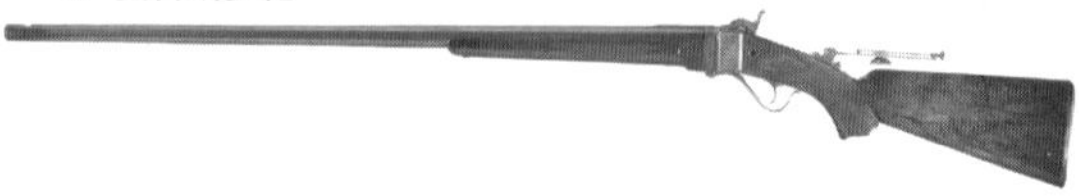

比利时的康布莱恩（Comblain）、智利的 M1872 米伦纳斯（Mylonas）、英国的法夸尔森（Farquharson rifle）、美国的 1890 斯蒂文森（Stevens）、夏普斯-博查特 M1878（Sharps-Borchardt Model 1878）、温彻斯特 M1885（Winchester Model 1885）、勃朗宁 M1885（Browning model 1885）、勃朗宁 M78（Browning M78）和鲁格 1 号步枪（Ruger No.1）应用都非常广泛。

落下式枪机主要是民用，其远距离射击精度冠绝一时。在雷明顿枪机下转式步枪出现前，美国队在世界步枪射击比赛中长期使用夏普斯步枪。1877 年的长岛克里德摩尔世界步枪射击比赛中，美国队 6 名射手中 3 人使用雷明顿步枪，3 人使用夏普斯步枪，另 2 名替补队员也是使用夏普斯步枪。当时的射击比赛每名选手要射击 45 发，其中 800、900、1000 码每天各射击 15 发。美国队的拉斯伯恩（Rathbone）打出 402 环的最高成绩时，使用的就是夏普斯 M1877 长距离 NO.1 号步枪。

夏普斯步枪的设计者克里斯汀·夏普斯生于新泽西州华盛顿市，20 岁时来到弗吉尼亚的哈珀斯费里兵工厂做学徒，师傅是约翰·霍尔——霍尔式后装枪的设计者。

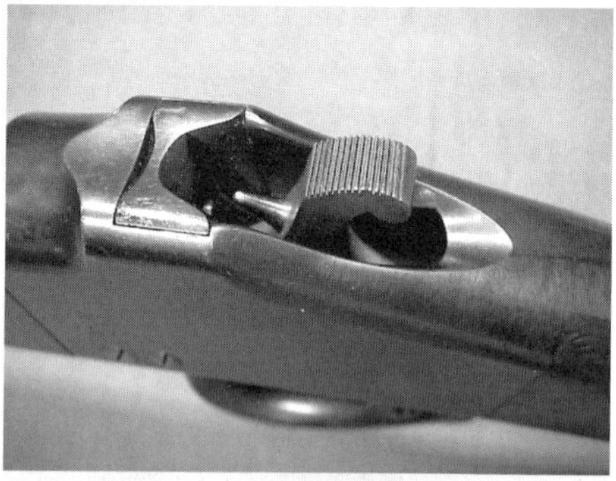

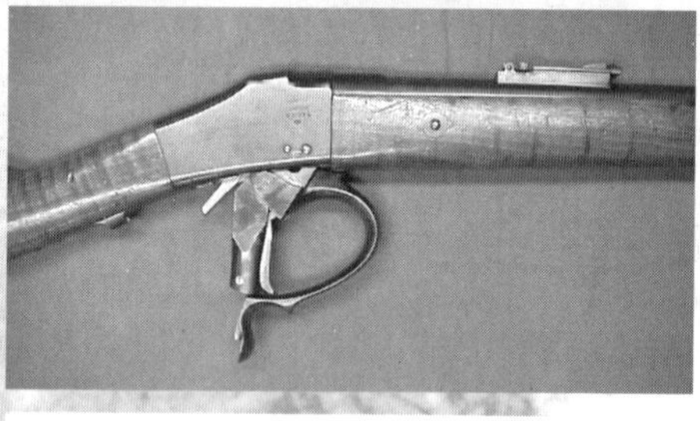

◎ 康布莱恩步枪枪机

1848年，夏普斯设计了夏普斯M1849步枪，该枪使用的还是纸壳弹，装入子弹后，关闭枪机同时切掉药包尾部，让火药外露，然后装上火帽，扳动扳机击发火帽，进而引燃发射药。该枪发展到M1852时已经非常完善了，改用紫铜弹壳定装弹。夏普斯步枪的操作步骤如下：

首先，扳动击锤到装弹\保险位置，向下扳动兼任扳机护圈的杠杆，将枪机降下，从后方机匣上的U型凹槽上将枪弹装入弹膛，然后回扳杠杆，使枪机复位，完成闭锁，接着再向后扳动击锤到待机位置，完成装弹。

夏普斯步枪的M1852、M1853、M1855型号，枪机起落滑动方向与枪管轴线不垂直，枪管与枪机间有缝隙，射击时会有火药燃气泄漏。从M1869型起，枪机起落滑动方向改为与枪管轴线垂直，大大减小了火药燃气的泄漏。也是从M1869型起，弹膛左侧安装了一个抛壳器，向下扳动枪机杠杆时，枪机下降，抛壳器自动翘起将弹壳抛出弹膛。

夏普斯步枪最早为美国人所知是源于约翰·布朗。约翰·布朗，著名废奴主义者，在斯普林菲尔德成立民兵组织基列人同盟后，购买了很多夏普斯M1850步枪。1859年10月16日，约翰·布朗率领22名白人和黑人组成的队伍进攻哈泊斯费里，占领军火库，与海军陆战队血战了两昼夜。大部分起义者战死，包括布朗的两个儿子。1859年12月，布朗被判处绞刑。布朗起义震动美国的同时，也让美国人知道了夏普斯步枪。

在之后的内战中，夏普斯步枪成为联邦军队的制式武器，深受士兵们的喜爱。海勒姆·柏丹（Hiram berdan）上校组建了第一和第二神射手团，使用夏普斯步枪、柯尔特五发转轮步枪、摩根·詹姆斯·塔

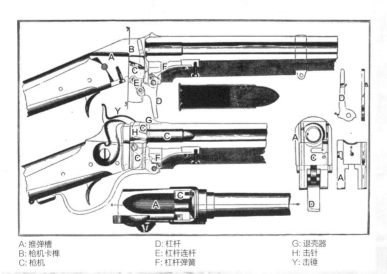

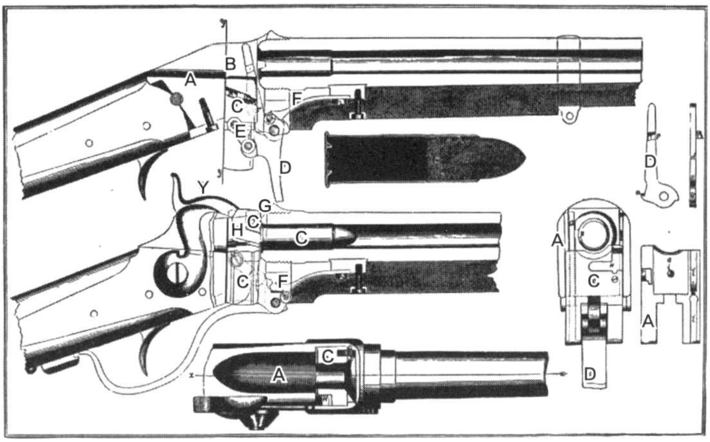

◎ 夏普斯步枪装弹

A: 推弹槽
B: 枪机卡榫
C: 枪机
D: 杠杆
E: 杠杆连杆
F: 杠杆弹簧
G: 退壳器
H: 击针
Y: 击锤

◎ 约翰·布朗

◎ 陆战队进攻布朗的阵地

◎ 夏普斯射手

◎ 海勒姆·柏丹

◎ 柏丹绿衣射手

◎ 南军逼迫黑人装弹

吉特步枪进行狙击作战，其他联邦步兵团也建立了自己的神射手部队。柏丹上校的特等射手团是世界上第一支真正意义上的狙击部队，应征者们必须通过严格的射击测试——在 200 码的距离射击 10 发，每发必须落在 10 英寸直径的圆圈内。经过严格训练后，士兵们的射击成绩在 600 英尺距离上 10 枪散布不超过 5 英寸。第一特等射手团编为 10 个连，第二特等射手团下辖 8 个连。射手们身着暗绿色上衣、头戴绿色法国平顶帽、穿着蓝色裤子（后来是绿色裤子），“绿装杀手”很快在阵线上威名远震。

1862 年 4 月，北军在麦克莱伦的指挥下对弗吉尼亚州约克镇（Yorktown）发动攻势，特等射手被指派为前锋部队。在最初前进的几千米中，神射手们几乎没有遇到什么抵抗。行进了大约 30 千米后，他们在溪流交叉口发现了一个临时土木工事。柏丹下令一个连队成散兵阵型对工事发起进攻，其余连队作为火力支援。

“我们马上布置好散兵并向据点靠近，那里只有一撮炮兵，我们盯得很紧，他们只要一从工事里露头出来就会被我们击毙。”柏丹的手下都“以树桩和其他物体作掩护，让叛军们找不到可以瞄准和射击的目标。”这一撮炮兵很识相地撤离了工事。

到达约克镇外围后，柏丹的射手被命令去压制敌人的炮兵火力，当时的前膛滑膛炮有效射程尚不如夏普斯步枪。从南军那儿逃过来的奴隶曾经讲述了发生在 1862 年 4 月 5 日的“屠杀”：

当时，“南军在桃园附近有一个连的炮兵，到第二天早上就只剩下 12 个能动的了”。由于前装火炮装填需士兵绕到大炮前面——装填手将完全暴露于敌方的射手枪口下，伤亡尤其严重，因此，南军甚至用枪逼着黑人去装填弹药。

柏丹手下有许多让叛军心惊胆战的神射手。其中，第一特等射手团有一个叫作杜鲁门·海德（Truman Head）的射手，尤其让叛军士兵感到害怕。海德生于 1809 年，当内战爆发时已 52 岁。1861 年 12 月，他在华盛顿参加第一特等射手团，获得了同伴的好感和高度评价，同伴都叫他“加州大兵（California Joe）”。他第一次参战就是在约克镇，他的名字出现在当时很多神射手关于约克镇一战的记录里，他被称为第一叛军杀手。有一次，叛军的一门32磅大炮正在轰击，海德和几个射手被命令对付它。他们在黎明前靠近了阵线，然后，海德看到炮组正准备装弹。当一个炮手刚要把手伸向炮刷，海德就打倒了他——他在约克镇的第一个战果。紧接着是第二个炮手、第三个炮手。在海德的监视下，那一天，没有一个炮手摸到了炮刷。

“对方一枪打过来，我们立刻就会还上一枪，然后对方每个一千码射程内的枪眼都会归于沉寂。”瑞普利中校这样骄傲地描述他们的成绩。柏丹手下的神射手们也有力压制了叛军轻武器的火力。他写道：“叛军的步兵刚开始还能对我们进行有力地回击，但他们发现只要一露头就会面临被打死的危险后，就不敢轻易露头了。”

当时，大部分南军军官还没有意识到狙击手的威胁，经常暴露在壕沟外。一次，一名穿白衬衫的叛军军官走出工事，海德说：“这真是个好靶子啊！”他迅速瞄准目标，射击，目标倒地。除了海德，还有很多射手，波特将军曾命令几名射手把一名在远处工事的南军军官“从他负责修筑的那些工程上赶走”。随后，其中一个神射手跟随参谋来到前线。当参谋把目标人物指给他之后，这个神射手马上找到一个好位置，然后小心地瞄准并开火。第一枪他失败了。调整射程后，他又试了两枪，都放空了。因为距离太远，对方甚至没有意识到自己已成了别人的目标。反复检查后，射手将枪口抬高又开了一枪。这一次，目标倒下了——据说，当时的距离已经超过1000码。柏丹射手的战绩甚至引来了南军的狙击手，双方展开了对决。

“到达约克镇后不久，我们就发现叛军也有了装备着夏普斯步枪的神射手，”一名第一特等神射手团的军官写道，“我敢说，他们的枪法都非常好，一点儿也不比我见过的差。”

有一次，1名使用夏普斯步枪的南军神射手与8名使用柯尔特五发转轮步枪的柏丹射手展开对决，打死了一名特等射手。北军的回应与斯大林格勒的瓦西里扎伊采夫完全不同，史密斯·布朗中尉跑到附近的第三纽约炮兵连，让他们用一发炮弹把那个南军射手及其掩体送上了天。类似兵临城下的对决大概有一次，一个南军的黑人神射手躲在1000码距离上的一棵中空树干里，不断射击北军警戒哨。第一特等射手团G连的布朗和另一名射手被派来解决这个麻烦。他们埋伏了很长时间，但这个黑人一直没有再开枪暴露自己的位置。天快黑的时候，南军射手忍不住射了一枪，一名神射手反击了一枪，没有击中对方，却吓得他从隐蔽处跳了出来，与此同时，布朗开枪击倒了这名黑人。不过也有人认为这个战绩是杜鲁门·海德的，第十一罗德岛志愿兵团的团史说他们的营地有一颗约6.5米围长的中空大树，叛军的黑人夏普斯射手就是被加州大兵射杀在这里的。

总之，约克镇的南军士兵陷入了噩

梦，身穿暗绿色制服的特等射手活跃在阵线上。一个南军工事里的老黑人说：“我们只要竖起一顶帽子，马上就会有一颗子弹在它上面开个洞。”整个内战，联邦军队共装备了 9141 支夏普斯步枪、80512 支夏普斯卡宾枪。

战后，夏普斯步枪成为成功的狩猎步枪，亨利、斯潘塞和温彻斯特杠杆连珠枪威力过小，用于自卫还可以，狩猎的话大概只能打到兔子。夏普斯 .50-70 步枪弹威力大得多，甚至出现了使用 .50-120 的大威力步枪，发射药使用 9g 黑火药，枪口初速达到 413m/s，足以在 914 米的距离上猎杀一头北美野牛，成为野牛猎人们最喜欢的武器。

三 杠杆式步枪（Lever-action）

1845 年，法国枪械设计师尼古拉斯·福洛拜（Nicolas Flobert）设计的 .22 英寸底缘发火枪弹出现了。很快，这种枪弹就被史密斯维森用在第一种转轮手枪上。

不久后出现了 .22L 弹，也就是 .22 长弹，随后又出现了加长弹头的 .22 长步枪弹，并被用在步枪上。这种 .22LR 弹恐怕是世界上最普遍的金属定装弹，我们俗称的小口径步枪就是使用这种弹。它也是美国最普遍的子弹，因为实在是便宜——促销时，1000 发才 20 美元——虽然杀伤力不足，但因为庞大的使用量，它成了美国杀人最

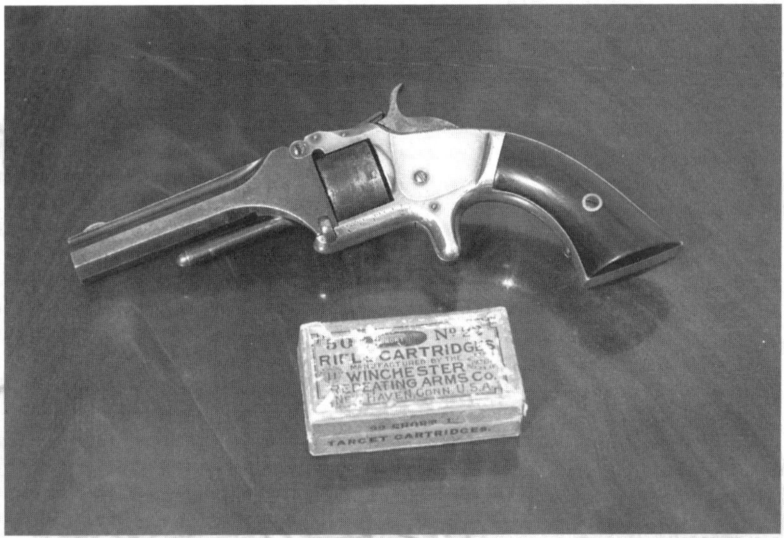

◎ 史密斯维森 *Model. 1*

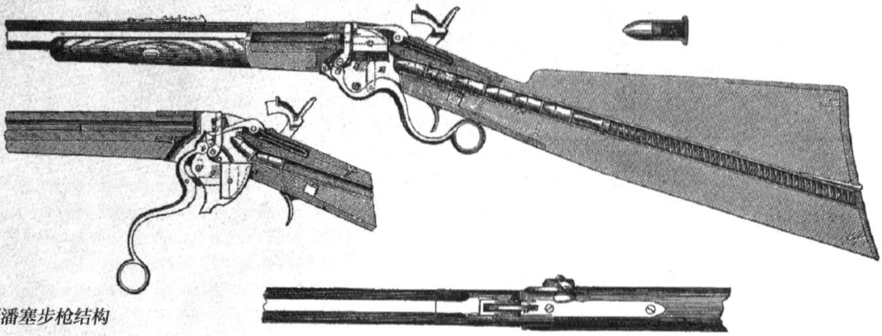

◎ 斯潘塞步枪结构

多的子弹。后来，更大口径的底缘发火枪弹也陆续出现，并在美国内战中登场。这就导致亨利式步枪和斯潘塞步枪这两种杠杆式“连珠”步枪的出现。

如果简单说杠杆的话，夏普斯类的落下式枪机、皮博迪类的起落式枪机都是用杠杆来实现枪机运作，但它们都不叫杠杆步枪，只有亨利、斯潘塞及后继的温彻斯特才被叫作杠杆步枪。绝大多数杠杆式步枪使用底缘发火枪弹，只有温彻斯特M1894和M1895是采用中心发火枪弹的杠杆枪，尤其是温彻斯特Modle1895为了使用大威力步枪弹，结构相当复杂，比同类的旋转后拉式步枪复杂得多。亨利式步枪使用.44亨利弹，16发弹管，弹管在护木里，每分钟射速高达28发。

斯潘塞步枪使用.56-56斯潘塞弹，7发弹管，弹管在枪托里，可以抽出快速更换，射速14-20发。

这两种步枪在美国内战中赢得了火山步枪[1]和装一次弹打一周的传说。1862年，美国海军测试了亨利枪，测试报告称：“在快速射击中，3分36秒射击了187发（不含装填时间）或5分45秒射击120发（含装填时间），打完枪里的15发弹最快只需10.8秒。精度测试中，向348码外边长45厘米的正方形靶子射击15枪，命中14发。耐力测试中，不清理弹膛射击1040次后，拆开枪机检查，发现弹膛和枪膛里满是火药残渣和弹头上刮下的铅粉末，膛线都塞满了，但所有部件完好无损，不需要更换。”

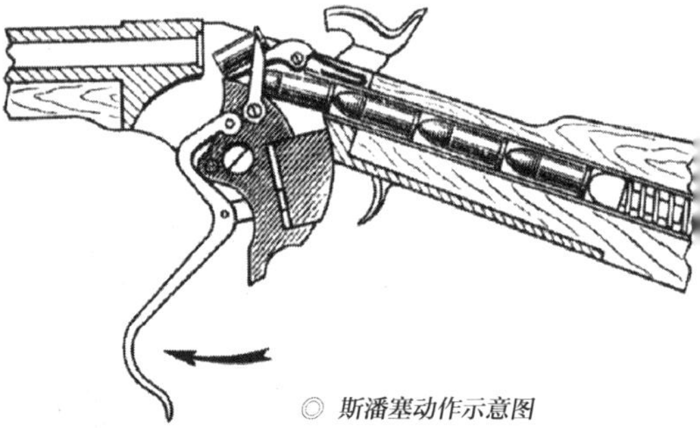

◎ 斯潘塞动作示意图

① 个人以为，“火山步枪”这个外号可能有两个所指，一是此步枪的火力猛得如火山喷发，二是亨利步枪没有护木，快速射击后枪管热得不能碰。

从1862年开始，不停有军人给生产亨利枪的新港武器公司（New Haven Arms Company）去信，讲述自己手中连珠枪的优异性能和获得的战功。来自肯塔基第12骑兵团的威尔森上尉，遇到7个南军围攻，他用亨利枪8发打倒了全部敌人；1863年7月，威尔森上尉与装备了亨利枪的67名部下，遭遇近400名南军骑兵的攻击，战斗持续了两个半小时，他以伤亡6人的代价打死南军31人、打伤南军40人。

与亨利步枪相比，作为军用步枪设计的斯潘塞维护性和可靠性更好，价格也便宜一点。不过，该枪40美元的售价是当时单价18美元的前装线膛枪的2倍，即使当时的后装夏普斯也只要28美元一支。亨利步枪这种民用货更贵一点，是42美元一支，到后来斯潘塞产量大增后的短管骑兵卡宾型才把价格降低到25美元。但因这枪可怕的子弹消耗能力，使用这种步枪对后勤军官来说还是噩梦，以至于到1865年时也只有4.8万支斯潘塞被销售出去（私人购买和军事采购）。

内战中，北军发展出了诡诈战术，先用连珠枪射一枪，然后停止等待，当习惯单发步枪的南军以为己方人员正在装弹而射击时，再连续速射打得南军措手不及。南军也非常青睐斯潘塞和亨利步枪，但他们无法大量生产该枪的子弹，只能依靠缴获，导致仓库里堆积了千余支无弹可用的连珠枪。

美国内战后，杠杆式步枪——主要是亨利步枪的后继型号温彻斯特（曾译作云者士得）M1866、M1873等型号，在美国西部被大量使用，成为西部片里与柯尔特转轮并列的两大标志性武器，被称为“征服西部之枪”，这些枪甚至被散布到了印第安人手中。在印第安战争中使用杠杆式步枪（亨利、斯潘塞等退役武器以及温彻斯特M1866）的印第安战士，用炽热的火力淹没了使用斯普林菲尔德活门式步枪的美国骑兵，赢得了小巨角河战役的胜利。战场附近一座山头因被发现大量亨利步枪弹壳而被命名为亨利山。

该战役的美军指挥官乔治·卡斯特（George Armstrong Custer，1839—1876）生于俄亥俄州的新鲁姆雷，于1857年1月1日进入西点军校，是该校第1966名毕业生，以最后一名毕业。南北战争期间，他对杠杆式连发步枪一点都不陌生。葛底斯堡战役之前，卡斯特指挥的骑兵旅就有两个密歇根骑兵团装备了斯潘塞步枪，并在葛底斯堡战役中击退了斯图亚特将军数倍骑兵的进攻。战役之后，卡斯特给斯潘塞公司写信：“如果我的部下能全部装备上斯宾赛卡宾枪，我有信心打败两倍的南军骑兵。”在温切斯特，他手下的500名密歇

◎ 卡斯特中校

根骑兵击溃了整整一个南军骑兵旅，俘虏了720人。后来，卡斯特还想发动关系给自己的骑兵旅全部换装斯潘塞，但因其价格实在太贵而作罢。南北战争期间，他表现出惊人的勇气，置个人的生死于不顾，使他迅速从中尉升至少将。他曾经身先士卒冲杀在枪林弹雨中，却从未负伤——因而被老百姓认为是一个英雄，但不受自己部下的信任和爱戴。虽然他自己未曾受伤，但在战争中他部下官兵的伤亡人数比同期其他骑兵部队要多——战士们不想拥护一位随时都可能让他们捐躯的指挥官。

战后，美军的装备是活门式的单发斯普林菲尔德步枪，不知卡斯特在周围弹落如雨时心里作何感想。1874—1875年，他负责阿伯拉罕·林肯堡的防务，率兵摧毁沃希托河畔夏延人村庄。1876年春季，作为特瑞将军指挥纵队的一部分，第七骑兵团向苏族前进一个月后，抵达了罗斯巴德河（Rosebud river）河口。卡斯特派侦察兵推测出苏族驻扎在小巨角河河畔。特瑞将军派遣卡斯特的第七骑兵团往西南行，到山上去，而他自己的部队则带着大炮从侧边逼近。他的战略是包围印第安人，以全军之力在小巨角河击溃他们。

三天后，卡斯特和他的骑兵团接近搭建在小巨角河河畔的巨大印第安营帐。也许卡斯特是没有发现印第安人的营地有4000~5000名印第安人（其中约2500名战士），又或者他是急于挽回自己岌岌可危的声誉故视而不见。卡斯特不理会特瑞让他按兵不动等待会合的命令，准备立刻发动攻击。1876年6月25日，他面对优势敌人又一次分兵：把骑兵团分成三路，两路从侧边进攻，他自己则带着211名骑兵从正面进攻。

卡斯特的独断招致了覆灭性的结果：他的部队很快陷入重围，被印第安战士四面攻打。骑兵们依托死马拼死抵抗，但这抵抗是无力的。三个小时后，由卡斯特亲自率领从正面进击的211名骑兵除3人外全部战死，印第安战士战死40余人，疯马酋长身中数弹仍在战斗，最终摧垮美军阵线。其他两路美军部队也遭受到猛烈的

◎《晨星之子》海报

◎ 疯马酋长

◎ 坐牛酋长

◎《魂断伤膝谷》剧照中，坐牛与卡斯特正在会谈的情景。

◎ 苏族印第安战士

进攻，一直到两天后特瑞率军而来，剩余部队才被解救。以此为背景，美国拍摄了《晨星之子》和《魂断伤膝谷》。《晨星之子》是以卡斯特为主角的较早的一部影片，后一部则是以坐牛酋长为主角。后者的电影道具很真实，可以看到印第安人使用杠杆式连珠枪，美军使用斯普林菲尔德步枪，与历史照片一致。

四 杠杆式步枪的世界流行

杠杆式步枪在美国之外的其他地方也很流行，主要是温彻斯特 M1866 及其发展型号 M1873。温彻斯特 M1866 还曾被满清政府、奥斯曼土耳其帝国、瑞士、墨西哥等多国使用，作为军用武器它虽然存在各种问题，但其近距离火力的猛烈当时可是首屈一指。

M1866 定型投产后，温切斯特就极有远见地送了几支特制的豪华版给土耳其高官，从 1869 年开始，土耳其陆续定购了 5000 支卡宾型和 4.5 万支带刺刀的 M1866 步枪以及数百万发子弹。

1877 年俄土普列文纳战役中，土军装备有两种步枪：皮博迪－马提尼步枪和温彻斯特 M1866，前者是皮博迪系统（下落式枪机）的大威力步枪。与俄军装备的卡恩克步枪（活门式步枪）、M1868 别旦 1 式（活门式步枪）、M1870 别旦 2 型步枪（旋转后拉式栓动步枪）相比，皮博迪步枪性能上没有什么优势。因此俄军认为，他们的步枪优于土军，只要士兵士气高昂、训练有素，一旦接战就会迅速击溃土军。俄军的训练一向残酷，造就了“灰色牲口”般坚韧强悍的战斗力，执行命令坚决且迅速。虽然俄军做决策比较慢，但一旦进入状态就将不可阻挡。

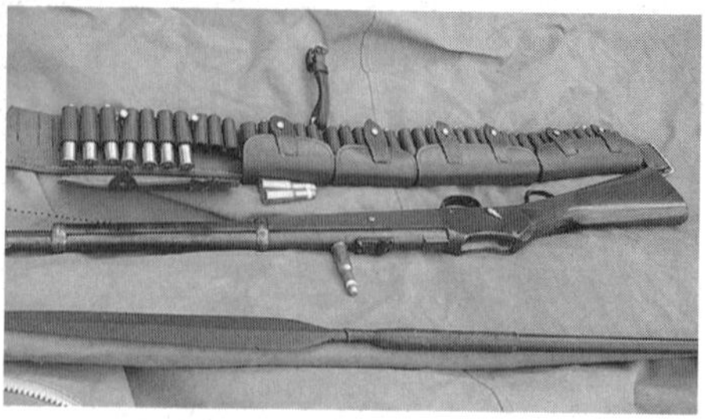

◎ 马提尼-亨利弹药带

大规模的军购完全无法保密，因此俄军虽然可能知道土军装备有温彻斯特步枪，但并不在意——大概是因为底缘发火枪弹有严重缺陷。这个缺陷就是它的强度——底火位于弹壳后端的弹壳底板，即底缘里，对枪支的设计与使用带来很大的方便，然而，弹壳底板也是弹壳的一部分，为了让枪支的击锤能经过打击有效引发底火，弹壳不能太厚。如果用在较大口径或装药量高的子弹上，火药气体膨胀后就会造成弹壳与弹壳底板的分裂，而这也就是大口径底缘发火子弹停止应用的原因。温彻斯特 M1866 使用的 .44 亨利弹同样有这个问题，该弹长 34 毫米，弹壳长 22.2 毫米，弹头重 13 克，发射药重 1.8 克。这个药量大概相当于马提尼 - 亨利步枪 0.577 弹的 35%。装药少，射程就近，一个平均水平的射手能有效命中目标的距离只有 200 码。威力低，穿透力也小，影片《与狼共舞》里科斯特纳在 10 米的距离内连发数枪才打倒一头水牛。即使是 .50 的斯潘塞步枪也有这个问题。在美国南北战争期间田纳西的塔拉霍马战役中，自费装备斯潘塞步枪的印第安纳闪电骑兵旅，在怀尔德上校指挥下迂回攻击南军侧翼，强大的火力让南军的哈迪（Hardee）将军以为

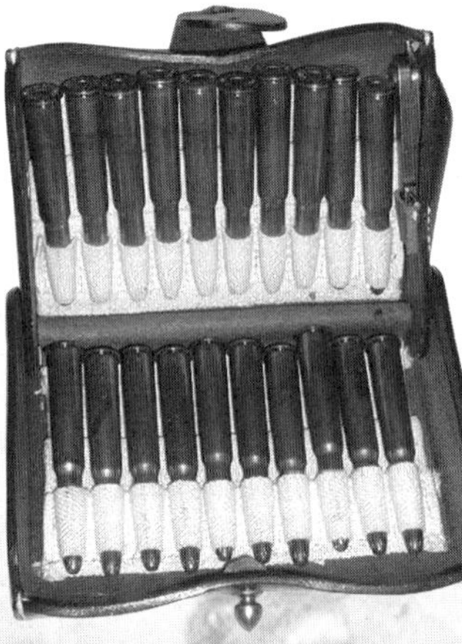

◎ 20发弹药盒

◎ 斯潘塞弹药盒

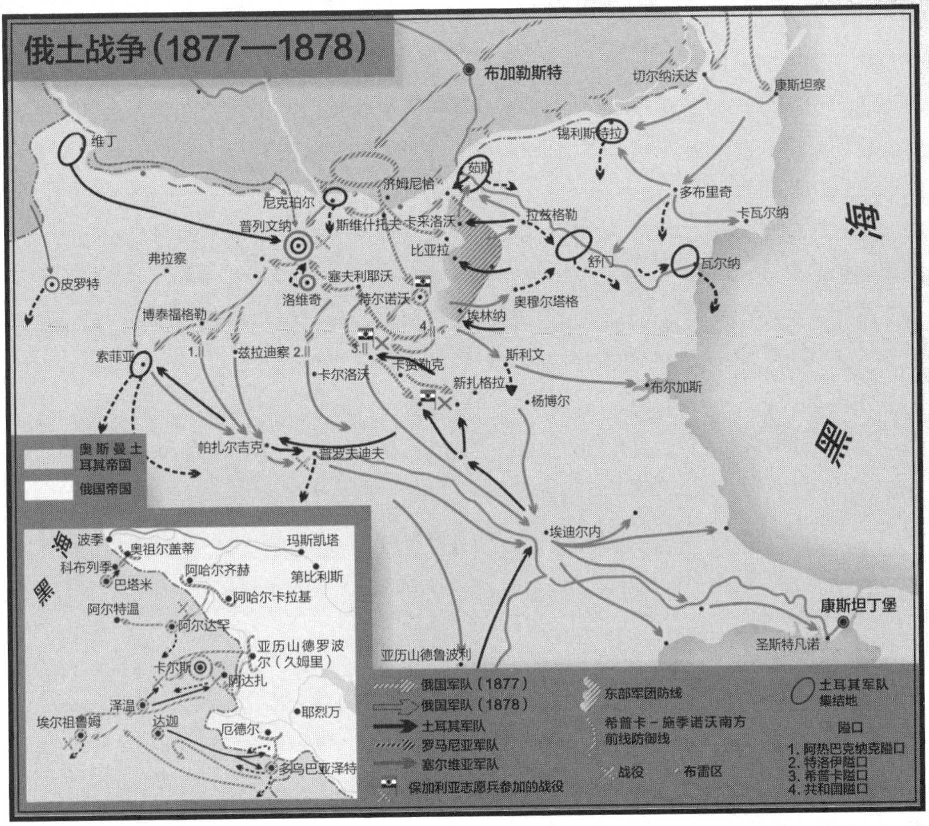

◎ 俄土战争示意图

◎ 尼克珀尔投降图

自己碰到了北军主力，下令撤退了24千米，第二道防线还没布置好就被下马骑兵冲破了。两次交火中，北军士兵们几乎打光了携带的142发子弹，对方的伤亡却不到500人，可见其杀伤力。不过，这个射击次数在当时可以说是非常奢侈。当时，在前装枪的传统影响下，士兵的携弹数量很少超过70发。如果估计战斗烈度不强，士兵仅会携带容弹量为40发的弹药带或20发的弹药盒，与这种弹药盒或弹药带相比,斯潘塞的弹药盒简直就是个庞然大物。

鉴于这些问题，俄军并不觉得温彻斯特步枪在几万军队拉开阵势的战场上会起什么作用，这个轻忽就造成了“土耳其式开局”的悲剧。

1877年，西路俄军在尼古拉斯大公（Grand Duke Nicholas）的指挥下越过了多瑙河。7月16日，俄军在努里帕夏的援军到达前攻克了尼克珀尔（Nikopol），努里帕夏不得不转向增援普列文纳。俄军则马不停蹄进攻重镇普列文纳。7月18日，1500名俄国骑兵抵达普列文纳外围，轻易驱散了少量土军。经过侦察，俄军认为普列文纳只有少量防御力量。这个判断是准确的——这次战斗前，帕夏仅有4000人。

此后，俄军不断增兵。到9月初，加上3万罗马尼亚军队后，俄罗联军的总兵力达到8.4万人，424门火炮（其中有12门24磅攻城炮）。9月7日清晨，俄军开始对土军防线进行持续四天四夜的炮击。后来，土军的报告称，大规模炮击对战壕里的士兵没多少效果，因为土军的锯齿形战壕有效减少了杀伤力。

11日中午，俄军开始进攻。与前一次攻势一样，队形密集，各路部队毫无协同意识。比前一次更糟糕的是，预备队的集结处就在进攻发起点后几百码处，离土军防线才1000多码。结果，预备队还没投入战斗就遭到土军火炮和远射程步枪皮博迪-马提尼式的沉重打击。进攻部队的命运更糟，靠近防线后还要面对连珠枪射出的火墙。克勒纳及其参谋似乎从上一次的失败中什么也没学到。

格瑞维提撒一号堡垒（Gravitza Ridge Redoubt No.1）是克勒纳将军特别重视的目标，付出重大伤亡的俄军终于攻克该阵地，将旗帜插在了阵地上。但占领阵地的俄军却发现，一直保持沉默的格瑞维提撒二号堡垒突然爆发。在其火力的扫荡下，俄军不得不放弃了付出高昂成本夺来的阵地，向下撤退。斯科别列夫试图阻止军队撤退，但溃退已不可阻挡。

第二天中午，战斗就结束了。俄军损失了300名军官和1.25万名士兵，罗马尼亚损失56名军官和2500名士兵，土军伤亡只有4000人。斯科别列夫的英勇努力勉强取得了一点成果，俄军占据了靠近城镇的14、15号堡垒，但周围的友军都撤退了。坚持了24小时后，得不到增援的斯科别列夫部于12日下午撤退，损失高达8000人，超过兵力的53%。10月19日，罗马尼亚工兵把战壕接近到2号堡垒40码，罗军向其指挥官卡罗尔求战，为了不打击士兵的求战热情，卡罗尔同意了罗军的作战计划。

战斗开始后，土军堡垒不停喷出火焰。

帕夏对堡垒进行了改进，三层战壕1分钟可喷射出2万发子弹。在密集火雨的打击下，罗军依然夺取了第一道战壕。但20分钟后，罗军顶不住了。付出1000人伤亡的代价后，罗军停止了这次为时25分钟的攻势，此后也不敢再提出继续攻击的请求。普列文纳战役失败的消息传出后，欧洲各大交易所里俄国股票全部崩盘，卢布贬值逾三分之一，各家银行都拒绝再购买俄国的战争公债。

杠杆式连珠枪最早进入中国的是斯潘塞七连发，被左宗棠誉为“剿捻平回最利”，但从未实现国产。温彻斯特步枪在中国也相当流行，被称为十三音云者士得，广东、江南制造局和金陵枪炮局都生产过该枪，金陵厂产的质量最佳。该枪使用范围也极广，使用时间长达70年。中法之战中，冯子材在镇南关曾集中一批杠杆式连珠枪，痛击了法军。此后，甲午、庚子均大量使用此枪，甚至滇西反攻时还有民团使用。

普列文纳阻击战

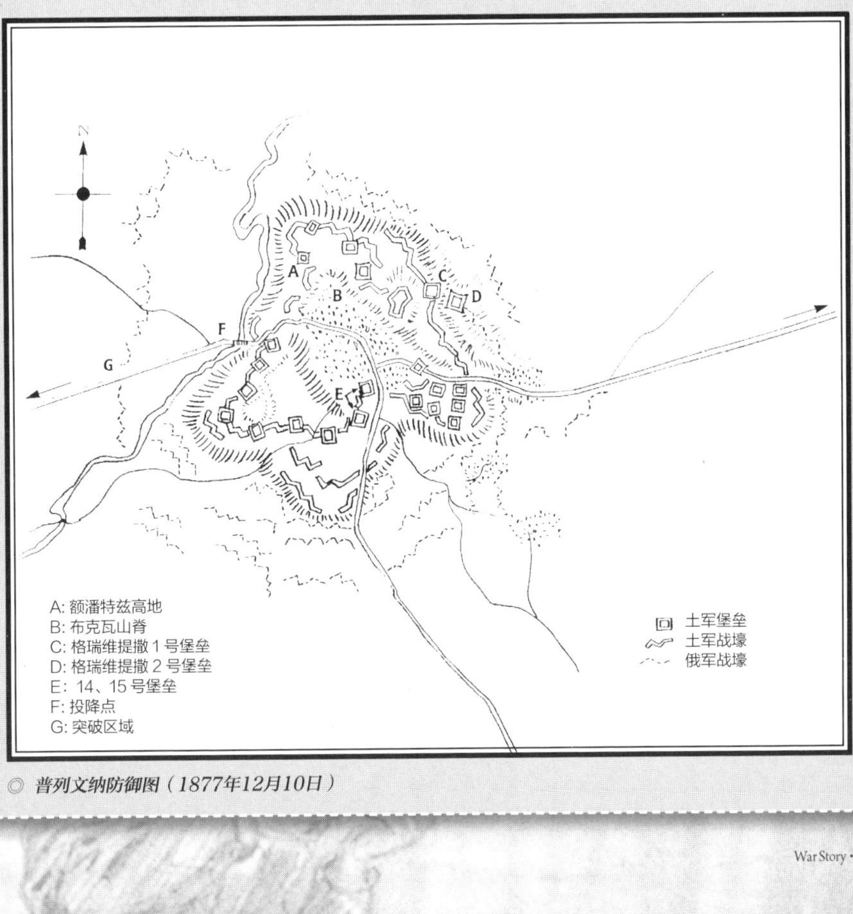

◎ *普列文纳防御图（1877年12月10日）*

7月20日，得到侦察报告的俄军指挥官尤里·希尔德－司库德纳（Youri Schilder－Schuldner，1816—1878）命令他的主力7500名俄军步兵在少量炮火支援后进攻城镇，少量土军被驱赶进镇里，俄军认为土军已经无力再战，便入城了。但帕夏一直隐藏着自己的主力，将他们埋伏在街巷的房屋和仓库里。因此，放松警惕的俄军被埋伏在镇内的土军痛击了。温切斯特枪在这种近距离交火中体现了极大的优势，溃退的俄军又遭到皮博迪步枪的追射。在不到20分钟的战斗中，俄军伤亡2845人（74名军官和2771名士兵，其中包括1名旅长和2名团长），遗弃了17车弹药。土军仅30人受伤、12人阵亡。俄军这次轻率的进攻损失惨重。

此后10天，双方都大量增兵，奥斯曼努里帕夏指挥的土军达到4.5万人（一说2.2万人），拥有的温切斯特枪数量不详，据后来估计有8000~12000支。俄军也得到了部分增援，包括罗马尼亚卡罗尔亲王指挥的罗马尼亚军队，但总人数只有2.6万。俄军总司令尼古拉斯大公也到了后方营地，他和他的参谋人员意识到，无法绕过普列文纳。根据大公的情报，普列文纳的土军仅有2.7万人，但其拥有远射程的克虏伯大炮。7月31日，大公下令前线指挥官克勒纳（Krudner）中将立即进攻。《俄土1877战争》（The Russo－Turkish War 1877）一书里，土军拥有2.2万人和58门炮，俄军3.5万人和170门炮。

克勒纳中将回报，他只有2.6万名士兵，

◎ 皮博迪-马提尼步枪

◎ 普列文纳战役

对面的土军有5万人。大公却回复，根据他的情报土军只有2.7万人，应立即进攻！

迈克尔·斯科别列夫（Michael Skobeleff）将军指挥的第11旅强渡奥斯马河（osma），试图驱逐普列文纳南部约32千米的洛维奇的土军。他发现了大量的土军，但并没意识到普列文纳双方的兵力对比已出现巨大变化。

克勒纳中将在得到大量弹药补给后决定进攻。这是一次三面钳形攻势，分别从普列文纳东边和北边发起，东边是俄军左翼，左翼外侧为斯科别列夫（Skobeleff）少将指挥的1个哥萨克旅和16门野战炮；左翼内侧为雅科夫·彼得洛维奇·沙霍夫斯科伊亲王（Schachowskoi，一个以野蛮和猪突战术出名的指挥官）指挥的2个步兵旅、2个枪骑兵中队和48门野战炮；另有两个枪骑兵中队在中央负责联络。

俄军右翼外侧是拉扎列夫（Loscharef）少将指挥的1个团和1个骑炮连（6门）；内侧是这次进攻的主力，维利亚米诺夫（Veliaminof）中将指挥的2个步兵师和80门野战炮；同样，2个枪骑兵中队负责联络。

中路是总指挥克勒纳中将控制的预备队：1个步兵旅、4个枪骑兵中队和30门大炮。

俄军不但兵力处于劣势，作战计划也是一大败笔，左右翼距离太远，攻势开始后无法相互支援。对俄国人更不利的是，土军共修了三道战壕，由于地形起伏，俄军在接近第一道战壕前看不到后两道战壕。

7月30日清晨，双方开始炮击。俄军炮火对有良好掩护的土军杀伤很小，土军的克虏伯大炮却给进攻的俄国人不小的打击，炮战持续到下午3点仍没有结束。俄军展开攻势，在左翼外侧，斯科别列夫少将一直将大炮推进到离土军防线600码处，结果被步枪火力大批杀伤，只好把炮兵撤到后方。这时，沙霍夫斯科伊亲王率部攻占双方战线之间的一个村子，消灭了屈指可数的土耳其守军。被这次胜利所鼓舞，沙霍夫斯科伊亲王不顾命令——占领村子后原地待命——决定进攻。下午2点，他指挥的2个步兵旅排成横队，向土军的第一道战壕前进。

战后，俄军的幸存者称他们在3000码外就受到土军步枪火力的杀伤，这肯定是夸大，因为当时土军装备的皮博迪－马提尼式步枪的初速为410米/秒，最大射程只有3200码，在3000码外几乎没有杀伤力。大约从2000码起，队伍中不断有人被击中倒地，随着距离的接近，损失数字也在逐渐增加。到了六七百码处，俄军原来整齐的队列已开始破碎，一些士兵卧倒在地躲避四射的子弹，但他们马上被军官们踢着屁股爬起来继续前进。

土军步枪的火网持续收割着俄国大兵的生命，同时还有后方大炮射出的榴霰弹加强效果。随着俄军的前进，土耳其军官不断发出调整步枪表尺的命令。在士兵们的身后，安静地躺着无数支温切斯特连珠枪和大量500发的弹药箱。

一向以坚忍和服从著称的俄国步兵顶着弹雨前进着，一直到土军战壕前200码处。这时，土耳其人的大炮停止了轰鸣，士兵们换上连珠枪将更加密集的弹雨倒在俄国人头上。但俄国人没有被吓倒，他们端着上了刺刀的步枪开始冲锋，准备用拿手的肉搏战击溃土耳其人。土军却没有计划拼刺刀，当俄国兵距离战壕50码时，他们就迅速撤退到了第二道战壕。已经损失惨重的俄军无力追击，只能跳进战壕里躲避土军居高临下从第二道战壕发出的弹雨。

这时，沙霍夫斯科伊亲王收到通知，一个团正从中路赶来支援。但一直等到下午4点，援军都没有出现（后来得知是迷路了）。于是，沙霍夫斯科伊亲王决定就用现存的力量进攻土军的第二道防线。同样的一幕发生了，土军在远距离上使用皮博迪－马提尼步枪射击，等俄国人靠近了就换上连珠枪。在这样的火力打击下，俄军仍突破了土军的几处防线，有2个连甚至冲进了普列文纳。但土军司令努里帕夏准备了强大的预备队，很快夺回突破口。

到下午6点，俄军的两翼都停止了攻势。总司令克勒纳中将却在这时投入预备队谢尔普霍夫团，从中路进攻，但这个团连第一道防线没拿下就被击退了。指挥官博节日诺夫（Bojerianof）将军阵亡，就倒在土军防线外100码处。

下午7点，左翼，土军已经完全夺回第二道防线，开始攻击正在后撤的俄军，沙霍夫斯科伊亲王给其左侧的斯科别列夫少将送去了一封短信："尽你所能赶快撤退，我撤回来的部队每个连只剩5~10个人了。"沙霍夫斯科伊亲王的警卫也全部战死了，他本人在一小队哥萨克的掩护下逃回了普列文纳北方6.5千米的营地。因为土军不停追击，俄军所有伤员都被遗弃在战场上，入夜后被土耳其人全部杀死。

一些记者这样报道："上一次俄军这样被摧毁还得追溯到拿破仑战争。"俄军军官也报告说，接近土军战壕时火力密集得如同进了地狱。

第二次普列文纳之战落幕，俄军的伤亡为169名军官和7136名士兵，占总兵力的30%，土军伤亡约2000人。

以上内容节选自理查德·邓肯（Richard T. Trenk）的《普列文纳阻击战》（The Plevna Delay）

五 活门式步枪（Hinged breechblock）

虽然旋转后拉式步枪最早出现，杠杆式步枪最出风头，但在第一代金属定装弹后装步枪中，它们却不是最普遍的装备。当时，各国普遍装备的是各种活门步枪（扩大点说是铰链闭合式枪机步枪）。究其原因只有一个——费用问题。

在后装枪前，大量装备部队的是各种前装击发枪，数量巨大，如要全部换装新式步枪，花费也将是巨大的。于是，除了少数小国家，军事大国们都选择将现役的前装线膛枪进行改进，最简单的方法就是将枪膛部分截掉，加一个铰链活门作为闭锁——前装步枪就成了后装步枪。为了减小工序，通常将击针布置在侧面。活门步枪包括上开活门的斯普林菲尔德M1865\1866\1868\1870\1873\1888型步枪、侧开活门的英国M1853/66&1866士乃的步枪，奥地利的万泽尔（Wanzl）M1854/67 & M1862/67步枪，比利时的特森（Terssen）M1777/1868 & M1848/68、阿尔比尼-布伦特林（Albini-Braendlin）步枪M1777/67, M1841/53/67、M1853/67 &1873（南澳大利亚、意大利以及日本也使用该步枪）。特森与阿尔比尼步枪差异不大，它们是由一种步枪改造而成的。同样是侧开活门的俄国卡恩克步枪，西班牙使用的西班牙伯丹M1859/67，西班牙伯丹步枪属于较老式的活门枪。瑞士米尔班克-阿姆斯勒（Swiss Milbank-Amsler）M1842/59/67。

活门步枪大同小异，差异仅在活门的

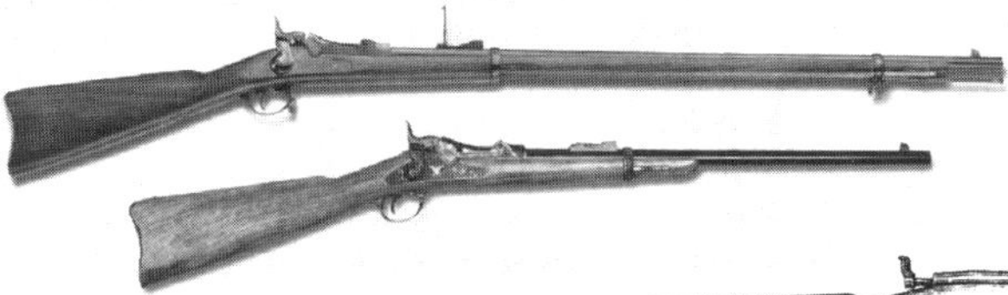

◎ 斯普林菲尔德步枪

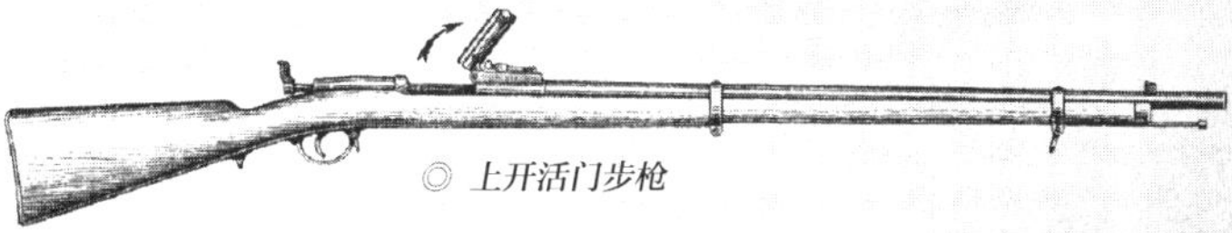

◎ 上开活门步枪

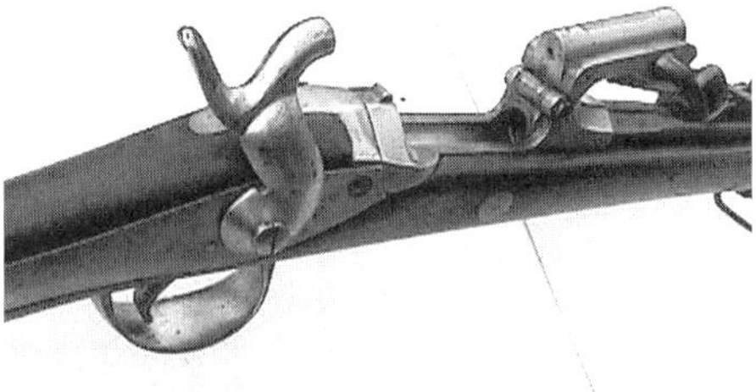

◎ 特森步枪

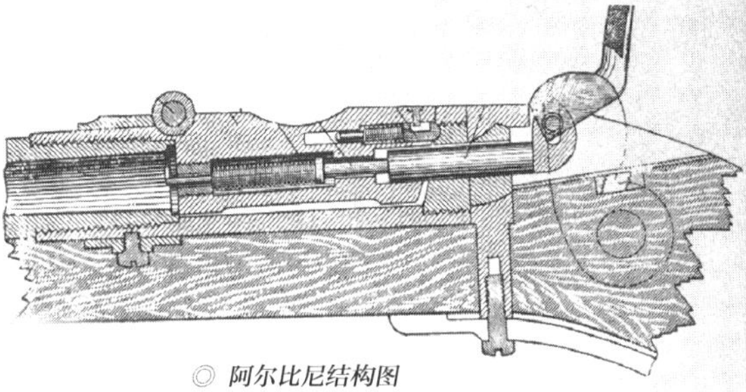

◎ 阿尔比尼结构图

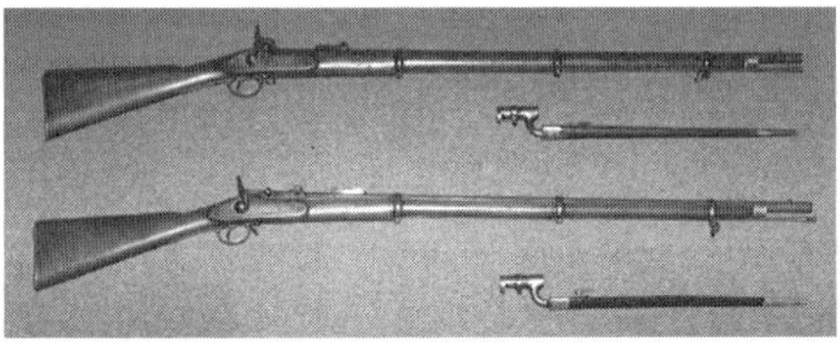

◎ 阿尔比尼步枪

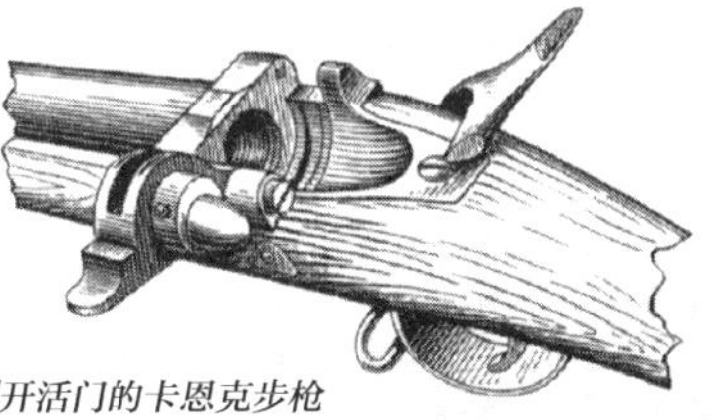

◎ 侧开活门的卡恩克步枪

◎ 侧开活门步枪

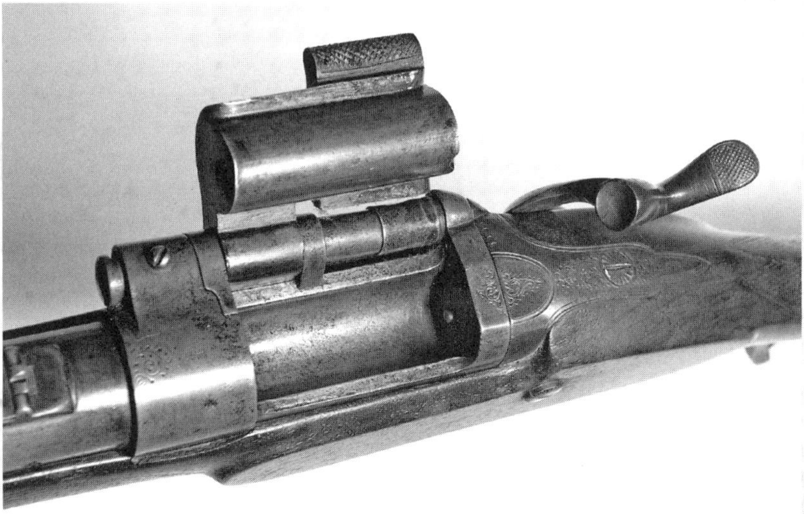

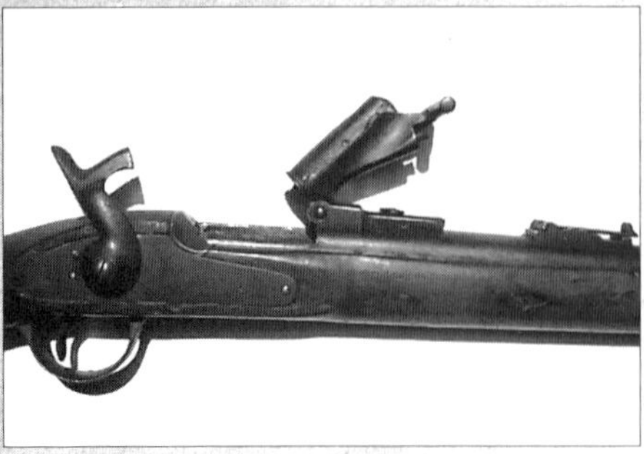

◎ 西班牙伯丹

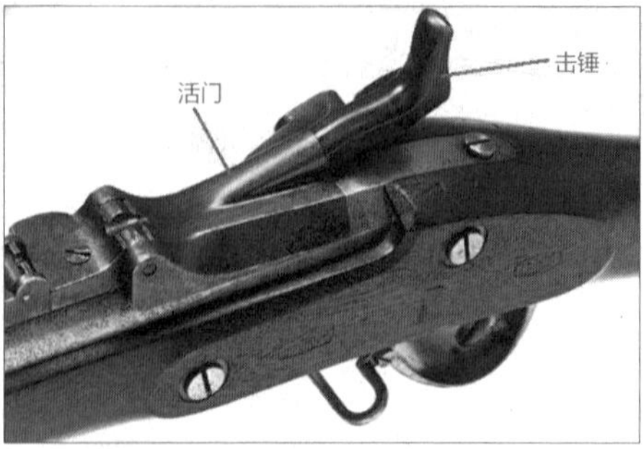

◎ 斯普林菲尔德1866细节

开启方向上。活门步枪中，性能较好的是斯普林菲尔德M1865步枪。该枪是内战后，美国政府考虑到资金因素选用的一款步枪，由斯普林菲尔德工厂总设计师厄斯金·奥林设计。当时，与其竞争的是雷明顿公司开发的M1866枪机下转式步枪。与雷明顿这种全新设计的步枪相比，这款步枪是从内战中总产量达70万支的斯普林菲尔德M1863步枪改造的，比采购全新的雷明顿要便宜得多，算上每支5美元的改造费，与夏普思步枪每支42美元的价格相比，便宜太多了。虽然M1865系活门枪相当成功，被称为最好的活门步枪，但比起雷明顿还是要差一点，后者参加1867年巴黎世博会时被评为全世界最优秀的步枪，为世界多国广泛装备，包括阿根廷、中国、埃及、卢森堡、墨西哥、丹麦、新西兰、挪威、教皇国、秘鲁、西班牙、瑞典、乌拉圭。后来还出现了使用7毫米毛瑟小口径弹的雷明顿M1897型，在1916年的美墨冲突中用来对抗美国的新锐步枪斯普林菲尔德M1903。

与其他活门枪一样，斯普林菲尔德M1865的活门起闭锁作用，尾部有个突笋用来在关闭时卡住。为了方便射手用右手扳开击锤，活门步枪的击锤往往设计在枪身右侧，因此击针就不得不倾斜向下安置在活门中。扣动扳机后，击锤回转击打击针，进而击发枪弹。早期斯普林菲尔德活门枪击锤有两个挡，分别为保险装弹和待击。将击锤扳到上方位置为保险装弹，此时可打开活门装弹。装弹后将击锤继续向

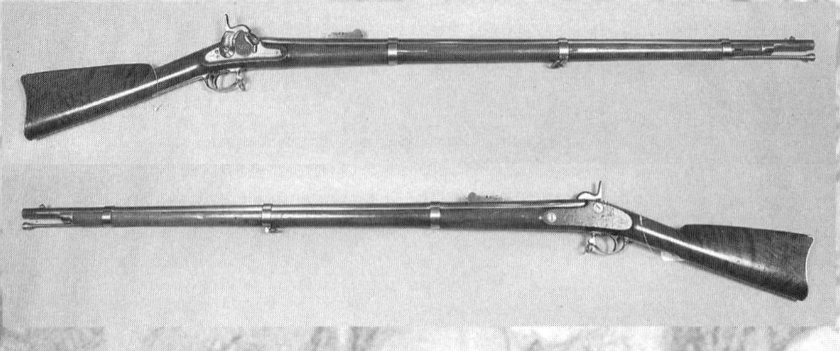

◎ 斯普林菲尔德M1863

后扳，进入待击挡。后期型号击锤分为三挡：保险、装弹和待击。活门连着一个抛壳器，实际上就是一个金属片，这样打开活门后，弹壳随即会被抛出。但这个功能并不是总好用，纯铜弹壳受热后容易过度膨胀造成抽壳故障，只能用小刀将弹壳撬出。在小巨角河战斗中，卡斯特部队使用的 M1873 型步枪据信就遇到了类似问题。此后的 0.45-70 政府型枪弹就换成了黄铜弹壳。斯普林菲尔德 M1866 型在生产过程中，普法战争爆发，法军将采购的一半用于普法战争。

◎ 斯普林菲尔德击针和抛壳器.

总体上，面对印第安人使用的温彻斯特杠杆步枪，斯普林菲尔德活门枪并非不堪一战。该枪的射速虽然不如连珠枪，但其射程威力远胜使用小威力短弹的连珠枪，而且该枪的射速也不是特别慢，1 分钟 10 发左右的射速还是可以达到。正规军队选择斯普林菲尔德作为步兵武器更能兼顾射速和威力，各型号的斯普林菲尔德活

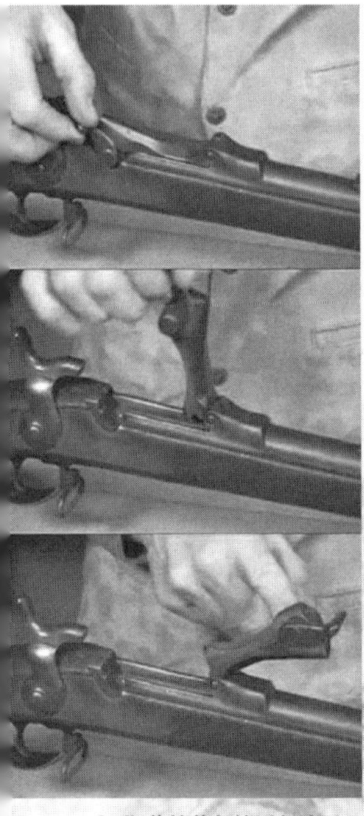
◎ 斯普林菲尔德活门演示

◎ 斯普林菲尔德击锤三个挡位

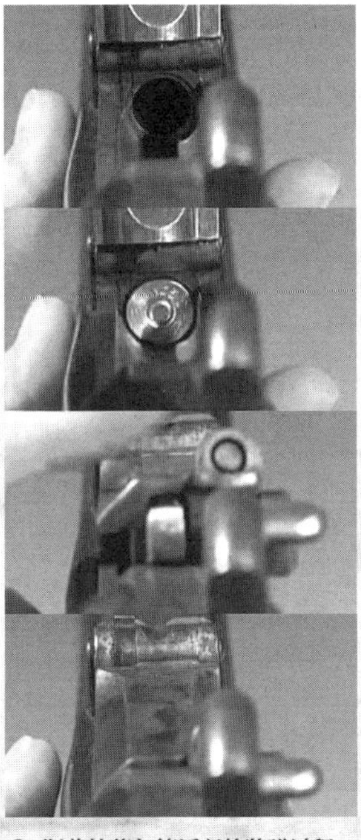
◎ 斯普林菲尔德活门枪装弹过程

门枪总产量高达69万支，在活门枪中仅次于士乃得步枪。

士乃得－恩菲尔德步枪设计于1860年，是在M1853恩菲尔德步枪的基础上改造而成的，同样是减少支出的产物。恩菲尔德M1853产量高达150万支，要替换自然是一笔巨大的开销，改装则便宜得多，费用大概是每支1英镑。改装的士乃得－恩菲尔德步枪总产量高达87万支，是产量最大的活门步枪，使用国家包括英国、日本、奥斯曼土耳其、葡萄牙、埃及、加拿大北西警察、中国、阿富汗等，参加了阿富汗战争、祖鲁战争、第一次布尔战争、新西兰战争。它的性能一般，与上开式的斯普林菲尔德相比，侧开活门的步枪没有抛壳器，需要手动退壳，严重影响射速。俄国的卡恩克步枪也没有抛壳器，但其有垫片垫起底缘，方便退壳。另外，卡恩克将击针设计在中间，击锤设计成拐角，这个设计避免了击针在活门里倾斜到中间，有效缩短了活门长度，使卡恩克步枪成为活门步枪中活门最短的步枪。击针设计在中间的还有比利时的阿尔比尼－布伦特林系步枪，以及其俄国仿制品巴拉诺夫(Baranov)步枪，但它们的活门都没有卡恩克步枪的短。活门步枪最麻烦的是装弹，而且活门闭锁也不太严密，因此，各国研制出新的步枪后，就纷纷将其退役，活门步枪因此成为过渡时期最短命的步枪。

六 枪机下转式步枪(Rolling block)

南北战争导致各式新步枪新鲜出炉，纷纷投入这个大试验场。作为最早采用镗孔制造膛线身管和生产装配线的雷明顿枪炮厂，成为当时大生产线制造枪械的引领者。雷明顿公司的设计师雷纳德·盖格(Leonard Geiger)在1863年设计出了0.46英寸定装铅弹的后膛步枪，并生产了5000支装备联邦军骑兵。后继生产的15000支0.50口径则没赶上南北战争的末班车，被急需武器的法国政府买去服役普法战争。约瑟夫·立德改进该枪，在1866年推出了较成熟的0.50-70雷明顿枪机下转式步枪。该枪成为最成功的后膛单发步枪，产量高达400万，使用国家也很多。普法战争时，法国购买了21万支这种枪，是第一个将该枪用于实战的国家。后来，雷明顿被改成各种口径，直到1914年还有使用。10多万支只用8毫米勒贝尔弹的改型被法国人订购作为紧急补充，一直生产到1916年。使用过该枪的国家有二十多个，其中不乏军事大国，如奥匈、法国、意大利、日本，甚至英国海军也订购过4500支用来武装蒸汽船船员，很多欧洲和南美小国更是直接采购或者授权生产该枪作为制式武器。

雷明顿公司原本希望该枪进入联邦政府的新型后膛步枪采购计划，但由于美

◎ 雷明顿步枪（第二支除外）

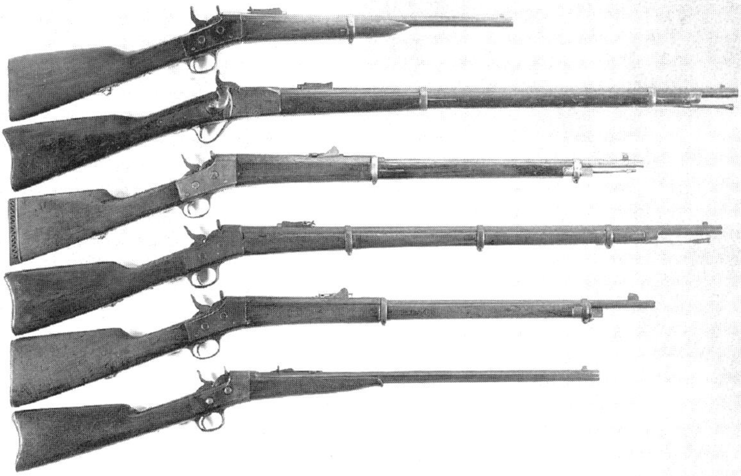

◎ 雷明顿枪击结构

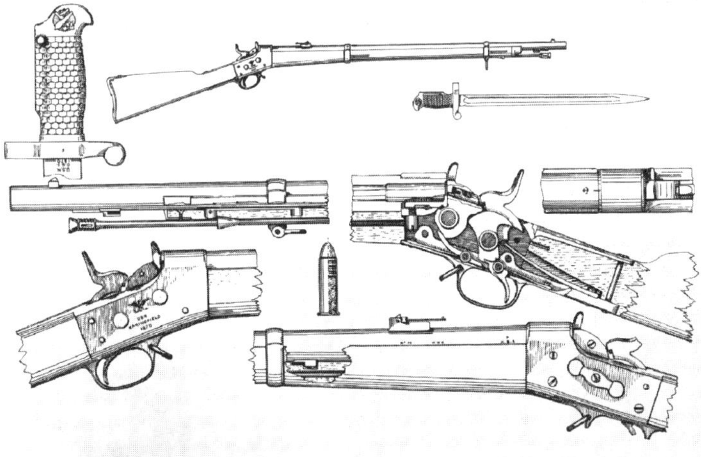

国政府压缩开支，选择了便宜的斯普林菲尔德步枪。雷明顿被推荐给美国海军，海军觉得雷明顿步枪非常可靠，于是订购了5000支短管的M1867海军型卡宾枪。由于当时的美国是军事小国，雷明顿公司因此把目光投向了海外。1867年，雷明顿公司携其新产品参加巴黎世博会，在展会上一经展出就受到各国重视，被誉为“全世界最优秀的步枪”。第一笔大订单来自北欧三国：丹麦4.18万支、挪威和瑞典各订购了1万支和2万支，三国还购买了生产权。挪威由国家兵工厂康斯贝格兵工厂生产雷明顿枪机下转式步枪，以生产射击比赛用枪著称的挪威斯图鲁斯公司生产部分零部件。

雷明顿枪机下转式步枪能够获得如此

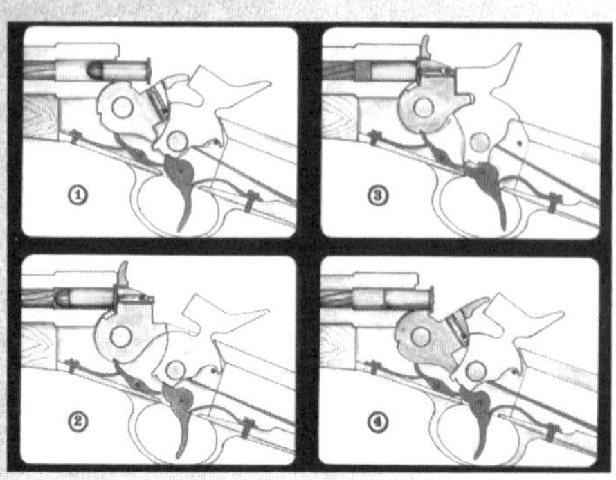

◎ 雷明顿工作原理

◎ 雷明顿装弹

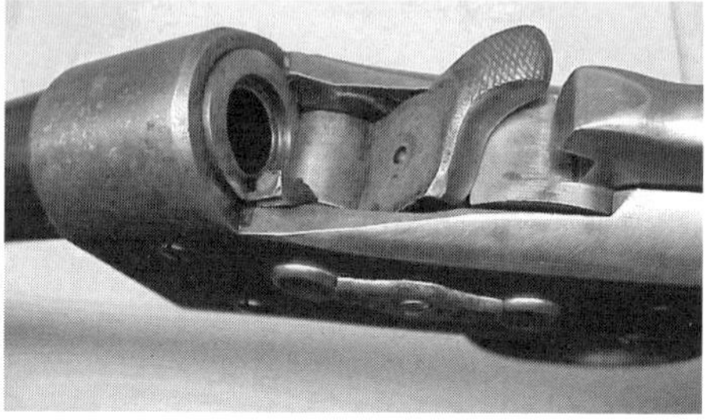

◎ 雷明顿后膛

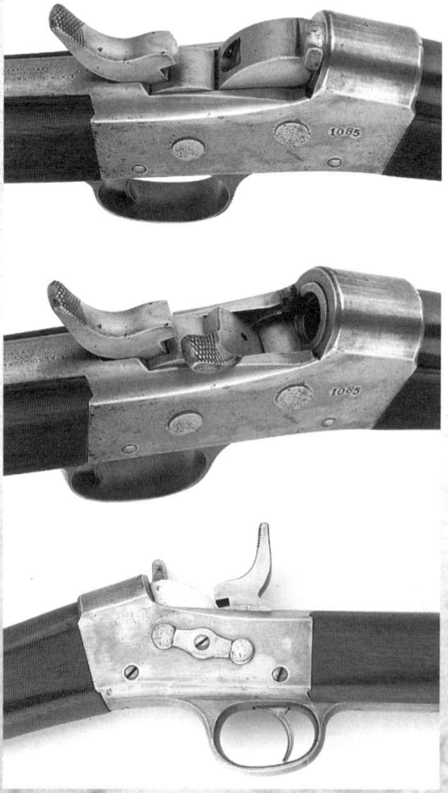

◎ 雷明顿枪机

的好评和追捧，原因就在于它拥有当时比较先进的枪机下转式闭锁结构。这种闭锁结构比同期的活门步枪要简单可靠得多：动作连贯、射速更高。下转式枪机被固定销连接在机匣上，枪机可绕固定销转动，击针布置在枪机内部，位于枪机后方的击锤也由固定销连接在机匣上。扳开击锤使其处待击状态，扳动枪机上的枪机扳杆，向后扳动枪机，枪机下转露出弹膛，装入枪弹，向前扳动枪机，枪机回转完成闭锁。扣动扳机，击锤回转时随着击锤向前运动，枪机下方的圆形突笋旋转，防止枪机被燃气打开，击锤击打枪机上露出的击针，击针向前动作击发枪弹。射击过后，再向后扳动击锤进入待击状态，向后扳动枪机的同时，枪机上的抛壳钩把子弹抛出，进入再装填状态。虽然不如弹仓装弹步枪快，但熟练射手还是能达到每分钟 20 发左右的射速。

雷明顿枪机下转式步枪在海外的成功也吸引了美国陆军的目光。陆军虽然已经装备斯普林菲尔德活门枪，但得知海军两次订购雷明顿枪机下转式步枪，也产生了兴趣。由于雷明顿公司海外订单太多，忙得不可开交，便将陆军的订单交由斯普林菲尔德兵工厂生产，陆续生产了10万支。另外，纽约州国民警卫队也订购了2万支。美国国内更多的市场来自民用，在雷明顿之前，狩猎用枪基本被夏普斯占领。雷明顿公司利用广告，在报纸上做足了宣传。1877年，美国长岛世界步枪射击比赛中，美国队装备了3支雷明顿步枪。到1881年，雷明顿逼得夏普斯步枪制造公司破产后，完全垄断了大威力狩猎步枪市场。

美国军队装备雷明顿枪机下转式步枪的时间不长，很快就换装了卡拉克乔根森步枪。该枪也很短命，不久就被斯普林菲尔德M1903（也就是俗称的春田03步枪）代替。在美国，雷明顿主要参加了印第安战争和菲律宾战争，短暂服役期后，退出美国军用步枪市场。不过，1916年美墨冲突时，美军还跟使用雷明顿的敌军交过一次手。

墨西哥当时有大量使用7mm毛瑟步枪弹的M1897型雷明顿枪机下转式步枪。不仅独裁者迪亚斯和韦尔塔的军队大量装备该枪，墨西哥农民军也是。美国支持迪亚斯独裁统治，惹恼了农民领袖弗朗西斯科·潘乔·比利亚。他决定对美国施以颜色——骚扰美国境内。他得到情报新墨西哥州哥伦布镇仅驻扎着少量美国士兵后，遂决定带领500名骑兵突袭哥伦布镇。1916年3月9日清晨，比利亚的部队越过美墨边境。

但比利亚的情报并不准确，因为美国第13骑兵团的330名骑兵刚刚调防到哥伦布镇附近。战斗初期，美军措手不及，但很快镇定下来，借助两挺哈奇开斯M1909机枪对比利亚进行反击，镇内居民也纷纷参战。8个小时的激战后，墨西哥人虽然摧毁了镇内很多建筑设施，但最终被击退。战斗中，美军18死8伤，比利亚军伤亡80余人。事件发生后，美国总统伍德罗·威尔逊以此为借口，马上命令潘兴将军率军武装干涉墨西哥革命。

雷明顿枪机下转式步枪在中国被称为林明敦滚轮式步枪、林明敦边针或林明敦中针枪，由江南制造局大量制造，但官办兵工厂的生产质量一贯不佳。即使是从美国进口的雷明顿步枪，到1894年时也使用了20余年，以清军的储存和保养习惯，早已不能使用了。翰林编修曾广均曾经在呈文里将清军洋枪分为三等，德国毛瑟、德国新马提尼（.402口径）、单音哈奇开斯、黎意和快利被列为甲等，英国马提尼、十三音云者士得为乙等，林明敦为丙等。“系美国极旧之式，乃上海制造局同治十二年（1873年）起造，至光绪十五年（1889年）止，所造至百余万杆，除已发各营外，实存六十余万杆。”“后膛走火，又易炸裂，又不甚准。”江南制造局生产的“林明敦中针兵枪多有走火之弊，故各营未肯领用”。考虑到满清洋务运动低效的生产能力，这也是可以理解的。

七 起落式枪机步枪(Peabody action)

起落式枪机步枪指的就是皮博迪（Peabody）系步枪，包括各种皮博迪、皮博迪－马提尼、皮博迪－马提尼－亨利、马提尼、亨利步枪以及巴伐利亚的温德尔步枪。该枪机结构由亨利·皮博迪于1862年在美国马萨诸塞州波士顿发明，是当时最坚固的闭锁结构，因此，皮博迪系步枪也是当时威力最大的军用步枪，标尺射程高达3200码，实际射程也有2000码。俄土战争中，俄军就宣传他们遭到3200码外装备了M1872皮博迪－马提尼步枪的土军的射击。如果这不是俄军被吓得惊慌失措了，就是土军训练太差，与清军一样喜欢盲目远射。

◎ 皮博迪的运动方式

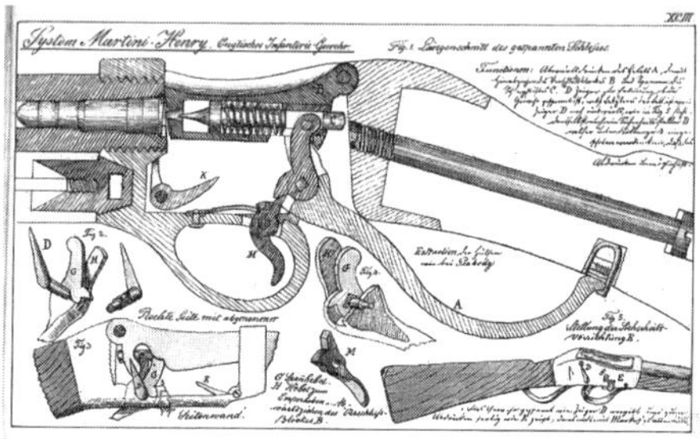

◎ 马提尼的结构图

皮博迪系起落式枪机使用扳机护圈作为杠杆实现枪机起落，因此也算是一种杠杆步枪。但与杠杆式连发步枪相比，它使用中央发火式枪弹，枪机结构更大。皮博迪步枪与之后的马提尼步枪的差异是，皮博迪步枪有击锤，必须手动扳起击锤待击，通过击锤敲击击针击发枪弹，枪机下降时自动抛出弹壳。1866年，瑞士设计师弗里德里希·冯·马提尼改进了这一设计，将笨重的外露击锤改为内置式弹簧击针，并重新设计了机匣，加固了抽壳钩。这些改进使得击发时间更短，从而大大提高了射击移动目标的准确性。

马提尼在向瑞士军方推荐无果后于1867年来到英国，参加英国陆军选型。当时，英国陆军对士乃得步枪很不满，宣布将选择一种步枪为替代品。从1868年起，恩菲尔德皇家轻武器制造厂开始测试马提尼步枪，并在1873年被英军正式采用。该枪使用了苏格兰工程师亚历山大·亨利设计的线膛枪管，因此被命名为马提尼－亨利步枪。与皮博迪步枪相比，马提尼步枪不再用扳机护圈作为杠杆，而是单独设计了杠杆由射手用三指下压杠杆实现枪机起落，较皮博迪结构更省力。射手向下压动杠杆，击针缩进枪机前部；枪机回转下落露出弹膛；扳机嵌入阻铁槽；装入枪弹，松回杠杆，枪机升起，实现闭锁，进入待击状态。待机指示器在机匣右侧，呈水滴状，待机时指向十点钟方向，击发后指向

◎ 马提尼运动方式

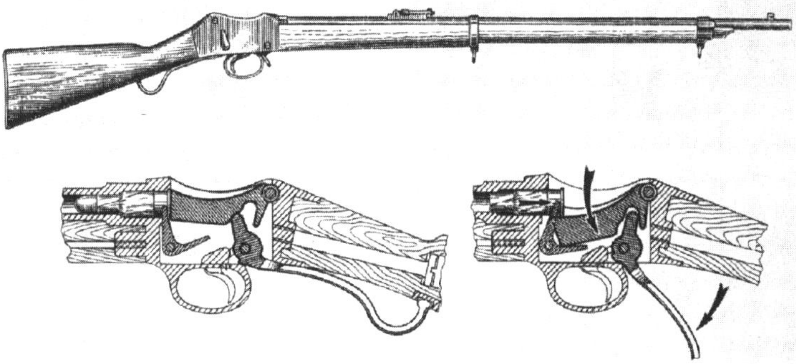

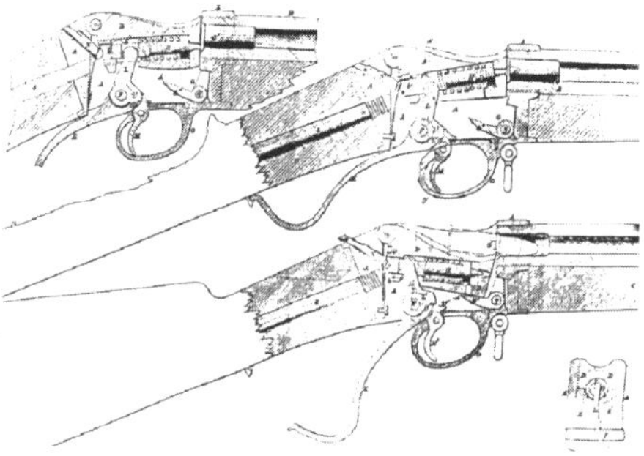

◎ 开闭锁状态的马提尼步枪

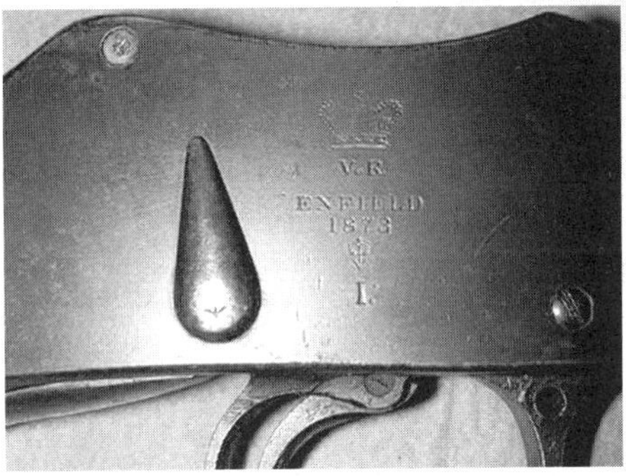

◎ 马提尼保险

十二点钟方向。

该枪使用范围很广，如果算上皮博迪步枪的话，使用国家有十几个，参加过英国殖民战争、俄土战争、南美硝石战争、祖鲁战争、希土战争、第一次布尔战争、第二次希土战争。中国更是一个重要客户，李鸿章在其奏折中曾称马提尼步枪“实为第一等好枪”，采购价为白银 20 两，“惜乎太贵”。但中国军队仍多有装备，甘军改编的武卫后军装备的就是马提尼。

马提尼步枪的缺点也很明显，后坐力较大，因为其使用的 .577/450 弹装药太多。但其最大的问题是子弹，尤其是早期型号的子弹。因为该枪的卷制弹壳子弹使用伯克式底火，卷制黄铜皮弹壳，铁制弹壳底部。这个设计有很多问题，薄铜皮弹壳易变形、撕裂、受潮，而且经过连续发射后温度升高，薄铜皮会粘在弹膛阻碍抽壳；强行撬出弹壳又会导致铁制弹壳底与弹壳撕裂，黄铜皮弹壳留在枪膛里，一旦出现这个故障，就不是短时间能解决的。因此，后来用黄铜弹壳取代了卷制弹壳。

马提尼步枪的杀伤力很大，裸铅弹停止效果好，枪口动能高达 2533~2634 焦耳，对人员杀伤效果好。这枪在银幕上给人印象最深刻的应该是英国拍摄的祖鲁战争影

◎ 士乃得弹、马提尼弹与.303弹尺寸比较，左二为马提尼-亨利步枪早期使用的黄铜卷制子弹，右二为黄铜弹壳，弹壳上露出的白色物质是纸垫（弹壳内衬），右一为.303步枪弹，左一为士乃得步枪弹。可以看出，马提尼步枪弹明显比士乃得弹大。

片《祖鲁》（ZULU）和《祖鲁黎明》（ZULU DAWN），尤其是第一部充分反映了马提尼步枪的杀伤力。此外，该枪还在其他影片出现过，如《成为国王的人》——描写一个冒险家在帕米尔山中找到亚历山大大帝宝藏的故事，以及描写英国与苏丹战争的《四根羽毛》。

洛克渡口之战发生在祖鲁战争中著名的伊散德尔瓦纳战役后。伊散德尔瓦纳是影片《祖鲁黎明》主要描述的战斗，由于指挥失误，1700名英军被全歼。9.7公里外的洛克渡口变成祖鲁军队的下一个目标，2名从伊散德尔瓦纳战场逃出来的士兵给洛克渡口守军带来了英军惨败的消息，以及祖鲁军队正在接近的情报。洛克渡口位于图盖拉河支流水牛河（图盖拉河和水牛河是祖鲁与纳塔尔的边界），水流宽阔平缓，属于吉米·洛克（Jim Rorke）。渡口是他修建的，因此被命名为洛克渡口。战争爆发时，英军工程师在这里建造了两条拉缆渡船，并在渡口的传教点布置了仓库和野战医院。

当时，进攻的祖鲁军有4个兵团，3000~4000名士兵。英军则只有第24步

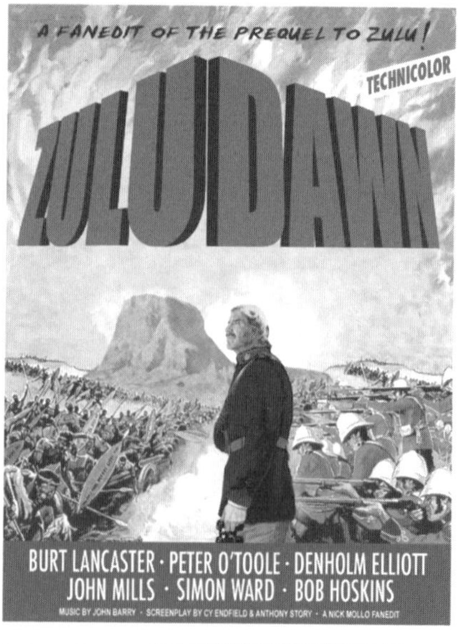

◎《祖鲁黎明》宣传海报

◎《祖鲁》宣传海报

兵团2营B连和约翰·查德中尉指挥的皇家工程兵团第5战地连的小分队，总兵力139~141人，另有平民4人、殖民地步兵11人，以及第2、3纳塔尔土著辅助部队100~350人。B连有82人，连长是33岁的中尉布鲁海德。布鲁海德有严重的听力问题，因此被安排看守渡口这种没有风险的工作。除了B连的士兵，还有医院的工

◎ 洛克滩

作人员和修养的伤兵以及代理粮秣助理多尔顿指挥的几名负责后勤的士兵。另有约100名纳塔尔土著骑兵，他们在开战前1小时由亨德森中尉指挥从伊散德尔瓦纳战场撤退到渡口，并自愿留守。但开战后，纳塔尔土著士兵就逃走了，他们的主要贡献是用玉米袋构建了防御阵地。

渡口之前的负责人是斯波尔丁少校，一名文职军官。22日，他离开渡口去寻找G连，任命资历较深的查德为临时指挥官。午饭时一切还风平浪静，查德也没想过会有危险，毕竟祖鲁人和他们之间有英军大部队。

后来，士兵们看到了伊散德尔瓦纳方向升起的硝烟，但爬上山顶后也看不到什么。人们听着隆隆炮声议论纷纷，对英军的失败毫无准备。一点钟发生了日食，士兵们发现伊散德尔瓦纳山后面有大队秩序

◎ 洛克渡口的指挥官，从左到右分别为约翰·查德、布鲁海德、梅尔维尔、柯吉尔

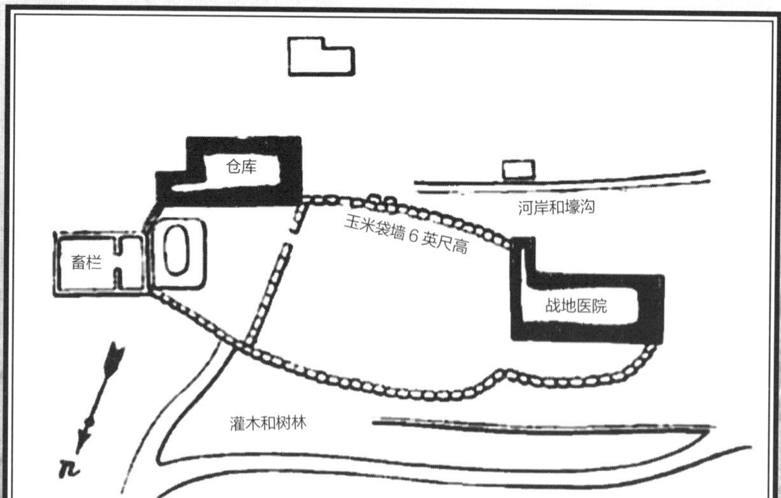

◎ 洛克渡口防御图

井然的土著，以为是纳塔尔土著兵团。到三点钟时，一名H连的士兵逃到渡口，告诉官兵们伊散德尔瓦纳的惨败。当时，查德正在修路，布鲁海德立刻派人去找他。接到祖鲁军接近的消息后，查德召开临时军事会议。代理粮秣助理多尔顿指出，寻找G连需要携带伤员和辎重穿过开阔地带，在野外很可能被祖鲁军击败，因此，他们决定坚守渡口。士兵们用玉米袋垒成胸墙，胸墙连接着仓库、医院和畜栏，医院在防线的西部。（见洛克渡口防御图）

伤员们用枪支在建筑外墙上凿出射口，用家具堵住建筑外门，所有的窗口都用床垫堵住。从医院东南角开始，用玉米袋垒成的胸墙连到了仓库。英军为节省时间，用两辆堆满箱子和玉米袋的牛车搭建了部分工事。仓库也开凿了射击口，门和窗户同样被堵死。仓库构成防线的东南、东北部是畜栏。胸墙沿着原来的石阶搭建，较外侧高约2米，内部及胸高。

祖鲁军早上8点出发，急行军30公里，8个半小时后于到达了洛克渡口。他们使用轻型短矛和牛皮盾牌，部分士兵拥有缴获的英国步枪。但祖鲁人对枪械并不感冒，他们认为这是一种懦夫武器，而且他们也不怎么会使用。在为时11小时的战斗中，只有5名英军士兵被枪械打死。

4点20分，执行警戒任务的土著骑兵与祖鲁前锋交战，但很快逃走了。他们的逃跑吓坏了本来士气就不高的土著辅助部队，后者也跟着逃走了。辅助部队的一名英国军官在逃走过程中被B连士兵打死。此时，守军只剩下139人，主要是B连和医院里39名伤员，能作战的只有80人。查德不得不缩短防御阵地，用饼干盒垒了一堵胸墙，以便不利时放弃医院退守仓库。当时，作为军用干粮的饼干是用燕麦粉、小麦粉、小苏打加盐做成的，硬的能砸死人，士兵一般需要把它煮上半个多小时才能吃，用来垒工事倒也是不错的选择。所幸补给站子弹较多，大约有2万发，如果是野战的话，以英军当时70发子弹的单兵携带量，他们必死无疑。战后经过点验只剩下900发子弹，平均每人打了137发。为什么英军单兵携弹量会那么少呢？一是传统，保守的旧军官们认为，不能让士兵们乱放枪，他们年轻时，打一场战只需要五六十发；二是当时的大口径黑火药步枪弹很重，马提尼的.577裸铅弹头重350~500格令，标定为480格令，装药79格令，即36克，加上弹壳，重量直奔50克。70发就是3.5千克，再多就带不动了。

最开始，少数祖鲁士兵大声呼喝，试图诱使英军射击，查德命令不得开火。仓库顶上的哨兵发现祖鲁人大约有4000人。进攻洛克渡口的祖鲁兵团是其预备队，没有参加过伊散德尔瓦纳的战斗，对其他队伍的战果非常羡慕。祖鲁人的指挥官是祖鲁王开西瓦（CetshwayokaMpande）的弟弟达布拉曼姿（DabulamanzikaMpande）。他非常鲁莽，决定越过边境攻击纳塔尔。洛克渡口力量薄弱，正是个好目标。路上，他们还劫掠了几个纳塔尔村子。他们的行军速度在这种山地里算是相当惊人了，用整齐的步伐慢跑是祖鲁兵团的拿手好戏，他们是整个非洲最有纪律和战斗力的军队，也是其他部族模仿的对象。可以说，电影里的对他们令行禁止、勇猛无畏的描述并不夸张。祖鲁兵团的恩戈尼人模仿者后来还上演过人海攻击车阵（有马克沁机枪加强）的传说。但这个4挺机枪杀5000人的传说，既夸大了战果，又无视了参战的250名殖民地民兵和1000名土著辅兵，甚至把229名南非警察、224名边境警察也无视了。按理说，漏了谁也不能漏了边境警察啊，因为那4挺机枪是他们的。

600名祖鲁人首先从南方发起进攻，距离英军600码时开火。祖鲁人阵型密集，不断有士兵被击中，但这无法阻挡祖鲁兵团的攻击。祖鲁人冲到距英军50码处时，英军突然排枪齐射。猛烈的火力阻遏了祖鲁人的进攻。另有上千人从西面的灌木丛发起攻势，祖鲁人猛攻西北角。很快就有祖鲁战士冲到胸墙下面，有的开始挖胸墙的底部，有的试图翻越胸墙，但没有成功。他们蹲在墙下，用短矛向上挥砍，试图抓住伸出的枪管夺走步枪。一队祖鲁战士冲到医院门口，试图打开门窗，但布鲁海德发起反击，并在屋顶士兵的火力支援下，打退了这次进攻。

不久，医院的屋顶就起了火苗——祖鲁人点燃了屋顶。夜色已经降临，英军原本担心天黑后祖鲁人会有更大优势，但燃烧的屋顶照亮了战场。查德发现很难防御这么长的防线，便下令撤出医院的伤员，所有人退守第二道防线，集中防御仓库。祖鲁人三面包围了医院，并进入到医院内部。英军不得不在墙壁上凿洞转移伤员，2名伤员被杀，1名士兵被拖住没能通过墙洞。英军逐屋穿墙，终于把伤员转移到医院东面。燃烧的医院屋顶被烧塌，医院成了一片火海，这反而阻止了祖鲁人从这里进攻。

19点，天色完全黑下来，很多祖鲁人渗透到仓库墙角，试图再次火攻。借着医院的火光，英军不断射击。22点钟，祖鲁人势头明显弱了，他们从8点出发后就一刻没有休息，也没吃过饭。最重要的是，这次攻击并没有得到开西瓦的同意，完全是达布拉曼姿的主意。英军也到了极限，弹药越来越少。如果祖鲁人继续进攻，他们也坚持不到天亮。因为祖鲁人不留战俘且经常肢解敌人，厨师希契（Hitch）甚至请求战友打死自己。但也是因祖鲁人不留战俘的习惯迫使英军坚持到底。

午夜，祖鲁人不再发动进攻，医院的火熄灭后，祖鲁人也没有借着黑暗发动进攻，英军士兵都不敢相信战斗结束了。英军死亡14人、伤13人，另有1名纳塔尔骑警死亡、2名纳塔尔辅助士兵死亡。祖鲁人约有500~600人死亡。纳塔尔骑警在记录中写道："我们埋葬了375名祖鲁士兵，并且将伤兵投入坑中。在见到医院的伤员被肢解后……我们的心情非常沉重，所以没有放过受伤的祖鲁士兵。"B连的一名战士则对《西部邮报》说："我们估计（杀死的祖鲁人）有875人，但官方会告诉你只有400~500人。"

八 栓动式步枪(Bolt action)

手动步枪竞争中最后的成功者是栓动式步枪。从德莱塞开始，经过夏斯波步枪、格拉斯（Gras）步枪、毛瑟1871步枪、伯丹式步枪，克罗帕切克步枪（Kropatchek，旧称呿暗士得），最终发展出毛瑟式（毛瑟Kar98、日本三八式、九九式、春田M1903）、李-恩菲尔德式、莫辛纳干式、勒贝尔及混合式五种枪机，淘汰了曼利夏枪机后完全统治了手动步枪世界。

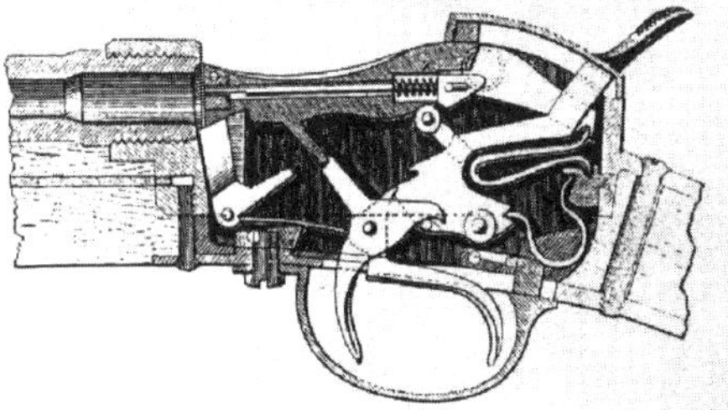

◎ 温德尔结构

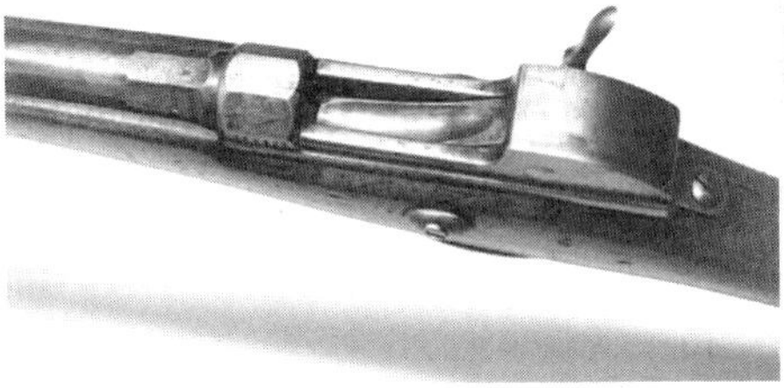

◎ 开锁状态的温德尔

其中，过渡时期较为成功的有毛瑟71/84步枪，该枪是毛瑟兄弟在法国夏斯波步枪基础上进行改进设计而成。普法战争中，德军发现自己使用的德莱塞击针枪不如法国人的夏斯波步枪后决定换一种步枪。在竞争中，毛瑟71击败了巴伐利亚温德尔步枪（一种在皮博迪起落式枪机步枪基础上开发的步枪，其杠杆在上部），成为德军的制式步枪，并推广到海外市场。中国和毛瑟的渊源起自1880年伊犁危机。当时，各国从俄国冲突中看到商机，纷纷向清廷推销武器。德国接着为中国建造镇远、定远的机会，向李鸿章推销了2万支毛瑟步枪。以此为契机，毛瑟步枪迅猛抢占中国市场。

普列文纳战役让德国人学到了重要的一课，他们意识到了单发步枪面对弹仓步枪时的劣势，于是考虑采用一种弹仓式连发步枪代替71步枪。保罗·毛瑟参考了温彻斯特步枪的弹仓，在71步枪的下枪管护木中安装了一个管式弹仓，该枪被命名为71/84步枪。管式弹仓可以容纳8发子弹，加上弹膛里的1发，共可携弹9发。在中国，它被叫作9响毛瑟，俗称9响棒棒。71/84步枪在中国装备非常广泛，西部的军阀一直使用到抗战初期，红军在长征中与贵州军阀王家烈、四川军阀和青马、宁马的交手中都缴获过相当数量的该型步枪。由于子弹供应困难以及实在过于落后，红军销毁了这些武器。

不管是11毫米的德国毛瑟，还是9毫米的土耳其9.5毫米步枪，毛瑟71/84步枪一直使用黑火药弹。一战时期，德国本土的部队基本不使用该枪了，但在非洲的海外殖民地里，由土著组成的步兵还装备该

◎ 毛瑟71步枪

枪。在与英印军进行的坦噶战役中，英印军组织混乱轻敌冒进，钻进了德军的伏击圈。激战中，躲藏在猴面包树上的东非步兵用毛瑟71/84步枪射击英印军，黑火药步枪冒出的白色硝烟浓密巨大，大部分是文盲的印度士兵以为德国人使用了什么新式武器，吓得丧胆而逃，一口气逃到海边跳进海水里。

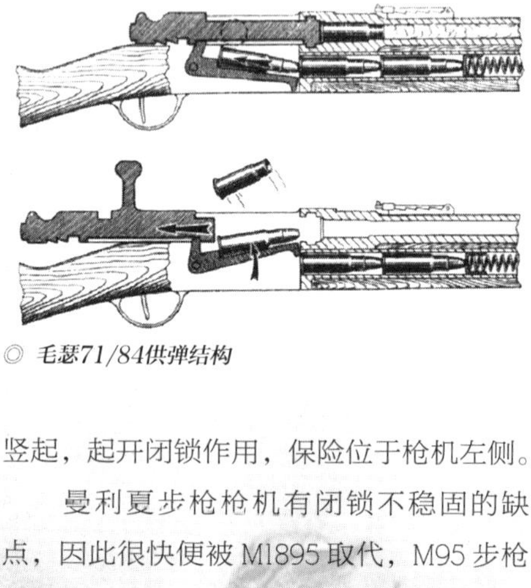

◎ 毛瑟71/84供弹结构

栓动式步枪中比较特别的一个是曼利夏步枪，采用5发弹仓的曼利夏步枪包括M1886、M1888/1890以及M1895步枪。M1886和M1888采用的直拉枪机下方有个楔子，因此又被叫作楔闩式闭锁，枪机运动时，楔子被与拉机柄相连的衬套推倒或竖起，起开闭锁作用，保险位于枪机左侧。

曼利夏步枪枪机有闭锁不稳固的缺点，因此很快便被M1895取代，M95步枪采用直拉式枪机。这种枪机可以说是现代回转枪机的始祖，依靠枪机体内侧突耳，

◎ 曼利夏枪机的三个状态

通过机头上的曲线槽导引机头回转达到开闭锁枪膛的目的，而且机头曲线槽上还带有直槽。这两条对称的直槽与抽壳钩尾部的突起相配合，这个突起会在闭锁及开锁时分别卡在枪机头的两个直槽上。

M1895与之前的步枪外形上最容易辨识的是，M95步枪的弹仓与扳机护圈连接在一起，之前的M86/88/90是分开的。曼利夏步枪枪机结构比较复杂，制造难度大，同时，直动式枪机的开锁速度比旋转后拉式枪机要慢得多，原因是旋转后拉式枪机的抽壳钩抓住发射完的弹壳后，在机柄向上运动的同时，弹膛内会产生杠杆作用将弹壳拉出弹膛，实现同时开锁，向后拉枪机时能顺势抽出弹壳。而直动式枪机不产生这个杠杆作用，且由于枪机与机头分离，枪机后坐行程较长，枪机的开锁速度要比旋转后拉式枪机慢。但开锁后，直动式枪机的运动很顺畅。曼利夏的另一个特色是弹仓，装弹原理跟后来的加兰德半自动步枪颇有相似之处，必须使用五发弹夹，装弹时将枪机拉到机匣尾部，露出装弹口，弹夹插入弹仓，到位后弹仓后上方的卡笋便将弹夹固定在弹仓里，向前推枪机时推弹入膛。最后一发子弹射击完毕后，再将枪机拉到机匣尾部露出弹夹，按下扳机护圈后的按钮，弹仓内的弹簧机构就把弹夹弹出。

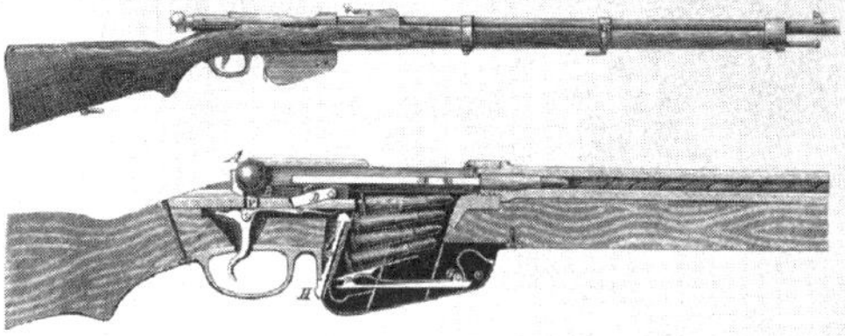

◎ 曼利夏M1895结构图

◎ 曼利夏M1895装弹

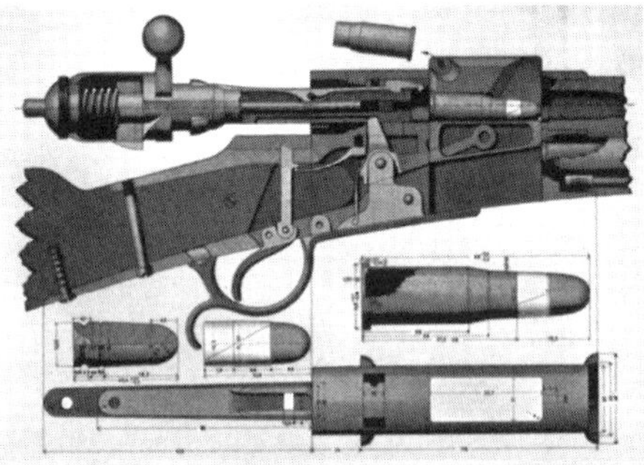

◎ 威利兹步枪

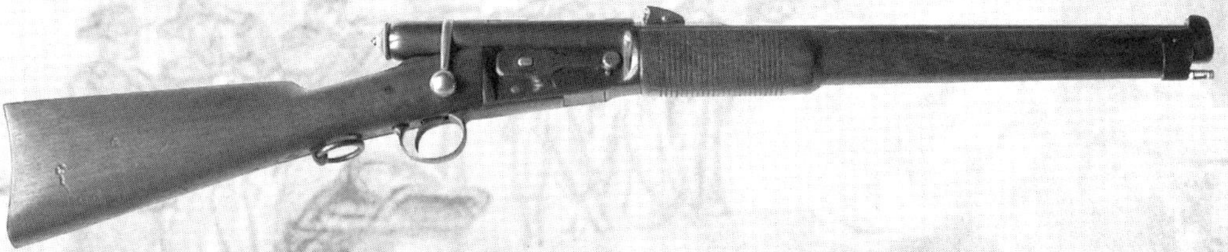

◎ 维特利步枪，在瑞士步枪选型中击败了马提尼设计的步枪，最早的设计为单发步枪，由SIG的设计师弗雷德里希·维特利（Friedrich Vetterli）在1866年设计。后来的1867式采用12发管式弹仓，加上弹仓那发就是13发，1869型为11发弹仓。侧面的空洞就是装弹孔。

◎ 弹仓布置

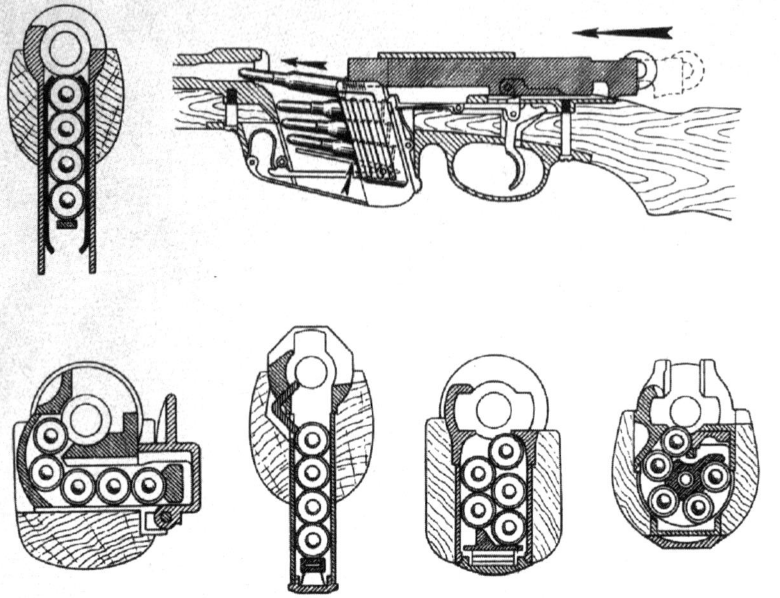

另一种比较特别的是瑞士的维特利步枪，该枪的一个改进型 M1870/87 在中国被称为威利兹步枪。

维特利步枪的枪机结构后来为意大利卡尔卡诺步枪所借鉴。卡尔卡诺步枪由于意大利糟糕的战绩和薄弱的工业似乎在军事史上名气并不大，但在政治史上却颇有名气。肯尼迪就是被一支卡尔卡诺卡宾枪打死在敞篷汽车里，从那以后，美国总统都不坐非防弹轿车了。

从勒贝尔步枪开始，制式步枪便不再使用管式弹仓，新式弹仓的布置有几种形式。

过渡时期中国使用的步枪

晚清时，中国政局混乱，军事采购方面各自为政。从洪杨之乱起，各地督抚就自行购买枪械，但绝大多数官员对枪械一窍不通，常常被洋商玩弄于股掌之间。因此，枪械采购异常混乱，性能并不在考量之内，回扣才是重中之重。大批被西洋淘汰的武器倾销到中国，以至于当时各国生产的枪械在中国都可以看到。除采购枪械外，还有品种繁多仿造的枪械。

清廷裁汰湘淮改为防军后，各军武器也得到了整理。盛军（淮军提督周盛传所部）在小站驻防初期装备士乃得、云者士得等枪万余支，伊犁危机时购进哈乞开斯步枪6000支，冬训中以三百步悬靶五枪全中者为上。直隶练军一直装备着最先进的武器，光绪十年（1884年）前主要是林明敦、士乃得步枪，之后为黎意和毛瑟步枪，原用旧枪调拨其他各省练军。至甲午战争，淮军主要装备马提尼、士乃得、哈乞开斯、老毛瑟、林明敦和黎意步枪。

其他练军装备则很差，东北练军有大小洋枪1784支、来福枪648支、鸟枪23支、抬枪67支、云者士得枪270支、马林枪440支和哈乞开斯枪1073支，七项共4272支。

山东部队装备更差，李秉衡奏称："旧存军械本属无多，现经各营纷纷请领，几无以应。且尽系旧式洋枪，难以及远……战端一起，各地督抚大量采购外国枪炮，饥不择食之下乱买一通。驻德国公使许景澄购得新式小口径五连珠快枪3000支、十响毛瑟1250支、平响毛瑟5000支。刘坤一购得马提尼14000支、毛瑟马枪1000支、比利时快枪10000支。李鸿章买的更多，包括哈乞开斯7000支、毛瑟枪12000支、小口径毛瑟五音快枪10000支、马提尼10000支。吴大徵购得奥地利小口径快枪8000支……"

相对日军当时装备的单发村田13/18步枪，清军在枪械上并不落后，组织混乱和落后才是致命缺陷。士兵缺乏训练，军官素质低下，致使装备不能发挥作用。袁世凯在发给盛宣怀的电报中说："至兵枪，只知托平乱打，不起码牌（标尺），故弹及近，难命中，有用弹数十条，伤寇十余人，何能御敌。"清军有先进枪械，却并不是一支近代军队，对近代军队的内涵所知甚少，失败也就不可避免了。

关东出阵

后北条氏和长尾氏的崛起与较量

作者：陈凌

南朝历正平二十二年、北朝历贞治六年（公元1367年）四月二十六日，初代镰仓公方足利基氏猝死，享年二十八岁。半年多后的十二月七日，京都的室町幕府二代将军足利诠氏也走完了自己三十八岁的人生道路。他们的继承人分别是九岁的二代关东公方足利氏满和十一岁的三代将军足利义满。由于两位继承人都过于年幼，因此，京都和镰仓的政权实际上分别是幕府管领细川赖之和关东管领上杉宪显代理行使的。与日后在“康历政变”中失败而黯然下野的细川赖之不同，上杉宪显和其子上杉能宪、上杉宪春、上杉宪方等通过镇压相模、武藏当地平氏国人发起的平一揆，消灭南朝一方的新田氏势力和平定小山之乱等一系列举措，成功确立了镰仓公方－关东管领的双头体制，并将关东管领这一职务变成了上杉家内部职务。

◎ 足利义满

一 陷入战乱的关东与崛起的后北条氏

关东管领的职务是辅佐镰仓公方在其治内的政务。具体事务有三项：第一，根据镰仓公方出具的御教书（专指上位发给家司的正式公文书）发出奉书（专指下位者根据御教书发出的公文书）和施行状（室町时代专指免除段钱和授予守护不入特权的文书）；第二，担任镰仓公方及其治内诸侯与室町幕府的交流中介；第三，受理镰仓公方所领收入的有关诉讼，并选定镰仓公方下属机构的管理人员。

然而，关东管领的权力来源不是镰仓公方，而是在京都的征夷大将军。在南朝

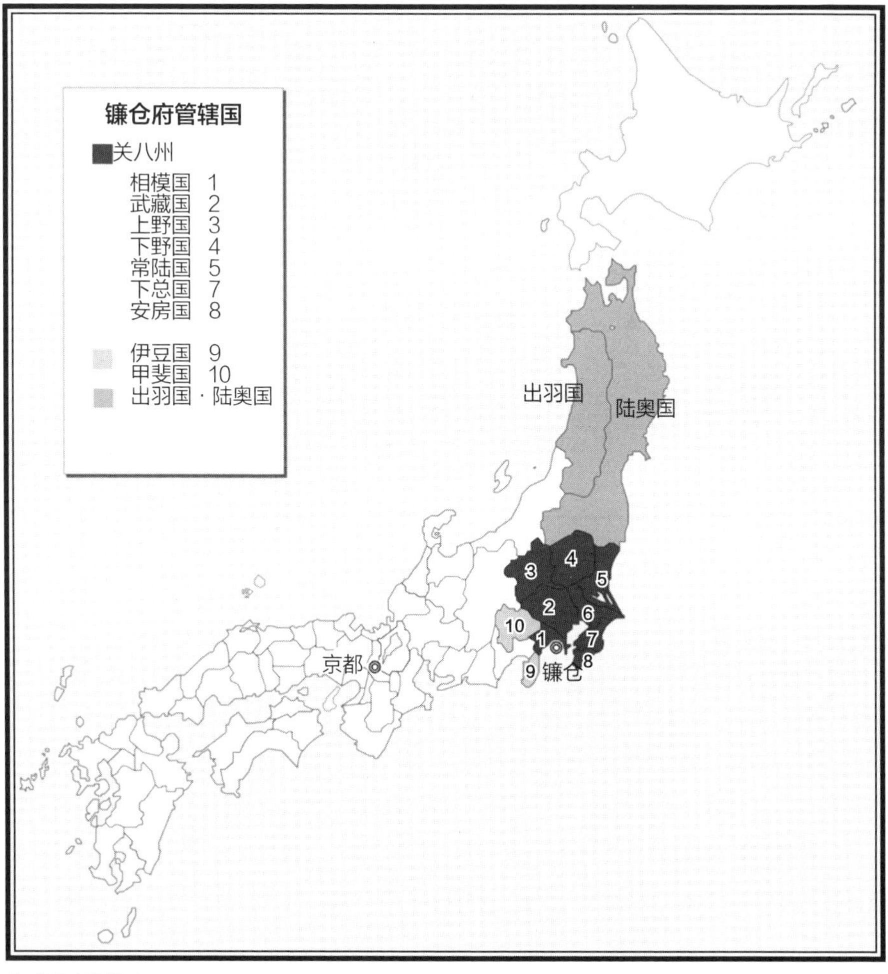

◎ 镰仓府管辖图

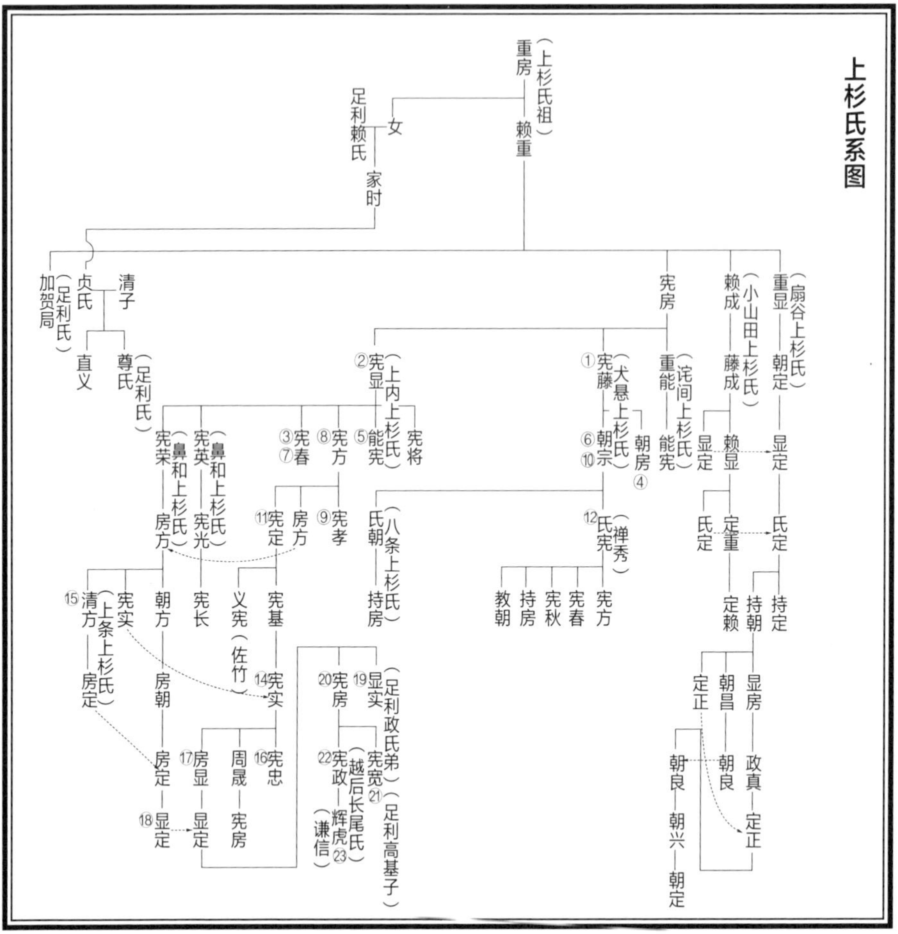

◎ 上杉氏系图

天授五年、北朝康历元年（公元1379年）发生的“康历政变”中，受镰仓公方足利氏满之命上洛的上杉宪方就是在伊豆获得当时的征夷大将军足利义满任命他为关东管领的御内书（专指幕府将军以私人信件形式发出的公文书，其效应等同于御教书）后，返回镰仓，迫使足利氏满取消了上洛干预幕府的计划。足利义满在仿照公家的五摄家[1]、七清华[2]家格设立的三职[3]七头[4]中，关东管领上杉氏就名列七头之一。

在这种一仆二主制的结构下，关东管领就成了室町幕府遏制镰仓府的第一道关口。自康历政变中，上杉宪方制止了二代镰仓公方足利氏满后，镰仓公方和幕府将军之间的关系就十分紧张。在足利义满解决守护大内义弘的应永之乱中，又是当时的关东管领上杉朝房出面延迟了三代镰仓公方足利满兼出兵支持大内义弘的行动，没有使事态扩大化。这样，上杉氏利用关东管领这个职务的特殊性，逐渐开始侵蚀镰仓公方的权力。应永二十三年（公元1416年），时任关东管领的上杉禅秀向第四代镰仓公方足利持氏举起了反旗，开启了关东战乱的序幕。平定了上杉禅秀之乱后的永享十年（公元1438年），镰仓公方与关东管领的矛盾再次爆发。当年八月，镰仓公方足利持氏出兵攻打关东管领上杉宪实，最终导致其在永享十一年（公元1439年）兵败自尽。之后近八年的时间，镰仓府内都是关东管领上杉氏在行使职权而不是镰仓公方。虽然在关东豪族和国人的支持下，足利持氏之子足利成氏被任命为第五代镰仓公方，但镰仓公方和关东管领之间的矛盾并没有被解决。享德三年十二月二十七日（公元1455年1月15日），时任关东管领的上杉宪忠被足利成氏暗杀，镰仓公方和关东管领之间关系彻底破裂。

享德四年（公元1455年）三月，上杉宪忠之弟上杉房显，被室町幕府的八代将军足利义政任命为新的关东管领和武藏守护，并以足利成氏讨伐军总司令的身份进入上杉家的居城上野平井城，正式继承了主家山内上杉家。在他的号召下，组成了以越后上杉家当主、越后守护上杉房定、扇谷上杉家当主、相模守护上杉持朝等上杉一族为基础的讨伐军。而足利成氏则逃到上总国的古河城（现茨城县古河市古河总合公园），依靠所谓的坂东八屋形⑤等关东豪族、国人，组成军队，抵抗讨伐军。

这场被称为“享德之乱”的战争持续了近三十年，为了平定这场战乱，又引出了成为“应仁之乱”导火索之一的“武卫骚动”⑥。最后，双方精疲力尽，在文明十四年十一月二十七日（公元1483年1月6日）达成和平协定，以利根川为界，划定了势力范围。

然而，“享德之乱”的结束并没有给关东带来和平的曙光。关东管领上杉氏一方，由于长尾景春之乱导致主家山内上杉家衰落，分家扇谷上杉家则因家宰太田道灌平定了长尾景春之乱而兴盛，最终导致两上杉家的内斗。古河公方一方，也因二代古河公方足利政氏和其子足利高基父子不和爆发了内乱，最后导致足利政氏隐居。利高基之弟足利义明出走到下总小弓城，成立小弓御所继续与足利高基对抗。整个关东陷入更大的动乱。而后北条氏就是在

---

① 指有资格担任摄政关白一职的近卫、九条、鹰司、一条和二条五家。

② 指地位仅次于五摄家，有资格担任太政大臣的久我家、三条家、西园寺家、德大寺家、花山院家、大炊御门家和今出川家。江户时代又增加了醍醐家和广幡家两家。

③ 指担任室町幕府管领一职的细川京兆家、斯波武卫家和畠山金吾家三管领家。

④ 指担任室町幕府侍所所司的四职即丹后一色氏、但马山名氏、播磨赤松氏和北近江京极氏四家以及担任侍所头人的美浓土岐氏、担任政所执事的山城伊势氏和担任关东管领的上杉氏。

⑤ 即下野国的小山氏、宇都宫氏、那须氏和长沼氏，常陆国的佐竹氏和小田氏，以及下总国的千叶氏八家被授予屋形的有力国人。

⑥ 斯波家当主斯波义敏因为自家内乱导致无法出兵关东，被足利义政革去了斯波家当主，改由斯波义廉担任，由此引发的斯波武卫家内部争斗。

这样的背景下，正式登上了历史舞台。

后北条氏的先祖是北条早云，事实上，他本人从没这样自称过。与传说中裸一贯的浪人出身不同，北条早云出自伊势平氏，是室町幕府中七头之一，从南北朝时代开始，代代担任着室町幕府政所执事一职。北条早云的父亲名叫伊势备中守盛定，通称新左卫门尉，是伊势氏分家备中伊势氏惣领伊势肥前守盛纲的四男。据考证，早云本人也是出生在备中的荏原乡高越山城（现冈山县井原市）内，本名伊势新九郎盛时。盛时的母亲是室町幕府政所执事伊势贞国的女儿。因为这层关系，伊势盛定成为室町幕府的一名奉公众，先后服侍了六代将军足利义教、七代将军足利义胜和八代将军足利义政。在记录奉公众名单的《文安番帐》中，伊势新左卫门尉是一番众申次，主要负责代表幕府同各国的守护大名进行交涉。享德四年畠山家家督相续、长禄四年追放近江守护六角政尧、宽正四年赦免高梨政高等一系列事件，都有盛定活跃的痕迹。

正因为伊势盛定在幕府很活跃，他的女儿成了名门今川氏当主今川义忠的正妻北川殿。他的儿子伊势盛时，也继承了其家业，成为室町幕府的一名官僚。盛时出仕后，从将军继任者足利义视的侍从做起，担任了九代将军足利义尚的申次众（《慈照院殿年中行事》小I二九三）和奉行众（《东山殿时代大名外样附》小I二九六）。

文明八年二月六日（公元1476年3月1日），伊势盛时的妹夫今川义忠出阵远江时被一揆袭击，中流矢而死。由于今川义忠与其妻北川殿所生之子龙王丸年龄不足六岁，因此，今川家重臣朝比奈氏和三浦氏要求拥立今川家一门众小鹿范满为今川家新的当主，并找来堀越公方的关东执事上杉政宪和扇谷上杉家的家宰太田道灌为外援，与支持龙王丸为今川家当主的今川家重臣对峙。为此，伊势盛时作为幕府方面的使者，东下骏河进行调停。在盛时的努力下，双方达成和解。今川家当主由龙王丸担任，龙王丸十五岁元服以前，由小鹿范满担任龙王丸的名代。之后，小鹿范满居住在今川馆（即日后的骏河城）发号施令，而龙王丸和北川殿则移居小川城（现静冈县烧津市）。长享元年（公元1487年），龙王丸到了元服的年纪，但小鹿范满拒不交出政权。为此，伊势盛时再次东下骏河，在小川城起兵攻灭小鹿范满

◎ 北条早云诞生之地碑

一族。他也因此被元服后改名为今川氏亲的外甥授予了兴国寺城十二乡的领地。

从《米良文书》中长享二年（公元1488年）发出的《熊野那智山寄进书》(《战国遗文·今川氏篇》第六十八号）和《北野社家日记》中延德三年（公元1491年）八月十八日条所录文书（《战国遗文·后北条氏篇》第四八〇三号）这两件重要的史料文书可得知，伊势盛时以幕府在今川家代表的身份行使着类似守护代的权力。明应二年（公元1493年）四月，细川京兆家当主细川政元联手八代将军足利义政的夫人日野富子和山城守护、伊势盛时的表兄弟伊势贞亲等人发动政变，流放了时任将军的足利义材，并拥立前堀越公方足利政知次子足利义澄为新将军，史称“明应政变”。根据《北野社家日记》的记载，伊势盛时在政变前的延德三年再次回到京都，担任足利义材的申次众。其弟伊势弥次郎也在当年八月参加了足利义材讨伐六角高赖的军事行动。这也被认为是伊势盛时一族参与了“明应政变”的证据。

明应政变两年前，足利义澄的异母兄弟足利茶茶丸在足利义材的支持下起兵杀死了足利义澄的同母兄弟、预备继承堀越公方的足利润童子，自立为堀越公方。如今，足利义澄成了将军，自然想为自己的弟弟复仇。而对堀越公方所在的伊豆用兵，最可靠的力量就是骏河今川家。作为参与了“明应政变”的自己人伊势盛时，也因为其在今川家的特殊地位，成为讨伐足利茶茶丸的最佳人选。

受命之后，伊势盛时回到了自己的居城兴国寺城，开始着手准备讨伐足利茶茶丸。根据军记物语记载，伊势盛时曾以前往修善寺泡温泉为名，亲自潜入伊豆国内探听情报。汇集了各种情报后，伊势盛时了解到，足利茶茶丸由于听信谣言，斩杀了家中重臣外山丰前守和秋山藏人，搞得家中家臣与他离心离德。同时，足利茶茶丸又参与了两上杉氏的内斗，造成国内兵力空虚。因此，伊势盛时当即通过今川

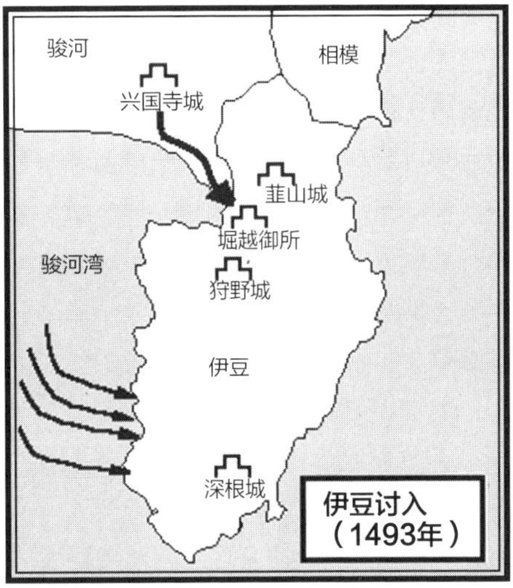

◎ 伊豆讨入

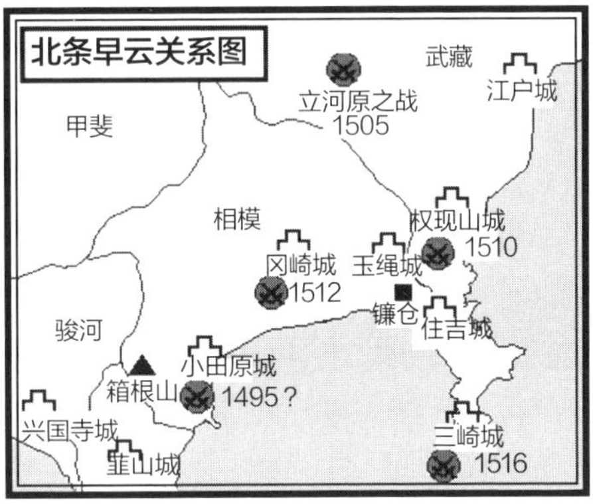

◎ 早云关系图

氏亲联络了骏河东部的豪族葛山氏和富士氏。在明应二年（公元1493年）秋，伊势盛时带领士兵五百余人，冒充海贼，在伊豆西海岸登陆，一举拿下了堀越御所。之后，伊势盛时逐渐将不服从他的伊豆豪族次第消灭，最终占有了伊势一国，杀死了足利茶茶丸。此时已是明应七年（公元1498年），而伊势盛时也在明应四年前出家，改名为早云庵宗瑞。

平定伊豆后，管领细川政元继续了自六代将军足利义教以来，幕府干预关东事务的政策。早云庵宗瑞也因此更积极地作为细川政元的代理人，参与到关东的争乱中。在之后的生涯中，早云庵宗瑞建立一系列制度，确立了自家进化成战国大名，并以此为基础逐步扩张，消灭了相模的豪族大森氏和三浦氏，完全占据了相模一国。其子氏纲继承家业后，为了对抗关东管领的权威，延续早云庵宗瑞的扩张势头。氏纲在大永三年（公元1523年）将自家苗字“伊势”改为“北条”，为了与执掌镰仓幕府的北条氏相区别，后世称其家为后北条氏。之后，北条氏纲将进攻的矛头对准了武藏国。在氏纲的努力下，北条军击破了以山内上杉家和扇谷上杉家为核心，包括甲斐武田氏、上总真理谷武田氏和房总里见氏等组成的反北条包围网，控制了武藏国的大部分地区。天文六年（公元1537年）二月，北条氏纲从武藏守护代大石氏的手中夺取了武藏与下总交界处的葛西城（现东京都葛饰区青户）。次年十月，北条氏纲率领北条军在下总国府台（现千叶县市川市国府台）附近与小弓公方足利义明率领的房总诸部交战。由于小弓公方足利义明和里见义尧两人在军事行动方面意见不合，两人各自为战。里见军作战消极，所部与一力进攻的足利义明部拉开了距离。北条氏纲抓住这个机会，集中兵力攻击足利义明部，终于将足利义明部击溃。足利义明及其弟足利基赖、长子足利义纯等战死。与古河公方争斗多年的小弓公方灭亡。根据《快元僧都记》的记载，此战是古河公方足利晴氏请求北条氏纲出兵“小弓退治”。北条氏纲也因此战确立了自家成为古河公方保护者的身份。为了报答北条氏纲，足利晴氏发出御内书，任命北条氏纲为关东管领（《伊佐早文书》战一二一一号）。天文八年（公元1539年），足利晴氏又娶了北条氏纲之女芳春院殿为续弦，北条氏纲成为足利家御一门。无论是家格还是实力，后北条氏已经凌驾于原来的关东管领上杉家之上了。

二 河东一乱与河越夜战

就在北条氏纲在关东取得胜利的同时，他和今川家的关系也发生了变化。北条氏纲之父伊势盛时具有幕府代表和今川氏亲代理人的双重身份。在永正五年（公元1508年），已经完成在相模领土上第一次检地的伊势盛时在写给巨海越中守的书状（《战国遗文·今川氏篇》第二一九号）中称，今川氏亲为屋形样[①]。而永正元年（公元1504年）今川氏亲颁布的在镰仓鹤岗八幡宫禁止乱入的禁制令（《战国遗文·今川氏篇》第一五七号），也说明了他在和舅父伊势盛时之间的关系中处于上方。今川家多次向远江和三河用兵，盛时每每出兵相从。而之后北条家世代相传的通字"氏"字，也是从今川氏亲处得到的一字拜领。到了氏纲时代，北条家同今川家的关系依然没有改变，氏纲常常追随今川氏亲及其继承人今川氏辉。天文五年（公元1536年）二月二日，北条家发给伊豆国那贺郡百姓的书状中，依然称呼今川氏辉为骏府御屋形（《战国遗文·后北条氏篇》第一二四号）。

◎ 北条氏纲

北条家发出这张书状，是因为今川家当主今川氏辉与当时著名歌人冷泉为和要到小田原城（现神奈川县小田原市）参加氏纲两个儿子北条为昌和北条氏康召开的连歌会。因此，北条家命令沿途的百姓修整道路。今川氏辉于当年二月十三日参加了北条为昌主办的连歌会，次日参加了北条氏康主办的连歌会，三月五日又参加了伊豆热海的歌会。

今川氏辉回到骏府后，在三月十七日突然死去。就在同一日，被预定为氏辉继承人的今川彦五郎也死去（《高白斋日记》和《为和记》），所以，今川氏辉之母寿桂尼将自己的另一个亲生儿子梅岳承芳，也就是日后被称为东海道第一弓取的今川义元定为今川家新任当主。今川义元继任后，在重臣太原雪斋的支持下，采取了与父兄不同的外交政策，其中最重要的一项政策就是试图和甲斐武田氏言和。

甲斐武田氏是甲斐的守护大名，到了第十八代当主武田信虎当政时，开始完成领国一元化。而为了反抗武田氏的领国一元化，甲斐的国人领主向骏河的今川氏和伊豆的后北条氏求援。自此，双方进入战争状态。武田信虎消灭国内亲今川的领主后，选择与今川氏暂时和解，与后北条氏继续维持战争的政策。为此，武田信虎迎娶了前关东管领上杉宪房的遗孀为侧室，

① 屋形是足利义满设立的，代表武家家格高低，屋形样则是那些被赐予屋形的武家家督的尊称。

又让嫡子武田信玄迎娶了扇谷上杉家当主上杉朝兴的女儿为正室。自己则积极加入两上杉家与后北条氏的战争。

天文四年（公元1535年），武田信虎得知今川氏对三河的攻略遭到挫折。整个地区的豪族纷纷加入了德川家康的祖父松平清康的阵营。认为有机可乘的信虎在这年六月撕毁了与今川氏的合约。双方在国境处展开了激烈的交锋。受今川氏辉的邀请，北条氏纲在八月出兵，从相模口攻入甲斐都留郡。武田方的小山田越中守信有和胜沼信友，在现山梨县南都留郡山中湖村湖畔同北条军发生了战斗。是役，北条军凭借人数上的优势击败了武田军，武田信虎弟弟胜沼信友战死。

到了十二月，三河的形势发生了巨变。松平清康在攻打尾张守山城的时候被家臣阿部弥七郎正丰用千子村正斩杀。之后，松平清康叔父樱井松平家当主松平信定发动政变，将清康幼子，德川家康之父松平广忠流放。三河再次陷入混乱。为此，今川氏辉才会在天文五年（公元1536年）以参加和歌会的名义前往相模，同北条氏纲协调新形势下对甲斐武田氏的政策。

今川义元成为今川家的新当主后，就决心迅速与甲斐武田氏实现和解，重新开始对三河用兵。但是，这种政策无疑是对与甲斐武田氏保持长期战争状态的后北条氏的背叛，因此遭到以福岛越前守为首的家臣的反对。五月二十四日，寿桂尼与福岛越前守面谈，试图调解今川义元与福岛越前守之间的矛盾，但是没有成功。次日，福岛越前守拥立今川氏亲侧室福岛氏所生

◎ 今川义元木像

的玄广惠探为当主，与今川义元彻底决裂。由于福岛一族以花仓城（现静冈县藤枝市）为据点，因此此次今川家的内乱被称为“花仓之乱”。

福岛越前守起兵后，立即进攻了今川家的本城今川馆。今川义元方依靠重臣冈部左京进亲纲的奋战，守住了今川馆。福岛越前守只能退守方上城（现静冈县烧津城）和花仓城。六月十日，得到其他家臣支援的冈部左京进亲纲攻克了方上城。福岛越前守支撑不下去，放弃了花仓城。其后，玄广惠探于六月二十八日在濑户谷普门寺自尽，福岛越前守下落不明，福岛上总介正成的两个儿子北条纲成和北条纲房则逃到了北条领，成为北条家的一员。

平灭“花仓之乱”后，今川义元继续推行自己的政策。天文五年（公元1536年）七月，武田氏嫡子武田信玄在寿桂尼的介绍下，迎娶了清华家之一的转法轮三条氏

之女三条之方为正室。第二年，也就是天文六年（公元1537年）二月十日，今川义元迎娶了甲斐武田氏当主武田信虎的女儿定惠院为正室，正式同甲斐武田氏结盟。

尽管福岛一族和后北条氏关系深厚，甚至福岛一族中名叫福岛九郎的人还被赐予后北条氏旧苗字伊势氏，并作为北条军的大将战死在白之原（现埼玉县和光市）合战，但在“花仓之乱”中，北条氏纲还是站在了寿桂尼这一方。然而，今川义元却无视后北条氏的示好，依旧同甲斐武田氏结盟。对此，北条氏纲联络入嗣骏河郡葛山氏的三弟葛山氏广，向今川家举起了战旗，史称“河东一乱”。后北条氏自早云时代与今川家半附庸、半同盟的关系也就此结束。

天文六年二月二十一日，北条氏纲接连给骏河郡大平之内星屋氏、沼津妙觉寺（现静冈县沼津市）和富士郡大石寺下达了禁止滥妨狼藉的禁制令（《战国遗文·后北条氏篇》第一三四、一三五和一三六号）。滥妨狼藉，是指战国时代大名放纵下级士

◎ 河东一乱关系图

兵乱取掠夺的行为，类似于中国战争中的“大掠三日”。北条氏纲连续下达禁制令，说明北条军的兵锋已经到达上述三地，必须下令禁止北条军的士卒对这三地进行劫掠。三月七日，北条军与富士郡的豪族富士氏在富士宫浅间社附近的小泉交战。此战主将富士宫若殿顶住了北条军的进攻，次日被今川义元授予感状（《战国遗文·今川氏篇》第五九二号）。之后，北条军占据了今川家在富士川以东骏河、富士两郡的领地，与今川军隔富士川对峙。

北条氏纲的目标并不止于河东一地。三月二十五日，北条氏纲写信给野边和高桥彦四郎两人，命令他们从笠原和清水两人那里领取有关对三河工作的经费一百贯文，并指出其中二十贯文是堀越殿联络田原城（现爱知县田原市）城主户田氏的十五人使者三个月的经费（《战国遗文·今川氏篇》第五九五号）。所说的堀越殿，是今川家在远江的分家堀越氏。堀越氏在今川家长期担任远江一国的守护，是今川家在远江重要的支柱。三月二十九日，北条氏纲又写信给奥平九七郎，请他拉拢远江井伊氏加入己方（《战国遗文·今川氏篇》第五九六号）。这两家在花仓之乱中都隶属于惠探方，因此北条氏纲想拉拢他们夹击今川义元。

不过，北条氏纲的计划并没有实现。今川义元得到武田信虎的支援后，腾出了手。四月二十八日，今川义元向天野小四郎虎景和天野孙四郎景义发出感状，表彰两人在四月二十六日攻克堀越氏居城见付城（现静冈县磐田市）时的战功（《战国遗文·今川氏篇》第五九四号）。

到六月十四日，北条氏纲在会战中击败今川军（《快元僧都记》），占据和富士川以东的河东领地后，回到了小田原城。不久，他就应古河公方足利晴氏的请求，出兵下总。而今川义元在平定内部后，开始向三河方向用兵。一时间，富士川两边平静下来了，河东一乱到此告一段落。

天文八年（公元1539年）闰六月，今川氏和后北条氏战端再开。北条军穿过富士川进攻蒲原城（现静冈县静冈市清水区），被今川军击退（《战国遗文·今川氏篇》第六二八、六二九、六三〇和六三一号）。今川氏和后北条氏的战争开始常态化。

天文十年（公元1541年）六月，武田信玄流放了自己的父亲武田信虎，自己成为甲斐武田氏第十九代当主。七月十九日，北条氏纲死去，嫡子北条氏康继承了家业。被北条氏纲压制许久的两上杉家开始行动。当年秋季，上杉军对河越城发起进攻，但被北条军击退（《战国遗文·后北条氏篇》第一九八、一九九、二〇〇、二〇一、二〇二和二〇三号）。

而此时的今川义元，刚刚在天文九年（公元1540年）通过拥立松平清康之子、德川家康之父松平广忠复位的方法，将势力伸进了西三河。得知北条氏纲死去的消息后，今川义元放缓了对三河的进攻。他先是试图通过武田信玄的关系，用和平手段使北条氏康将河东之地让回（《战国遗文·今川氏篇》第七七五号），但被北条氏康拒绝。于是，今川义元便和两上杉家结盟，约定联手进攻北条氏康。他又通过支援高远合战中的武田军，向武田信玄示好。一切准备就绪后，今川义元在天文十四年（公元1545年）九月渡过富士川，攻克了北条军最前线的据点吉原城（现静冈县富士市），并围攻长久保城（《战国遗文·今川氏篇》第七七八号）。北条氏康得知今川家出兵后，也从相模出兵。与此同时，武田信玄率领的援军也赶到了河东。知道武田军出动的北条氏康只得暂时放弃富士川防线，向后撤退。十月二日，今川义元发布了禁止在妙觉寺（现静冈县沼津市内）滥妨狼藉的禁制令（《战国遗文·今川氏篇》第七七九号）。十月六日，武田军在普明寺（现静冈县裙野市）发出了禁止滥妨狼藉的禁制令。

就在今川和武田两家联手出兵河东，与北条氏康对峙之际，关东的两上杉氏也开始了行动。九月二十六日，山内上杉家当主上杉宪政和扇谷上杉家当主上杉朝定出兵包围了河越城（现埼玉县川越市）。十月，在两上杉氏的邀请下，古河公方足利晴氏也加入上杉联军。在晴氏出阵的效应带动下，包围军总数据说达八万之众。

得知后院失火的北条氏康不得不接受武田信玄提出的议和要求（《驹井高白斋记》）。事实上，武田信玄在侵略信浓小县郡时就与支持小县郡豪族海野氏的山内上杉军发生过战斗。武田信玄本人无意继续与北条氏康维持战争关系，此次他出兵河东，更多是想通过对今川和北条两家卖好来稳定自己的后方，以便专心攻略信浓。为此，他派老臣板垣信方、驹井高白斋政武和向山虎继出面斡旋。对此，北条氏康派出了家臣桑原盛正，今川义元派出了太原雪斋，三家开始坐在一起商谈议和事宜。最终，三方以北条军交出河东地区为条件，达成和平协定。十一月一日，北条军根据和约，交出了长久保城。六日，北条军撤出了河东地区。

回到小田原后，北条氏康并没有立即出兵救援河越城。要知道，河越城和江户城一样，都是太田道灌亲自建造的名城，易守难攻。城中守将分别是北条氏康的叔父北条长纲（北条幻庵）和勇武闻名的北条纲成，并非赵括、马谡之流。因此，北条氏康耐心等到天文十五年（公元1546年）四月，以两上杉为首的关东联军师老兵疲时才出兵决战。四月二十日晚，北条氏康和北条纲成里应外合，大破关东联军。扇谷上杉家当主上杉朝定和重臣难波田宪重战死。不久，扇谷上杉家最后的据点松

◎ 河越夜战图

山城（埼玉县比企郡吉见町大字南吉见字城山）也在北条军的反攻中陷落。山内上杉家当主上杉宪政仅以身免，大将本间近江守、仓贺野三河守行政及赤堀上野介等家臣战死。古河公方足利晴氏见势不妙，早早逃回了古河城。此战被后世称为河越夜战，后北条氏自早云庵宗瑞时代起与关东管领上杉家的战争经此一役终于分出了胜负。

三 两上杉氏的崩溃与长尾景虎的登场

河越夜战之后，北条氏康开始扫荡武藏国内上杉氏的余部。忍城（现埼玉县行田市）的成田长泰率先向北条氏康投降，很快，胜沼城（现东京都青梅市）城主三田纲秀也向北条氏康投降。武藏国守护代，泷山城（现东京都八王子市丹木町）城主大石定久也向北条氏康降伏，并接受北条氏康之子北条氏照为养子。天神山城（现埼玉县秩父郡长瀞町）城主藤田康邦也不得不接受北条氏康另一个儿子北条氏邦为养子。天文十六年（公元1547年）九月，逃亡上野的太田资正趁北条军不备，夺回了松山城。十月，太田资正的兄长，在河越夜战中充当北条氏康内应的岩付城（现埼玉县埼玉市岩槻町）城主太田资时去世，没有留下子嗣。太田资正在十二月攻下了没有主人的岩付城，自立为岩付城太田家的新当主，并将城中亲北条的家臣全部赶走。然而，好景不长，北条氏康很快就策反了太田资正在松山城的留守上田朝直，包围了岩付城。天文十七年（公元1548年）正月，太田资正向北条氏康臣服。扇谷上杉家正式灭亡。

逃回平井城（现群马县藤冈市）的上杉宪政，试图与信浓的豪族村上义清联手，共同对抗北条军。为此，他在天文十六年（公元1547年）出兵信浓，支援被围困在志贺城（现长野县佐久市）的笠原清繁。以仓贺野秀景为主将的上杉军在越过锥冰峠后，于八月十六日在小田井原（现长野县北佐久郡御代田町）与板垣信方、甘利虎泰率领的武田军别动队交战，上杉军大败。

小田井原之战后，上野的豪族也开始反抗起上杉宪政的统治。赤石城（现群马县伊势崎市）的那波氏、国峰城（现群马县甘乐町）的小幡氏和馆林城（现群马县馆林市）的赤井氏都先后联络北条氏康，与亲上杉宪政的足利长尾氏、由良氏、桐生氏、长野氏和大胡氏等豪族交战。天文十九年（公元1550年），北条氏康开始攻击上杉宪政的居城平井城。天文二十一年（公元1552年）三月，山内上杉家在武藏国的据点御狱城（现埼玉县皃玉郡神川町）城主安保泰广、安保太忠父子出降，上杉宪政之子龙若丸被安保泰广交出，后被北条氏康所杀。以长野业正为首的西上野河西众也加入了北条军，甚至连上杉宪政的亲兵马廻众也有人投降了北条氏康。

至此，上杉宪政再也无法坚守平井城了。四月，上杉宪政放弃平井城，前往东上野，向当地亲上杉的豪族足利长尾氏和由良氏求援，却被两家拒绝入城。不得已，上杉宪政只能跑到越后和上野的交界处，向越后的大名长尾景虎求援。

长尾景虎在收到上杉宪政的求援信后，很快将上杉宪政接到了越后（《越佐史料》卷四，第56页引《武藏国龙渊寺年代记》和《京都将军家谱》）。五月，长尾景虎就派遣使者僧前往上野，了解上野的实际情况。为此，上杉宪政撰写了证明使僧身份的书状。（《上越市史》第六十二号引《伊佐早文书》）。从为长尾景虎担任取次的吉江茂高在六月二十日写给平子孙太郎的慰问信、上杉宪政在七月三日发出的文书可知，长尾景虎即将派遣大将穜生城主平子孙太郎出阵关东（《上越市史》第八十二、八十七条引《武州文书》）。七月中旬到七月下旬的某日，越后军发出了在武藏国领主冈部左卫门尉所领北河边矢岛地区禁止滥妨狼藉的禁止令，说明此时越后军已经越过越后和上野两国边境的界山。长尾兵势势如破竹，半个月左右的时间就从上野国打到了武藏国。八月十日，吉江茂高在给平子孙太郎的信中写道“关东御出阵御大义，御不如意令察之”（《上越市史》第九十五号引《武州文书》），表示长尾景虎可能无法出阵关东，并暗示平子孙太郎做好回师的准备。八月十三日，长尾景虎的旗本吉江忠景在给平子孙太郎的回信中表示，因为平子孙太郎在关东出阵中的战功，原本剥夺的贺

◎ *平井金山城城迹图*

幾之地将作为恩赏返还给平子孙太郎（《武州文书》第七十二号）。九月十一日，北条氏康遣部对下野国的佐野领（现栃木县佐野市富士町和栃本町）和上野国的新田领（现群马县太田市金山地域）放火（《战国遗文·后北条氏篇》第四二二号）。十月二十二日，上杉宪政从关东返还越后，长尾景虎写信给同上杉宪政一起出阵的庄内定贤，表示慰劳，并派各所奉行详细听取他的报告（《上越市史》第九十七号引《谦信公御书》）。同日，各所奉行枥尾城（现新潟县长冈市枥尾地区）城主本庄实乃、箕冠城（现新潟县上越市板仓区）城主大熊朝秀和与板城（现新潟县长冈市与板町）城主直江实纲联名发出副状，表示将把庄内定贤出阵的心得申报给长尾景虎。（《上越市史》第九十八号引历代古案）。十二月十二日，北条氏康授予安中源左卫门尉上野国势多郡上南云地区（现群马县涉川市）作为出兵上野的恩赏（《战国遗文·后北条氏篇》第四二三号）。长尾景虎和北条氏康的第一次交手就这样结束了。

长尾景虎之所以对越山进攻关东如此积极，有自己的原因。长尾景虎出身的越

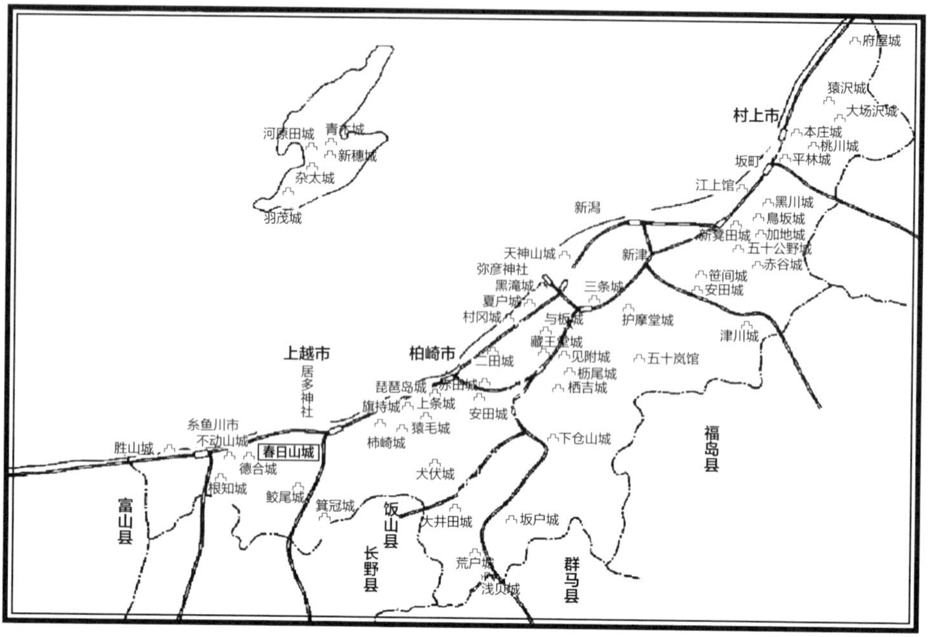

◎ 春日山与支城图

后长尾氏，代代都担任守护越后上杉氏的守护代。到了长尾景虎其父长尾为景的时代，越后守护石上杉房能决心扩大守护的权力，在明应七年（公元1498年）下令停止守护不入权。此事受到了长尾为景的抵制。永正四年（公元1507年）正月十七日，长尾为景开始攻打越中（《越佐史料》卷三第487页），而上杉房能则开始为讨伐长尾为景准备资金（《越佐史料》卷三第492页引《镰仓管领九代记》。八月，长尾为景先发制人，拥立上条上杉氏当主上杉定实为新任越后守护，攻打上杉房能的居馆（《越佐史料》卷三第488页）。上杉房能不敌，在逃跑的路上切腹自尽，殉死者数百人（《越佐史料》卷三第489页引《东光明院讲过去帐》）。

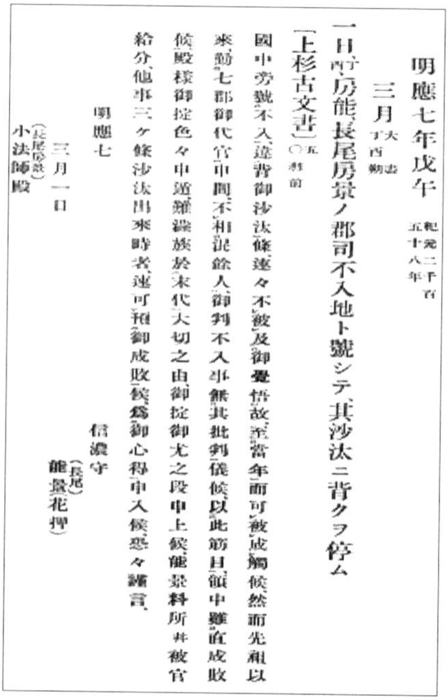

明應七年戊午 紀元二千百五十八年

三月 大 丁酉朔盡

一日 丁酉 房能、長尾房景ノ郡司不入地ト號シテ、其沙汰ニ背クヲ停ム

〔上杉古文書〕〇五

國中旁號不入、違背御沙汰條、連々不被及御覺悟故、至當年而可被成觸候、然而先祖以來、勤七郡御代官中間、不相混餘人、御判不入事、無其批判儀候、以此筋目、領中雖直成敗候、殿樣御掟色々中道雖緩族、於末代大切之由、御掟御尤之段申上候、能景料所并被官給分、他事三ヶ條沙汰出來時者、速可預御成敗候、爲御心得申入候、恐々謹言、

明應七

三月一日　信濃守

（長尾）能景（花押）

（長尾房景）小法師殿

◎ 上杉房能废止守护不入权文书图

此役后，越后秩序大乱。当年九月，扬北众的本庄时长、色部昌长和竹俣清纲起兵反对上杉定实继任越后守护。长尾为景依靠安田氏、中条氏、筑地氏的战力，又因为上杉房能之兄、关东管领上杉显定增援越后的节点沼田城和白井城被叛将长尾景春占据，所以经过一年多的战争，最终平定了叛乱。永正六年（公元 1509 年）十一月六日，室町幕府发出御内书，补任上杉定实为越后守护，并命令长尾为景悉心辅佐（《越佐史料》卷三第 508 页）。

永正七年（公元 1510 年），上杉显定终于将长尾景春赶到了利根川以东的不动山馆（《越佐史料》卷三第 516 页引《御影之记》）。七月二十八日，上杉显定联络越后国蒋生城主平子左卫门佐（《越佐史料》卷三第 514 页引《武州文书》）为内援，率领上野军八千余人攻入越后，一举占领了越后的上越和中越地区，上杉定实和长尾为景不得不逃往越中避难（《越佐史料》卷三第 517 页引《镰仓管领九代记》）。逃到越中后，长尾为景以上杉定实的名义联络京都幕府。取得幕府的支持后，长尾为景发起反攻，将关东军赶出了越后，关东管领上杉显定被高梨政盛军逼迫自尽（《越佐史料》卷三第 546 页引《武家事纪》）。

重新夺回越后的长尾为景不断加强自己的权力。享禄元年（公元 1528 年）十二月十二日，长尾为景被时任幕府将军的足利义晴授予允许使用白伞袋、毛毡鞍覆等仅限于守护和御供众使用的物品。最早是由将军足利义植授予越前守护代朝仓孝景，之后这成了幕府授予守护代守护权力的证明。至此，长尾为景就拥有了和守护上杉定实相同的家格。

长尾为景的行为很快遭到越后国人领主的反抗。享禄三年（公元 1530 年）十月六日，上杉定实之弟、上条上杉家当主上条定宪起兵讨伐长尾为景，史称“享禄·天文之乱”。享禄四年（公元 1531 年）正月，越后除上条家以外的上杉一门与扬北众等十八人联名组成一揆，加入上条定宪的讨伐军（《越佐史料》卷三，第 783 页，引《上杉古文书》）。二月，将军足利义晴下达了禁止与上条定宪合力的御内书（《新潟县史》第五四号）。一时，上条定宪被压制，

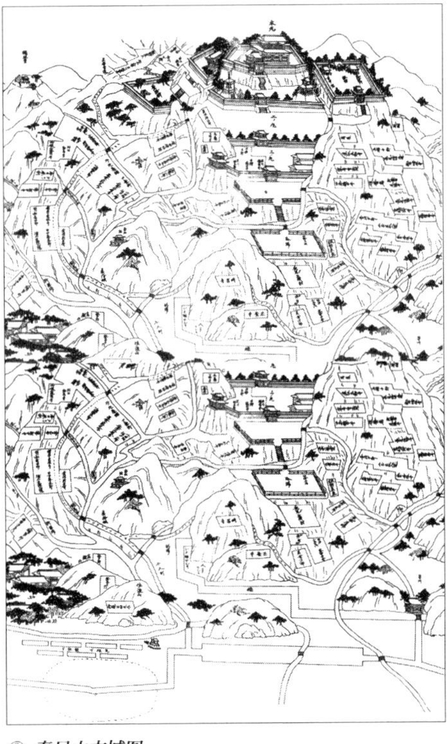

◎ 春日山古城图

◎ 扬北众联署状图

不得不向长尾为景求和。

到了六月，形势发生了变化，被长尾为景倚为后盾的幕府将军家发生了变故。拥立将军足利义晴的管领细川高国在摄津尼崎被细川晴元和三好元长联军击败。细川高国被俘后被勒令自尽，足利义晴逃到了近江国坂本的长光寺（《越佐史料》卷三，第786页引《上杉古文书》）。消息传到越后之后，长尾为景的支持者也发生了变化。

天文二年（公元1533年）九月二十六日，上条定宪再次举兵叛乱。虽然上条军一度处于劣势，自家的居城上条城也被烧讨(《越佐史料》第798页引《毛利文书》)，但是到了天文四年（公元1535年），上条定宪成功地将上田长尾氏与其旗下的上田众、妻有众和薮神众拉入了自己一方，并下令己方的宇佐美定满和大熊政秀做好反击的准备。（《越佐史料》卷三，第807页引《历代古案》）。六月十三日，长尾为景围攻宇佐美定满的居城（《越佐史料》卷三，第811页引《历代古案》）。十九日，上条定宪又拉拢了扬北众中的本庄房长、水原政家和色部胜长等人，并展开了反击（《越佐史料》卷三，第811页引《讲史堂古文书》）。八月十二日，在“享禄·天文之乱”中一直保持中立的平子弥三郎在中条藤资和黑川清实的劝诱下加入了上条定宪方（《越佐史料》卷三，第818页引《武州文书》）。到了年末，庄内的大宝寺氏和砂越氏、会津的芦名氏也加入了上条定宪方（《越佐史料》卷三，第822页引《本庄文书》）。天文五年（公元1536年）四月十日，宇佐美定满在越后三分之一原被长尾为景军击败(《越佐史料》卷三，第829页引《平子文书》）。八月三日，长尾为景将家督让予长子长尾弥三郎晴景（《上杉家古文书》卷一，第四二八号）。十二月二十四日，长尾为景去世（《越佐史料》卷三，第835页引《林泉寺过去账》)。长尾晴景在正式继任长尾家家督一职后，逐步恢复了上杉定实的守护权（《新潟县史·资料篇·中世二》第一四九五号和第一四九六号）。在此前提下，上条定宪一党在天文七年（公元1538年）向长尾晴景请降，结束了“享禄·天文之乱”。

在这一年，守护上杉定实决定收养妹夫伊达稙宗之子时宗丸（伊达实元）为养子。伊达稙宗试图以此事为契机，将势力扩展入越后。首当其冲的扬北众分裂成两派，一派以中条藤资为首，支持伊达稙宗；另一派以本庄房长为首，反对伊达稙宗插手越后事务（《越佐史料》卷三，第849页引《色部文书》）。动乱从扬北众波及越后全国。长尾晴景祭出天文五年（公元1536年）九月二十七日后奈良天皇颁予他的“私敌追讨”令旨（《上杉家古文书》第四三二号），加入了反伊达派。反伊达派士气大增，在天文九年（公元1540年）九月二十八日攻下了中条藤资的居城中条城（《越佐史料》卷三，第856页引《讲史堂古文书》）。

之后，伊达稙宗和伊达晴宗父子为了是否继续出兵越后反目，并引起了整个东北大乱的“天文之乱”，已改名为伊达实元的时宗丸入嗣越后上杉氏一事也不了了之。天文十二年（公元1543年）四月十三日，在越后天文之乱中站在长尾晴景反对侧的扬北众们联名向长尾晴景请愿，恳求长尾晴景下发赦免书（《新潟县史》第一〇五七号）。八月二十八日，长尾晴景命令自己十四岁的弟弟长尾景虎出任枥尾城城主，压制古志郡和中越地区（《越佐史料》卷三，第866页引《上山家谱》，《越佐史料》卷四，第131页引《历代古案》）。天文十三年（公元1544年）四月二十日，后奈良天皇又根据长尾晴景的请求，派右中弁劝修寺晴秀为使者，颁下了“越后国中静谧”的纶旨，并赐予长尾晴景后奈良天皇手书《心经》一卷（《上杉家古文书》第四三五号），宣告了越后“天文之乱”的结束。

天文十五年（公元1546年），长尾景虎因平定黑田秀忠之乱（《越佐史料》卷三，第878页引《长谷川氏所藏文书》）而名声大噪，引起了长尾晴景的猜忌，并导致兄弟二人最终兵戎相见。长尾景虎在军事上占据上风后，通过守护上杉定实的调解，在天文十七年（公元1548年）农历除夕入驻春日山城，正式继承了长尾家（《越佐史料》卷四，第1页引《上野文书》）。

长尾景虎继任家督后，采取其父长尾为景的政策，绕过了守护上杉定实，行使国主的权力（越佐史料）卷四，第9页引《武州文书》中《天文十八年四月十九日平子孙太郎越后宇贺地安堵状》）。天文十九年（公元1550年）二月二十六日，越后守护上杉定实死去。两天后，长尾景虎被将军足利义辉赐予白伞袋和毛毡鞍覆（《上杉家古文书》第四三七号）。天文二十一年五月二十六日，基本平定了越后一国的长尾景虎被授予从五位下弹正少弼的官职《上杉家古文书》第四五〇号），确立了自己越后国主的地位。

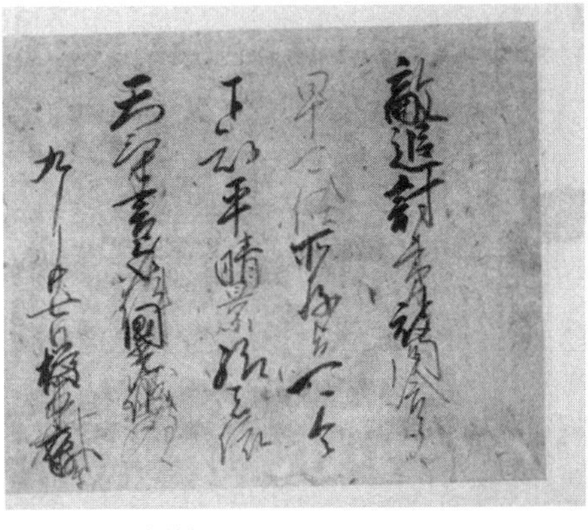

◎ 后奈良天皇纶旨

四 鏖战川中岛与北条氏康的扩张

与日后成为对手的武田信玄和北条氏康不同，长尾景虎统治领地的权威并非来自自己的家族，而是依靠室町幕府和日本宫廷的授权。因此，长尾景虎依然使用着守护时代的权力结构。与他的父亲长尾为景时代相同，长尾景虎通过公钱方大熊氏来收取段钱(《新潟县史·资料篇3·中世一》第二七二号和《新潟县史·资料篇4·中世二》第一五九八号）。事实上，长尾为景时代国内动乱的根源只是被长尾景虎的武略暂时压制，并没有解除。对此，年轻的长尾景虎决定发动对外战争，通过领土的扩张来缓和国内矛盾。上杉宪政的求援信，给了长尾景虎一个很好的向关东扩张的机会。

天文二十二年（公元1553年）八月，北信浓豪族村上义清、高梨政赖、井上昌满、岛津忠直、须田满国、栗田永寿等联名写信给长尾景虎，希望长尾景虎出兵，协助他们反抗武田信玄的侵略。为此，长尾景虎出兵信浓（《越佐史料》卷四，第91页引《历代古案》）。九月一日，越后军在八幡（现长野县篠之井市）击败武田军，迫使武田军放弃了荒砥城（长野县千曲市上山田）。三日，越后军攻到武田信玄的驻地青柳城（长野县东筑摩郡筑北村坂北），并在青柳城附近放火。武田信玄的援军在九月四日进驻苅屋原城。之后，越后军攻克会田的虚空山城。九月十三日，武田军在越后军控制下的麻绩城和荒砥城城下放火，迫使越后军在十四日夜半撤出麻绩城。九月十八日，越后军转向盐田（现长野县上田市盐田地区）方向，在葛尾城附近的南条地区（现长野县埴科郡坂城町）放火。九月二十日，武田信玄在出阵盐田的半路上得知了越后军撤退的消息（《驹井高白斋记》)。这就是第一次川中岛之战。

对长尾景虎来说，此次出兵川中岛地区，不过是一次普通的出兵。回师越后后，他在当年秋天前往京都。在京都，长尾景虎获得了后奈良天皇颁予的“住过并邻国欲敌心之辈，所被治罚也”的纶旨（《上

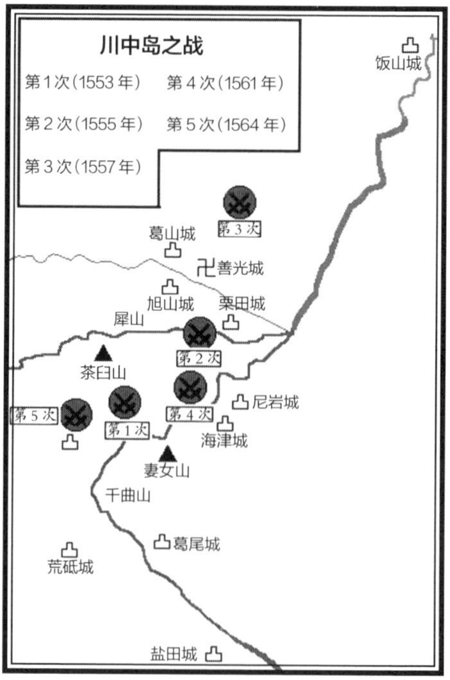

◎ 川中岛之战图

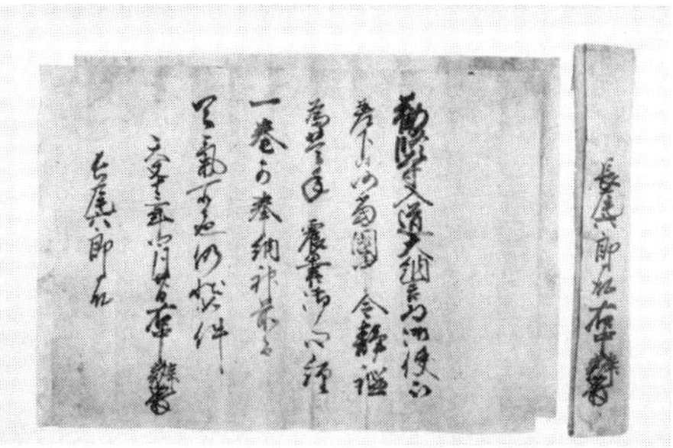

◎ *后奈良天皇纶旨2*

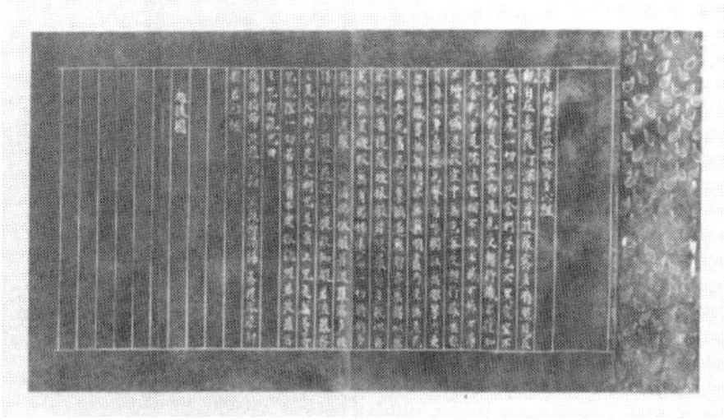

◎ *后奈良天皇手书心经图*

◎ *后奈良天皇下赐的御剑图*

杉家古文书》第四五九号）并被赐予御剑一把（《越佐史料》卷四，第 94 页引《上杉家什宝目录》）。心情舒畅的长尾景虎在十一月十三日游览了自由都市堺，并赠予大坂的本愿寺光教太刀一把、马一匹和乌目千颗(《越佐史料》卷四，第95页引《本愿寺证如上人日记》）。之后，长尾景虎又拜访了高野山（《越佐史料》卷四，第 96 页引《明治天皇内廷御书类目录》）。从高野山回到京都后，长尾景虎于十二月八日在大德寺受戒，法号宗心(《越佐史料》卷四，第 96 页引《上杉年谱》）。十二月下旬，长尾景虎才回到越后。

回到越后后，由于上洛花费过大，长尾景虎不得不下令增收段钱（《新潟县史・资料篇 4・中世二》第一五九八号），暂时无力出兵。北条氏康此时正致力于房总的事务，因此上野方向一时平静了许多。而在信浓方面，武田信玄却加紧了攻势。弘治元年（公元 1555 年）二月十三日，越后毛利氏领主北条高广被武田信玄劝诱（《越佐史料》卷四，第 414 页引《黑金文书》），以善根（现新潟县刈羽郡中鲭石町）为据点起兵，后被宗家安田景元镇压（《越佐史料》卷四，第 415 页引《毛利文书》和《中村藤八氏所藏文书》）。四月，善光寺别当粟田鹤寿被武田信玄策反。十八日，长尾景虎应村上义清和高梨政赖等邀请，再次出兵川中岛。二十三日，长尾景虎在善光寺布阵。同时，武田信玄从甲府出阵，并向在旭山城（现长野县长野市）笼城的粟田鹤寿派遣援兵三千人，弓八百张，铁炮三百挺（《越佐史料》卷四，第 121 页引《妙法寺记》）。之后，越后军和武田军以旭山城为中心对峙了两百多日，交战多次（《战国遗文・武田氏篇》第四三六到四四八号）。对峙一直延续到当年十月，武田军出现了补给问题

（《战国遗文·武田氏篇》第四五七号）。到了闰十月，经过百余日的对峙，精疲力竭的两方在今川义元的调停下达成了和平协定并交换了誓词（《越佐史料》卷四，第122页引《历代古案》）。

回到越后的长尾景虎在弘治二年（公元1556年）三月二十三日突然宣布将出家隐遁，并宣布停止一切公事（《越佐史料》卷四，第127页引《上野文书》））。六月二十八日，长尾景虎正式向长庆寺寺某僧人发出了想要隐遁的文书（《越佐史料》卷四,第131页引《历代古案》。八月十七日，越后诸将以长尾政景为首，向长尾景虎交出誓书，请求长尾景虎继续担任越后国主。长尾景虎接受了他们的意见（《越佐史料》卷四，第124页引《上山家古文书》），并将自己的签名由宗心改回了景虎。

再次成为国主的长尾景虎先是平定了国内的大熊朝秀之乱（《越佐史料》卷四，第136页引《上野文书》），又在弘治三年（公元1557年）再次出兵川中岛，和武田信玄交锋。越后军在五月二十一日攻下香坂（现长野县水内郡）后，又接连攻克坂本和岩鼻（《越佐史料》卷四，第148页引《历代古案》）。八月十七日，越后军在上野原（长野县长野市上野地区）击败了渡过千曲川的武田军（《越佐史料》卷四，第150页引《历代古案》）。战争持续到永禄元年（公元1558年）才在幕府将军足利义辉的调停下达成了和平协定（越佐史料）卷四，第173页引《上杉家古文书》）。作为和平条件，武田信玄获得了信浓守护一职，其嫡子武田义信则获得了准三管领的家格（《战国遗文·武田氏篇》第五八六号）。

永禄二年（公元1559年），长尾景虎第二次上洛。此行除觐见了正亲町天皇，并被赐予御剑（《上杉家古文书》第四六七号）外，他还从幕府将军足利义辉处要到了三管领、（足利）御一族的家格，甚至从上杉宪政处继承山内上杉家家督的许可和“信浓国诸侍事、弓矢半之由侯。问始末，景虎可加意见”的权力（《越佐史料》卷四，第198页到200页引《上杉家古文书》）。从此，他有了超越武田和北条的家格，以及干涉信浓和关东事务的权力。六月二十九日，足利义辉命幕臣大馆晴光为使者，将大友宗麟进献给幕府的火药配方转赠给长尾景虎（《上杉家古文书》第四七一号和四七二号）。

十月二十八日，长尾景虎回到越后。当晚，召开了庆祝长尾景虎继任管领的酒宴。宴会上，长尾景虎拿出了正亲町天皇赐予的御剑给越后诸将四十七人欣赏。

◎ 正亲町天皇下赐的御剑图

十一月一日，举行了年寄（家老重臣）和马廻众的参观仪式。十一月十三日，又有信浓众二十一人前来参观御剑。次年三月十五日，关东诸侯自佐竹义昭使者以下三十一人参观了御剑。这实际上也成为长尾景虎出兵关东的动员会（《越佐史料》卷四，第 223~230 页引《上杉古文书》）。

之后，长尾景虎利用自己身份的变化，进一步加强了对国内的控制。对比弘治三年十月十八日和永禄二年十二月二十六日长尾景虎发给广泰寺两份内容相同的文书（《上越市史·别篇1·上杉氏文书集一》），可以看出，发出文书的人由长尾家的奉行众变成了有较大自治权的国人领主柿崎景家、北条高广等人。

永禄三年（公元 1560 年）三月，长尾景虎出兵越中（《越佐史料》卷四，第 238 页引《福王寺文书》），将神保长职赶出了越中富山城（现富山县富山市丸之内）。回到越后后，长尾景虎向上杉宪政表示，自己已经做好准备越过越后与上野之间的界山，出兵关东，讨伐北条氏康(《越佐史料》卷四，第 240 也引《伊佐早文书》)。

此时的北条氏康正处于人生的巅峰期。天文二十年（公元 1551 年），北条氏康在给古河公方奉公众梁田晴助的起请文中，尚表示双方相互盟誓、互不违背，共同对古河公方足利晴氏尽忠奉公（《战国遗文·后北条氏篇》第四〇四条）。天文二十一年，北条氏康的首要对手上杉宪政被赶到了越后，北条氏康就对在河越夜战中加入上杉方的足利晴氏采取了报复行动。十二月十二日，古河公方足利晴氏被迫隐居，他与梁田晴助之妹所生的长子足利藤氏被废除了继承人的资格，改由他与北条氏康之妹芳春院所生之子足利义氏继承家业（《战国遗文·古河公方篇》第六七二号）。次年，足利晴氏在古河笼城试图反抗北条氏康对古河公方的支配。此次行动很快被北条氏康镇压了下去，足利晴氏被押送到后北条氏的领地禁闭。由于古河公方重臣、关宿城（现千叶县野田市关宿博物馆）城主梁田晴助的反对，足利义氏并没有进入古河城，而是在北条氏康控制下的葛西城发号施令。弘治三年，梁田晴助在北条氏康的压迫下，以进驻古河城为条件，让足利义氏进入了关宿城（《战国遗文·房总篇》第九八六号，《古河公方篇》第八三一到八三七、八四〇、参考三六号）。永禄元年六月，足利义氏前往鹤岗八幡宫参诣(《战国遗文·古河公方篇》第八三八、八三九号）。

足利义氏继承古河公方之位后，北条氏康得以以古河公方的名义支配关东的其他诸侯。为此，他首先恢复了古河公方对上野、相模和武藏等旧公方领地的支配权。从天文二十二年开始，北条氏康以足利义氏的名义对武藏东部、下总西北部、下野南部和上野南东部的领地行驶统治。从天文二十二年到弘治年间，留下了大量足利义氏通过梁田氏、野田氏、丰前氏和田代氏等古河公方奉公众为媒介，对领主知行的授予，安堵、公方领地的设置、诸役的赋课，免除等在地支配的有关文书。除了和古河公方关系密切的下野国小山氏和下总国的结城氏外，下野的那须氏、芦野氏和皆川氏，常陆的真壁氏、烟田氏、额田氏和小野崎氏，南陆奥的白河结城氏与芦名家下属的石川氏等都与打着足利义氏旗号的使者有往来（《战国遗文》《古河公方篇》足利义氏部分）。一时间，古河公方的权威在北条氏康的帮助下恢复了。

与此同时，北条氏康也在文书中打着足利义氏的名义，把自己放到具体执行者的位置上（《战国遗文·后北条氏篇》第五五二条）。这样的低姿态打消了不少关东诸侯对后北条氏的疑心。天文二十三年，下总结城氏当主结城政胜与北条氏康开始交好，使得北条氏康通过结城政胜联

◎ 古河公方馆址图

络到了南陆奥的白河结城氏当主白河晴纲（《战国遗文·后北条氏篇》第四六二和四六三号）。弘治三年，下野那须氏也因

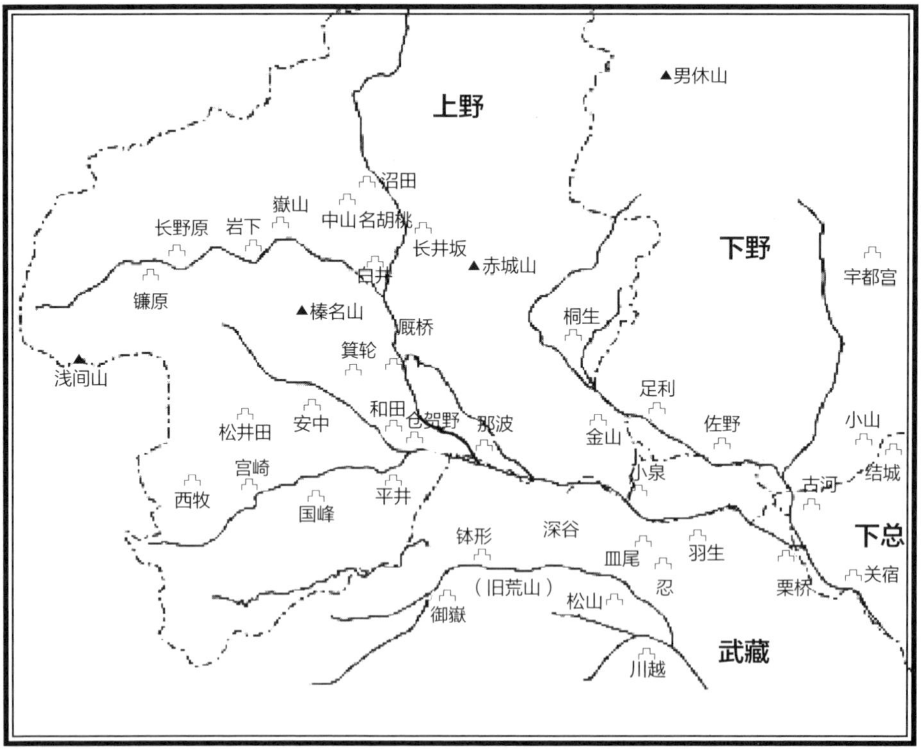

◎ 战国时代北关东要图

为排除佐竹家实力的那须洞忩剧而开始和北条氏康亲近（《战国遗文·后北条氏篇》第五三八条）。

天文二十二年，越后的长尾景虎出兵信浓，开始了与武田信玄在川中岛的数度大战，北条氏康则趁机将上野诸路国人领主纳入自己的统治下。家中一门重臣北条纲成的次子北条孙次郎康元被过继入沼田氏成为当主（《战国遗文·后北条氏篇》第六〇八号），足利长尾氏当主长尾当长参与了北条军的征伐行动(《战国遗文》《后北条氏篇》第五三〇号）。

在收服上野的同时，北条氏康实现了与今川家的和解。天文二十三年七月，北条氏康的女儿早川殿嫁与了今川义元之子今川氏真。十二月，武田信玄之女黄梅院嫁与了北条氏康之子北条氏政（《妙法寺记》）。之前的天文二十一年，武田信玄之子武田义信迎娶了今川义元之女嶺松院（《驹井高白斋记》）。至此，三家之间通过婚姻，结成了骏甲相三国同盟。

弘治元年，下总结城氏当主结城政胜在伊势神宫（现三重县伊势市）参诣归来途中，顺道拜访了小田原城。在会谈中，结城政胜请求北条氏康出兵常陆南部，协助他打倒宿敌小田氏。对此，北条氏康没有表示异议。次年弘治二年(公元1556年)，江户城城主远山纲景和岩付城城主太田资正奉命带领两千骑与结城政胜合力出兵。同时，下野鹿沼城（枥木县鹿沼市）城主壬生冈雄、佐野城城主佐野丰纲和上野馆林城（现群马县馆林市）城主茂吕秀忠也在足利义氏的命令下参战。结城政胜也动员了麾下的多贺谷市、水原氏和山川氏等，并力攻小田氏的支城海老岛城（现茨城县筑西市）。小田氏当主小田氏治与佐竹援军两千人来援。两军于四月五日在海老岛山王堂附近交战，北条-结城联军获胜(《战国遗文·房总篇》第九三七号和第九三八号）。小田氏治放弃了居城小田城（现茨城县筑波市），逃到土浦城（现茨城县土浦市）。海老岛地区和小田城成了结城胜政的领地，而北条氏康也成功地把触角伸进了常陆。

海老岛之战后，北条氏康开始向下野、常陆、上总和安房等国扩大自己的影响。这些地方自“观应之乱”后，初代镰仓公方足利基氏确立起镰仓府统治的萨埵山体制时代就是外样领主，即所谓的坂东八屋形的传统势力范围。因此，北条氏康在行动中更加注意利用古河公方足利义氏的威望，建立自己作为关东秩序的维护者的立场。其中，最典型的就是宇都宫夺还事件。

天文十八年（公元1549年），宇都宫氏当主宇都宫尚纲在与那须高资的战争中战死。其子宇都宫伊势寿丸年纪幼小，家老壬生城城主（现枥木县下都賀郡壬生町）壬生纲房趁机与那须高资议和，联合宇都宫家另一重臣芳贺高经，夺取了宇都宫家的居城宇都宫城（现枥木县宇都宫市本丸町）。而宇都宫伊势寿丸则逃到了飞山城（现枥木县宇都宫市竹下町）城主芳贺高定处避难，并暂时被安置在真冈城(现枥木县真冈市台町）。为了夺回宇都宫城，芳贺高定开始了一系列计谋。天文二十年，芳贺高经的后援那须高资在芳贺高定的计谋下被家臣千本资俊谋杀。壬生纲房在北条氏康的支持下，联络了宇都宫一族的盐谷氏、西方氏和三上氏，赶走芳贺高经，独占了宇都宫城。走投无路的芳贺高经被芳贺高定诱入真冈城杀死。弘治元年，壬生纲房暴死，有传说是芳贺高定暗杀的。弘治三年春，芳贺高定联络常陆的佐竹义昭和江户忠通，一起攻打壬生纲雄。佐竹义昭和江户忠通带了五千人，进驻飞山城，隔着鬼怒川与壬生纲雄等对峙（《今宫祭祀录》）。为了不让壬生纲雄的后台北条氏康出兵援助，芳贺高定通过古河公方足利义氏向北条氏康展开了外交攻势。在芳贺高定的努力下，北条氏康此时正在用兵房总，无暇顾及下野，所以，北条氏康非但没有派出援军，反而向那须高资的继任者那须资胤写信，表明自己将以“壬生退治”为己任（《战国遗文·后北条氏篇》第五六七号）。丧失外援的壬生纲雄不得不向芳贺高定投降，交出了宇都宫城。通过此事，北条氏康确立了自己作为关东管领，对外样领主大名的裁判权。之后，北条氏康的影响力甚至波及东北（《战国遗文·后北条氏篇》第六三九号）。然而，佐竹义昭也通过此战确立了自己作为关东东北国人领主中反北条派的核心。日后，佐竹氏联合宇都宫氏，始终站在反抗后北条氏对关东统治的第一线，最后坚持到了后北条氏的灭亡，这是北条氏康所无法预计的。

对北条氏康来说，首要的课题是利用长尾景虎在信浓与武田信玄相争的空隙，逐次将关东反北条氏的势力一一清除。在海老岛之战后，他将攻击的目标定在了盘踞在房总半岛的宿敌里见氏。自从第一次国府台之战后，上总的小弓公方灭亡。上总国的有力国人领主真理谷武田氏衰败。里见家当主里见义尧利用后北条氏专注于对两上杉氏的空隙，扩张势力。首当其冲的是势力横跨上总、下总两国的有力国人领主佐仓千叶氏。

天文十六年（公元1547年），佐仓千叶氏当主千叶利胤在同侵入香取、匝瑳两郡的里见军交战中战死（《东国的战国合战》市川高男著）。之后，里见义尧的股肱正木大膳亮时茂就以上总大喜多城（现千叶县夷隅郡大多喜町）为据点，开始对香取和匝瑳两郡进行渗透。

天文十八年，下总豪族酒井胤治被北条氏康策反（《战国遗文·房总篇》第八二三号），到了天文二十二年，北条氏康开始大举侵入房总（《战国遗文·房总篇》第八七四、八七六号）。而佐仓千叶氏的继任当主千叶亲胤迎娶了北条氏康之女尾鳍殿，开始协同北条军作战。里见军为了反制，于弘治元年侵入小弓领（现千叶县千叶市）放火。次年又侵入匝瑳郡，与千叶军交战。疲于应付里见军入侵的香取、匝瑳两郡国人领主在弘治三年发动政变，废黜了千叶亲胤，另立千叶胤富为新任当主。千叶胤富继任当主后，减轻了同里见氏的对抗，并与后北条氏保持了适度的距离。

北条氏康并没有理会佐仓千叶氏的这点小动作，弘治元年，他在上总豪族吉田玄番助的帮助下（《战国遗文·房总篇》

第九〇九、九一〇号），攻克了上总国西南的金谷城（现千叶县富津市）——里见军在西上总的重要支撑点（《战国遗文·房总篇》第九二〇条）。里见军不得不在安房国西北的妙觉寺一侧构筑冈本城（现千叶县南房总市）应对。

弘治三年，北条氏康以贺浦（现神奈川县横须贺市）为据点，向房总运送人员物资（《战国遗文·房总篇》第九五九号）。永禄三年，北条氏康完成了对里见义尧本城久留里城（现千叶县君津市久留里）的包围（《东国的战国合战》引《东大白川文书》）。里见氏一度陷入灭亡的绝境。已无力扭转战局的里见义尧只有一面坚守久留里城，一面命令正木时茂向越后的长尾景虎求援（《越佐史料》卷四，第249页引《历代古案》）。六月二日，足利长尾氏当主长尾政长来信表示，越后军将于秋天越山，出阵关东（《战国遗文·房总篇》第一〇一二号）。九月六日，长尾当长写信告之正木时茂，越后军已经越过三国峠，进入上野国沼田城（《战国遗文·房总篇》第一〇一六号）。九月十六日，上杉宪政写信给里见义尧，告之自己已进入上野国（《战国遗文·房总篇》第一〇一七号）。十月，正木时茂回信给长尾景虎，表示“时茂年来之愿望此时候，关东静谧不可移时日候”（《战国遗文·房总篇》第一〇一八号）。从正木时茂在年底发出的一系列文书来看（《战国遗文·房总篇）第一〇二六、一〇二七和一〇二八条）来看，北条军最后撤除了对久留里城的包围，专心应付出阵关东的长尾景虎去了。

◎ 武田信玄

五 关东出阵与继承山内上杉家

永禄三年正月二十七日，正亲町天皇依靠长尾景虎等人的奉纳，完成了即位仪式（《公卿补任》）。完成仪式后，时任关白的近卫前久预定在当年九月动身前往越后。近卫前久早就对京都的政治氛围感到不满，之前曾想前往西国，被近卫前久的父母阻拦。当长尾景虎上洛时，两人就成了莫逆之交。当时，长尾景虎三十岁，近卫前久二十四岁。近卫前久派遣家臣西洞院时秀赠予了长尾景虎《咏歌大概》一册、歌书《三智抄》一本（《越佐史料》卷四，第185页引《上杉家古文书》）。六月一日，近卫前久和长尾景虎互换誓词，近卫前久在起请文中表示要追随长尾景虎远国下向，联手在关东之地建立新的秩序。七月十四日，风闻此事的足利义辉派遣幕臣大馆晴光，以正亲町天皇即位在即不能没有关白参与即位仪式为理由，将近卫前久留在了京都（《上杉家古文书》第四七三号）。

◎ 近卫前久誓书图

永禄三年，长尾景虎加快了越山进入关东的准备。四月二十八日，常陆的佐竹义昭向长尾景虎报告关东形势（《越佐史料》卷四，第241页引《福王寺文书》）。五月九日，渡边将监等六人联名，通过本庄玖介和宇野左马允向长尾景虎递上誓书，表示他们不会懈怠其所纳军役（《上杉家古文书》第四七五条）。五月十三日，斋藤朝信、柿崎景家、北条高广和长尾藤景四人联名下达了越后府内寺社领、御料所和町人等五年免除诸役（《上杉家古文书》第四七六号）。

到了八月，关东出阵的准备基本完成，长尾景虎于八月二十四日写信告诉上野馆林城城主长尾显长等，自己即将出阵，命令其做好迎接准备（《越佐史料》卷四，第251页引《北越家书》））。八月二十五日，长尾景虎留下桃井左马助、长尾小四郎、黑川实氏、柿崎景家和长尾源五五人为留守，荻原扫部助、直江实纲和吉江景资三人为监察坐镇越后（《越佐史料》卷四，第252页引《上杉家文书》），自己于八月二十九日离开春日山城，开始向上野进军（《越佐史料》卷四，第254页引《武藏国龙渊寺年代记》）。九月十九日，关白近卫前久依约来到越后，听说长尾景虎已经出兵，他又马不停蹄追了上去（《越佐史料》卷四，第256页引《近卫家谱》）。九月二十八日，越后军攻克了上野的岩下（现群马县吾妻郡东吾妻町）、沼田（现群马县沼田市）诸城，并入住厩桥城（现群马县前桥市）。入嗣沼田氏的北条孙次郎兵败被斩（《越佐史料》卷四，第265页引《历代古案》），一度投向北条氏康的下野足利长尾氏当主长尾当长和政长父子、上野总社长尾家、白井长尾家和箕轮长野家先后加入长尾景虎的阵营。长尾景虎乘胜追击，包围了那波氏主城赤石城和赤井氏的馆林城（《越佐史料》卷四，第267页引《上杉年谱》）。国峰城城主小幡宪重因为家臣小幡图书助的反叛而不得不逃往信浓投奔武田信玄。

北条氏康在上野的统治体制迅速瓦解。

永禄二年（公元1559年），关东发生了大规模的饥荒。北条氏康趁机退位，将家业交给长子北条氏政（《战国遗文·房总篇》第一〇〇六号），自己专心于军事作战。永禄三年二月，为了稳定人心，后北条氏在其所领发出了德政令（《战国遗文·后北条氏篇》第六二一到六二七号）。听说长尾景虎侵入上野后，北条氏康迅速做出反应，出兵进驻河越城(《战国遗文·后北条氏篇》第六四四条）。九月二十三日，古河公方足利义氏写信给那须资胤，感谢那须资胤在“越后之凶徒沼田城令越山”之际，能“出马可及其行候间，于上州备者……无二忠信之段感悦之至”（《战国遗文》《古河公方篇》第八四九号）。十月二日至十月四日，足利义氏接连写信给小山秀纲、芦野修理大夫、那须高资和烟田右卫门大夫，要求他们“速自身参阵”，并表彰了“参阵被走廻候者”（《战国遗文·古河公方篇》第八五〇到八五三号）。十月四日，北条氏康写信给富冈氏，表彰了他对上野豪族由良成繁的战功，并要求富冈氏将铁炮的火药和弹丸多送到紧要之处（《战国遗文·后北条氏篇》第六四五号）。同时，北条氏康又要求富冈氏将自己的使者安全护送到由良成繁处，以便由良成繁知道自己进一步的计划（《战国遗文·后北条氏篇》第六四六号）。十月六日，北条氏康又写信给野田政保，表示馆林城下缺少舟桥，要求野田政保在五日内将舟桥以及其他器物送到(《战国遗文·后北条氏篇》第六四七号）。

十月，上野战局进入相持阶段，双方各自对关东各地国人领主展开了拉拢活动。北条氏康在九月三日写信给结城晴助（《战国遗文·后北条氏篇》第六四一号），以足利义氏的名义，希望佐竹和白川结城、那须两家言和。九月十九日写信给佐竹义昭（《战国遗文·后北条氏篇》第六四二号），希望佐竹义昭能够遵从足利义氏的“上意”，即与白川结城、那须两家言和。九月二十一日，北条氏康写信给芦名盛氏，表明因为佐竹义昭“不应上意”，希望芦名盛氏能够提供建议，以便完成“重而一和之仪”。（《战国遗文·后北条氏篇》第六四三号）。十月九日，北条氏康将起请文送给岩付城城主太田资正，希望太田资正能对足利义氏尽“御忠节”，并看在北条氏康之女同太田资正嫡子太田源五郎“骨肉取结”的份上，“大敌退治三日之内出阵”。北条氏康还表示，太田资正出阵时，将仿照保元之乱时源义朝先例，向京都的三好长庆和松永久秀申请授予太田资正相伴众的家格（《战国遗文·后北条氏篇》第六四九号）。十月十七日，北条氏康的盟友武田信玄写信给自己的连襟，大阪的本愿寺显如，希望通过他让越中一向宗的首领上田藤左卫门起兵袭扰长尾景虎的后方（《战国遗文·武田氏篇》第七一三号）。

在另一边，十月二十九日，长尾景虎写信给下野佐野龙溪寺，希望其促成“常野两国诸家中其外出张之仪”（《越佐史料》卷四，第270页引《三股文书》）。十月二十五日，足利义氏写信给芦名盛氏，告之上野和下野长尾家“一类两三人致同意”、“越国凶徒至于上州令出张”事，其“指义无候”。北条氏康已移阵松山城，进行防备。之后，又指责常陆佐竹义昭对“佐竹、白川间之仪”（指命令两家停战，出兵援助北条氏康）毫无进展，“无是非次第候”（《战国遗文·古河公方篇》第八五四条）。

十月二十三日，北条氏康在松山城发出感状，表彰了兴津甚兵卫在上野总社宿城的战功（《战国遗文·后北条氏篇》第六五一号）。十一月八日，足利义氏写信给由良成繁，表示古河城经过加固，坚固无比，肯定能抵御越后军（《越佐史料》卷四，第273页引《由良文书》）。十一月十二日，北条氏康写信给梁大藏丞，要他前往加强江户城（现东京都丸之内）的防守。形势并没有朝着对北条氏康有利的方向发展。

十二月七日，越后军攻克了赤石城，上野那波氏残部逃往信浓投奔武田信玄。十二月十四日，加入长尾景虎方的厩桥城城主长野彦九郎和其叔父大胡城（现群马县前桥市）城主大胡左马允因为谋反的罪名被诛杀。沼田城、厩桥城和大胡城被长尾景虎没收作为其直辖地，由年寄众北条高广镇守。而那波领则赐给了由良成繁。大约在这段时间，忍城城主成田长泰、深谷城（现埼玉县深谷市）城主上杉宪盛、、胜沼城城主三田纲秀、羽生城（现埼玉县羽生市）城主广田直繁和其兄弟木户忠朝、岩付城城主太田资正都先后加入了长尾景虎一方。从北条军的围困中解放出来的里见义尧命令正木时茂开始准备渡过江户湾，与长尾景虎会师。而原本还在观望下野、常陆、上总和下总的国人领主也不得不开始站队。下野的宇都宫氏、皆川氏和小山氏当主姗姗来迟，而常陆的小田氏治则分别派遣了家中的重臣穴户中务大辅参阵。更重要的是，据守古河城的梁田晴助带着足利晴氏的长子、自己的外甥足利藤氏加入了长尾景虎的阵营。对长尾景虎来说，有了足利藤氏，他便有了古河公方的大义名分。得到长尾景虎支持的足利藤氏，很快就让梁田晴助以自己名义授予了营谷大炊助和会田内藏助各十五贯文的恩裳（《战国遗文·房总篇》第一〇三二和一〇三三条）。

眼见形势不妙，足利义氏先后给印东式部大辅、土肥中务大辅、丰前左京亮和江木户丰后守等被官写信，宣布授予加入北条氏康方的部将予以重赏（《战国遗文·古河公方篇》第八五五到八五八号）。于是，下总的结城晴朝和千叶胤富；下野的那须资胤和壬生纲雄等加入了北条氏康阵营。十二月中旬，越后军逼近关宿城，足利义氏不得不固守关宿城（《战国遗文·古河公方篇》第八六一到八六八条）。十二月二十四日，长尾景虎写信给太田资正，希望他出面达成房总里见氏和佐仓千叶氏之间的和平协定，以便里见氏能参阵（《战国遗文·房总篇》第一〇三一号）。与此同时，北条氏康从松山回到了小田原城。

永禄四年（公元1561年），长尾景虎在厩桥城过年。在此期间，长尾景虎将

◎ *松山城本丸遗迹图*

投入他阵中的关东诸路国人领主进行了整编，完成了关东幕注文（《上杉家古文书》第四八二条），包括上野国的总社长尾氏、白井长尾氏、箕轮长野氏、厩桥长野众、沼田众、岩下斋藤氏、金山由良氏、桐生佐野氏，下野国的足利长尾氏、小山氏、宇都宫氏、佐野氏，下总国古河公方的重臣梁田氏、小金高城氏，武藏国的忍城成田氏、羽生广田氏、藤田众、深谷上杉氏、岩付太田氏、胜沼三田氏，常陆的小田氏、真壁氏、下妻多贺谷氏、下馆水谷氏，安房的里见氏，上总的东金酒井氏、饭柜山室氏等总计有名武将二百余人。根据各种军记物语记载，总人数从九万六到十一万五千不等。

二月十一日，留守春日山城的直江实纲将府内防御的任务交给藏田五郎左卫门，长尾景虎写信命令藏田五郎左卫门加强警备（《越佐史料》卷四，第 277 页引《历代古案》）。二月十六日，高梨实赖进入府内，直江实纲出阵关东（《越佐史料》卷四，第 278 页引《高梨文书》）。

作为对应，北条氏康加强了自己支城的防御：北条纲成及其子北条氏繁分别镇守武藏的三崎城（现神奈川县三浦市）和玉绳城（现镰仓市玉绳地区），内藤康行镇守津久井城（现神奈川县相模原市绿区）、北条氏照镇守由井城（现东京都八王子市）、北条氏尧和大道寺周胜镇守河越城，他自己则和当主北条氏政镇守小田原城。

二月下旬，长尾景虎从厩桥城出发，其先头部队压制了古河城。与此同时，太田资正出兵松山城，迫使城主上田朝直投降。而里见义尧则一路攻下了上总的真理谷城、峰上城和下总的葛西城。到达古河城后，长尾景虎沿利根川南下，绕过了河越城和江户城，向小田原进军。二月二十五日，北条氏康写信给高桥乡左卫门尉，表明原本在浦贺的莳田殿将转移到玉绳城参加笼城（《战国遗文·后北条氏篇》第六六四号）。与此同时，甲斐的武田信玄的援军万人从甲斐国都留郡吉田（现山梨县富士吉田市）。骏河的今川氏真尽管因为父亲今川义元在去年六月死于织田信长的奇袭而内部不稳，但还是派出了援兵，进驻河越城参与防守（《战国遗文·后北条氏篇》第六九七号）。

三月初，长尾景虎渡过利根川，常陆国的佐竹义昭派遣一门众大山氏参阵（《越佐史料》卷四，第 287 页引《御列祖史略》）。下总的千叶胤富和下野的那须资胤也背离北条氏康，加入了长尾景虎一方。下总结城晴朝虽然依然支持北条氏康，但是其部下，绫户城（现茨城县结城市）城主山川氏重和下馆城（现茨城县筑西市）

城主水谷胜俊在梁田晴助的劝诱下加入了讨伐大军。那须资胤之前曾在二月写信给在关宿城笼城坚守的足利义氏，希望他能出降加入长尾景虎一方。对此，足利义氏回信，大意为：“今般世上之风波，诸人皆没有是非之观念，各说各话。‘纵对氏康其恨繁多’，但其‘累代忠信’，也不应该被诛除。如今‘长尾景虎越河（指利根川）至于豆相武（指北条氏康领有的伊豆、相模、武藏三国）’，乃是‘二三代’以来无法无天之举。北条氏康‘以外戚之好’，对足利义氏，又怎是长尾景虎可共比肩的？更何况如今的时代，‘君臣父子兄弟之间’，因为鸡毛蒜皮的小事，各执理由，因为一事而对君主‘奉恨’，‘太平之时……古今有之’，故自己还是不能相信长尾景虎，自然也不会抛弃北条氏康，倒向长尾景虎。”（《战国遗文·古河公方篇》第八六〇号）

三月三日，长尾景虎大军到达当麻（现神奈川县相模市南区）。同日，北条氏照写信给武田信玄部将加藤骏河守虎景，表示长尾景虎军已到达当麻，希望加藤虎景能够让武田信玄早日派出援军，自己将派人在千喜良口（现神奈川县相模原市）接应（《战国遗文·后北条氏篇》第六七〇号）。三月八日，长尾景虎大军到达中筋（现神奈川县中郡）。三月九日，里见军从海路上岸，在腰越浦（现神奈川县镰仓市）登陆（《战国遗文·房总篇》第一〇三八号），并下达了在比企谷和禅兴寺禁止滥妨狼藉的禁制令（《战国遗文·房总篇》第一〇三六、一〇三七号）。三月十四日，北条氏康部将大藤式部丞秀信在大槻（现神奈川县秦野市）附近与长尾景虎军交战。大藤秀信讨取首级六个，受到了北条氏康的嘉奖（《战国遗文·后北条氏篇》第六八一号）。三月二十二日，大藤秀信又在曾我山（现神奈川县小田原市）与长尾景虎军交锋，“讨捕多人”（《战国遗文·后北条氏篇》第六八五号）。三月二十四日，大藤秀信再次在怒田（现南足柄市怒田地域）讨得六人的首级而获得了北条氏政的表彰(《战国遗文·后北条氏篇》第六八六号）。同日，北条幻庵写信给大藤秀信打气，武田信玄的援军万人已经出发，五日后即将到达由井城，今川氏真的援军也即将出发。而小田原城十分坚固，又加强了铁炮五百丁。待胜利后，大藤秀信必可令“父之名再兴”（《战国遗文·后北条氏篇》第六八七号）。虽然大藤秀信如此善战，但是并没有阻碍长尾景虎军的步伐。三月底，长尾景虎军到达了酒匂川，对岸就是小田原城（《越佐史料》卷四，第 286 页引《古今消息集》）。

长尾景虎军以太田资正和本庄实乃为先锋，渡过了酒匂川。长尾景虎军一路作战，一路放火（《越佐史料》卷四，第 288 页引《芜木文书》）。接着，长尾景虎军凭借绝对优势的兵力，将小田原城周围的据点稻毛、小杉、小札、权现山、信浓坂和大矶边等一一摧毁。之后，长尾景虎将本阵放在了高丽山。据传，攻城当日，他戴着白绫做的乌帽子，身穿黑糸缄具足，外披着浅黄色的母衣，朱柄做成的旗杆上飘扬着白色的“毘”字旗。麾下诸将在其指挥下，朝小田原城发起进攻。北条军则依靠坚城，死命抵抗。长尾景虎军一时攻击无法得手，转而将小田原城包围起来。北条军曾试图发起夜袭，但是没有成功。对小田原的围城大约进行了十数日，其中以岩付城城主太田资正和忍城城主成田长泰最为活跃。以至于北条氏康写给箱根山金刚王院别当的文书中，对“太田美浓守、成田下总守，忘年来重恩，度度背誓句血判，忽起逆心事”而感到耿耿于怀《战国遗文·后北条氏篇》第七四二号）。在这段时间，那须资胤、佐竹义昭等人终于姗姗来迟，加入长尾大军（《越佐史料》卷四，第285页引《集古文书》）。

闰三月四日，以佐竹义昭、宇都宫广钢和小田氏治为代表的关东国人领主向长尾景虎建议撤军。当时，武田军和今川军作为北条氏康的援军已经分别到达了由井城（《战国遗文·武田氏篇》第七四六号）和河越城《战国遗文·今川氏篇》第一六八〇、一六八一号），威胁着长尾景虎军的背后。而且，因为永禄年间的关东饥荒，长尾景虎军的补给已经匮乏，各地都出现了抢夺补给的现象，为此，长尾景虎不得不让直江实纲和河田长亲两人出具禁制令（《越佐史料》卷四，第314页引《相泽清右卫门氏所藏文书》）。在这样的情况下，长尾景虎也认为出阵关东的目的已经达到，没有必要继续顿兵坚城之下。于是，他解除了对小田原城的包围，撤军前往镰仓。

◎ 北条氏康图

到达镰仓后，长尾景虎参诣了鹤岗八幡宫，并参观了镰仓内外的诸多名所古迹。在这期间，上杉宪政以疾病为名，让出山内上杉家当主（《越佐史料》卷四，第318页引《芜木文书》），由长尾景虎继任，并将自己名字中的“政”字赐下，将长尾景虎的名字改为政虎。闰三月十三日，小山秀政希望拥立足利藤氏之弟、足利义氏之兄足利藤政为新古河公方（《越佐史料》卷四，第329页引《小山文书》）。闰三月十六日，长尾景虎给古河公方重臣梁田晴助送上起请文，表明“今度宪当（上杉宪政）名迹何等与夺事”，乃是上杉宪政执意要求，自己多次推辞不成，才因为各种意见（即关东诸国人领主的拥立）而“先以任其候”。之后，长尾景虎又写道：“然则公方样御家督之事，其方深令谈和。何之御方御相续之义，可走廻候。”他阐明了自己废黜足利义氏，拥立足利藤氏担任新古河公方的决心（《战国遗文·房总篇》

第一〇四一号）。起请文最后的署名，也由长尾景虎改成了上杉政虎，后世人们更习惯以他最后一个名字——上杉谦信来称呼他。

闰三月二十一日，上杉谦信在鹤岗八幡宫举行了盛大的关东管领就任仪式。他在越后众直江大和守实纲、柿崎和泉守景家、斋藤下野守朝信等人的拥护下前进。鹰巢城城主小幡三河守负责捧太刀。太田美浓守资正负责警戒，长野信浓守业盛负责主持制定仪式。闰三月下旬，上杉谦信又在镰仓举办了奖励仪式。其中，武藏众以太田资正、上杉宪盛、广田出云守、木户伊豆守为代表，常陆众以佐竹义昭、小田氏治为代表，上野众以长野业盛、长尾孙四郎、长尾能登守为代表，下野众以佐野小太郎、结城左卫门、宇都宫弥三郎、那须修理大夫为代表，下总众以梁田晴助为代表，房总众以里见民部大辅、正木大膳亮为代表。上杉谦信授予了诸位代表太刀一把、骏马一匹，并表示上杉宪政将在日后对诸将的功勋做出恩赏（《越佐史料》卷四，第 320~324 页引《上杉年谱》）。四月一日，上杉谦信又在八幡宫举行了能乐表演。完成诸多仪式后，上杉谦信回到了上野。

由于连日鞍马劳顿，身体不适，上杉谦信在上野众的警戒下，先后在草津温泉和伊香保温泉接受医治（《上越市史·别篇1·上杉氏文书集一》第二七、二七四号）。四月十三日，武田信玄向仍然进驻在由井城参的小山田弥三郎信有写信，表示上杉谦信留在草津温泉，周围有仓贺野众警护。

◎ 鹤岗八幡宫图

为了防止上杉军突然从信浓口杀入，小山田信应注意侦察，一有情况就要迅速向武田信玄报告，绝不可大意。（《战国遗文·武田氏篇》第七三五、七三六、七三八条）。四月二十一日，小山田信有向吉田的浅间神社送出祈祷文，祈祷自己此番留守由井城武运长久、无病无灾，早日无事归阵(《战国遗文》武田氏篇）第七三八号）。

五月六日，留在厩桥城的关白近卫前久写信给上杉谦信，赞赏了上杉谦信关东出阵的武功，对此番长期远国征伐，上杉谦信能听从诸将的意见、及时撤军而感到高兴。之后，近卫前久又回忆了两人永禄二年时在京都知恩寺（现京都府京都市左京区中门前町）中谈论如何重整关东八州的公仪秩序。如今上杉谦信继承山内上杉家名，令实现两人的理想又进了一步。最后，他和足利藤氏都盼望上杉谦信早日康复。（《越佐史料》卷四，第319页引《上杉文书》）。

六月二日，足利义辉派遣使僧一舟，前往越后，祝贺上杉谦信关东出阵大胜（《越佐史料》卷四，第333页引《上杉文书》）。六月十日，上杉谦信复原，近卫前久写信慰问并告诉上杉谦信厩桥城情况（《越佐史料》卷四，第333—334页引《上杉文书》）。六月二十八日，上杉谦信将近卫前久、足利藤氏和上杉宪政等留在关东，自己从上野厩桥城出发，于七月二日回到春日山城（《越佐史料》卷四，第335页引《上杉年谱》）。

尾声 武田和北条的反击

上杉谦信撤围小田原后，北条氏康就积极策划反击。六月初，忍城城主成田长泰因为不满上杉谦信将其控制下的羽生领交换给旧主广田出云守，且自己在上杉谦信继任关东管领的仪式上没有担任重要职务，以自己在镰仓时因为不下马而遭到上杉谦信鞭打受辱为由，再次投向了北条氏康。在成田长泰的影响下，成田长泰之弟武藏骑西城（现埼玉县加须市骑西地区）城主小田伊贺守朝兴、原松山城城主上田朝直、深谷城城主上杉宪盛、下总千叶胤富等也先后倒向了北条氏康。

趁形势朝着有利于自己的方向发展，北条氏康开始向武藏国中依然支持上杉谦信的国人领主发起进攻。他的第一个目标是西武藏的三田秀纲。七月，北条军以由井城城主北条氏康三子北条氏照为先锋，向胜沼城进军。七月三日，上杉谦信接到那须资胤的书信，知道了胜沼城被攻击（《越佐史料》卷四，第336页引《集古文书》）。由于上杉谦信此时正忙于准备第四次川中岛会战，因此没有出兵支援胜沼城。三田秀纲见形势不利，放弃了胜沼城，退守唐贝山城（现东京都青梅市）。围城战一直持续到九月初，北条军攻克了唐贝山城。唐贝山城陷落后，北条军开始扫荡秩父郡的藤田众。九月二十一日，北条军攻克秩父郡的天神山城，收复了武藏北部（《战国遗文·后北条氏篇》第七一六号）。

七月十五日，由于里见义尧"警固深旨"（《战国遗文·后北条氏篇》第七〇二号），北条军无法增援。坚守关宿城的足利义氏被迫出降，将关宿城让予梁田晴助（《战国遗文·后北条氏篇》第七〇八号），自己则经过下总小金城（现千叶县松户市大谷口），移住下总佐贯城（现千叶县富津市佐贯地区）。八月二十五日，足利义氏向涉江弹正左卫门尉和土肥中务大辅两人发出感状，感谢两人在笼城时的战功（《战国遗文·古河公方篇》第八六七、八六八号）。在之前的八月二日，足利义氏写信给本愿寺，希望加贺一向一揆侵入越后（《越佐史料》卷四，第337页引《本愿寺文书》）。

在北条氏康逐次恢复自己在武藏的统治的同时，武田信玄也在信浓积极行动。七月十日，他给加藤丹后守景忠和驹井右京亮两人写信，告之自己已经攻下上藏城（现长野县饭山市），同时越中和加贺的一向一揆也准备侵入越后（《战国遗文·武田氏篇》第七四六条）。

面对武田信玄的攻击，上杉谦信派遣大将斋藤朝信出阵越中，压制一向一揆，同时积极准备出兵信浓。八月二十九日，上杉谦信将斋藤朝信、山本寺定长两人留守越中，长尾政景留守春日山城，自己带着陆奥会津的芦名氏和出羽大法寺的大宝寺氏等人，南下信浓（《上杉氏古文书》第九七八号）。

九月十日，上杉谦信与武田信玄在川中岛发生激战。这场日后被专门称之为“川中岛合战”的细节多出自江户时代的军记物语，无法确认其内容的真实性。其中，上杉谦信在分别在九月十二日、十三日、二十二日授予了本田右近允（《越佐史料》卷四，第347页引《本田文书》）、色部修理近胜长（《越佐史料》卷四，第347页引《历代古案》）、中条越前守藤长（《越佐史料》卷四，第347页引《中条文书》）、安田治部少辅长秀（《越佐史料》卷四，第348页引《安田文书》）、松本大学和冈田但马（《越佐史料》卷四，第349页引《历代古案》）等人感状。武田信玄方面，则有九月十日、九月二十六日和十月十一日发出，分别授予松本兵部、上野左近丞和土屋丰前守三人的感状（《战国遗文·武田氏篇》第七四九、七五三和七五五号）。武田信玄之弟武田信繁战死（《越佐史料》卷四，第350页引《妙法寺记》）。而从近卫前久在十月五日给上杉谦信的书状可以知道上杉谦信“自身被及太刀打段”的内容（《越佐史料》卷四，第349页引《历代古案》），这可能是上杉谦信与武田信玄一骑讨传说的来源之一。至于双方伤亡，前述近卫前久的书状中提到敌“八千余被讨捕”，武田信玄在给成就院的信中则是“信州出张候之机，趁向遂一战得胜利，敌三千余人讨捕候”）《战国遗文·武田氏篇》第七五九号）。

十月一日，武田信玄出兵西上野，攻打松井田城（现群马县安中市松井田町）。松井田诹访神社的和尚诹访宰相在十月二十九日因“计策之仪”而被授予三百贯领地(《战国遗文·武田氏篇》第七五四号)。同月，北条军在秩父、比企与上杉军交战。十月十七日，北条氏政以在秩父郡作战有功，授予斋藤八右卫门尉秩父郡三泽谷领地二十贯文（《战国遗文·后北条氏篇》第七二一号)。十一月，上杉谦信再次越山，进军关东（《越佐史料》卷四，第368页引《武州文书》）。之后，除永禄七年（公元1564年）为了救援飞驒姊小路氏而发生的第五次川中岛之战外，上杉谦信和武田信玄两人再也没有在信浓大打出手。斗争的方向转为武田信玄和北条氏康联手在关东抵御上杉谦信的进攻。关东之地自此进入武田、北条和上杉三家争雄的局面。

本书创作团队简介

指文烽火工作室，由众多资深历史、战史作家组成，从事古今历史、中外战争的研究、写作与翻译工作，通过精美的图片、通俗的文字、独到的视角理清历史的脉络。

卡佩：河北人，精通英语及基础俄语、法语翻译，对拿破仑时代人物传奇有浓厚兴趣，出版有《勇士中的勇士：拿破仑最富争议的元帅米歇尔 · 奈伊传》。

太极白熊：军史爱好者，热衷于唐代中前期的军事历史，对传统武术也有一定研究，尤喜太极、形意等内家门派，一直致力于探索中国武术古典实战技艺在军阵中的作用。

廉震：军事历史地理研究者，专注于古代战役地理复盘与兵棋推演，喜欢通过现代技术还原古代战役布局和谋略，解读战阵运作和临阵指挥。

南山：对欧洲中世纪和近代军事史、兵器史颇有研究，著有《决斗与神裁》、《建州后金和清前期刀剑样式考》、《皇家海军的那些糗事》、《骑士的典范——威廉 · 马歇尔》等多篇文章。

陈凌：日本战国史专业研究者，致力于日本史料的汉化与引进工作，著有《骏河侵攻——武田家谋攻的顶点》、《镰仓的巩固——金砂城之战和野木宫之战》、《崩溃的第一步——从石桥到富士川》等文。

致谢

在《战争事典》的编辑、出版过程中，得到了诸多军事历史研究者、爱好者以及相关文化机构、团体的大力支持，在此特表示由衷的感谢（排名不分先后）！

个人：

董 治
杨 超
孙斯特
张 晓
查攸吟
陈修竹
梁晓天
廉 震
赵开阳
陈正午
赵振华
耿煦文
卫世良
王 勇
季庆丰
沃金方
秦思奕
马 凯
姜文韬
叶 平
张 磊
李 煜
许文强
宋春晓

刘欣怡
杨英杰
王诗涛
陈 凌
刘啸虎
朱 茜
朱秀明
景迷霞
安晓良
童 轶
郭大成
董振宇
李 瑜
危 巍
江圣翀
张 锋
王一峰
孙 喆
马 千
杨志民
梁伟斌
周家汉
付洪君
郑志新

王雨涵
周 鹏
刘 斌
胡 洁
陈亮宇
王珑润
陈峰韬
付晓宇
孙朔铣
黄如一
王 东
李商龙
蔡传亮
陶 金
俞思佳
白晨光
廖茂宇
刘润之
白宇辰
朱怿昀
吴 畋
许天成
孟 驰
文 峰

陈 焱
寇 通
张 伟
张 泊
章 毅
杨青烨
陈 翔
叶俊人
孙玲玲
魏 锦
魏 博
刘润之
徐罔威
史 效
赵易星
席治通
张宇翔
顾 皓
荣毅德
张立飞
赵 恺
郑礼添
杨逸杰
李少林

单位：

中央电视台新科动漫频道
新科动漫频道论坛
渤海文学院
探天下影视文化公司

正鹄弓箭社
中国联合弓会
War Drum Game战鼓游戏
百度朱棣吧